JINGJI ZHUANXINGQI DE
SHUISHOU ZHENGCE
YANJIU

经济转型期的
税收政策研究

刘金玲 ◎ 著

人民出版社

前　言

　　转变经济发展方式是我国经济社会发展的必然选择。改革开放以来，我国经济的高速增长创造了世界经济发展史上的奇迹。仅就"十一五"期间而言，中国经济年均增长 11.2%，远高于同期的世界平均水平。2010 年我国国内生产总值达到 39.8 万亿元，在全世界的排名由 2005 年的第五位提升到第二位。但我国经济长期高速增长所付出的资源、环境代价很高，是一种"高投入、高污染、高能耗和低产出"的粗放型增长方式，资源环境成为经济持续增长的约束条件。鉴于此，早在 20 世纪 90 年代，党的十四届五中全会提出"积极推进经济增长方式从粗放型向集约型转变"。21 世纪以来，随着决策层和理论界对经济发展规律的认识深化，在科学发展观的指导下，党的十七大进一步将"转变经济增长方式"上升到"转变经济发展方式"的高度，明确了实现经济社会又好又快发展的战略方针。

　　虽然转变经济发展方式已经提出多年，但由于受到各方面因素的制约，我国经济发展方式并没有实现根本性的转变。经济结构不合理、发展动力不足、经济增长质量低下的问题依然存在；资源短缺、环境污染、生态失衡成为我国经济社会发展越来越严重的制约因素；消费、投资、出口在拉动经济增长中的作用不协调；收入分配差距快速拉大、收入分配不公的问题亟待解决；社会发展滞后于经济增长，社会矛盾日益突出等。2008 年爆发的金融危机更凸显了我国转变经济发展方式的紧迫性。2010 年 2 月 3 日胡锦涛同志在省部级主要领导干部深入贯彻落实科学发展观、加快经济发展方式转变专题研讨班上发表重要讲话，强调国际金融危机对我国经济的冲击表面上是对经济增长速度的冲击，实质上是对经济发展方式的冲击。综合判断国际国内经济形势，转变经济发展方式已刻不容缓。"十二五"规划纲要明确提出要以科学发展为指导主题，以加快转变经济发展方式为主线。强调必须坚持以经济结构战略性调整为主攻方向，坚持以科技进步和创新为重要支撑，坚持以保障和改善民生为根本出发点和落脚点，坚持以建设资源节约型、环境友好型社会为重要着力点，坚持以改革开放为强大动力，在不断开创科学发展新局面中加快转变经济发展方式。党的十八大更是对科学发展观进行了重新定位，首次将其确定为党必须长期坚持的指导思想，强调"加快形成新的经济发展方式，把推动发展的立足点转到提高质量和效益上来"。

因此，转变经济发展方式是我国长期发展战略的一个重大转变，研究经济发展方式转变的相关问题具有非常重要的理论价值和现实意义。目前，国内外有关经济增长、经济发展及其方式转变的理论探讨，已经比较丰富且相对完善，涉及经济增长与发展问题的各个方面。基本厘清了经济增长与经济发展的区别，以及转变经济增长方式和转变经济发展方式的关系与基本内涵，对于转变经济发展方式的必要性和紧迫性也达成了共识，因此，探索实现经济发展方式转变的政策及体制机制框架尤为重要。

转变经济发展方式是一项系统工程，加快转变经济发展方式，既要充分发挥市场配置资源的基础性作用，又要注重政府宏观调控作用的发挥，特别需要政府适时地制定有关宏观经济政策与之相配套，而在政府所制定的宏观经济政策中，又是以财政政策与税收政策为主。税收政策是政府引导资源配置的一项重要经济手段，具有调控宏观经济的杠杆作用，如何通过完善税收政策推动转变经济发展方式是一个重大的理论与实践问题。尽管目前对转变经济发展方式的路径选择和对策措施的研究很多，但单纯从税收政策制定和税收体制完善角度来探讨经济发展方式转变的较少。据此，本书从税收视角出发，旨在探讨通过税收政策的改革，优化税制结构、完善税收优惠政策、依法征管，切实发挥税收杠杆在转变经济发展方式方面的调控作用。

本书首先分析了我国转变经济发展方式的客观必然性，阐述了有关经济发展方式转变的税收政策选择的理论基础，基于我国经济发展中存在的需求结构失衡、产业结构不合理、资源环境约束、收入分配不公等突出矛盾，探讨了税收促进经济发展方式转变的政策取向和总体思路。在此基础上，分别对扩大消费、推进服务业发展、激励高新技术产业、促进房地产业健康发展、扶持中小企业发展、促进收入公平分配、发展低碳经济等关乎经济发展方式转变的诸多方面的税收政策进行了系统而全面的梳理和分析评价，并借鉴国际经验对优化税制结构和所得税政策、流转税政策以及财产税政策的改革和完善提出了相应的对策。强调税收调控政策促进转变我国经济发展方式需要从多方面入手，其中最重要的是优化需求结构和产业结构以及提高自主创新能力。

在研究方法上，本书采用了理论与实践相结合、定量分析与定性分析相结合、规范分析与实证分析相结合、静态分析和动态分析相结合的研究方法，并突出运用比较分析、动态分析等研究方法，力争使研究思路更加开阔，方法运用更加精准，从而得出比较客观而有针对性的研究结论。

本书力求突出以下特点：一是创新性。目前对转变经济发展方式的研究很多，有许多税收政策与转变经济发展方式的学术论文，但是国内从税收调控角度研究经济发展方式转变的专著尚不多见，本书在一定程度上可以填补这方面的空白和起到抛砖引玉的作用。其中，在现行税收政策对扩大消费需求、公平分配、中小企业发展等制约因素的分析以及改进对策方面都有一些观点上的创新。二是系统性。就研究范围而言，对于税收政策促进经济发展方式的转变，大都是对其中一两个方面进行研究，而本书的研究从我国目前经济社会发展中存在的突出矛盾入手，几乎涉及了经济发展方式转变的各个方面。就具体内容而言，既有对转变经济发展方式相关的税收政策的分析评价，又有改革和完善的具体对策；既有理论分析，又注重实践探索；既有对国际经验的借鉴，又力求有自己的判断和观点。三是实证性。笔者多年来，一直关注我国税收政策的演变历程，利用熟悉税收政策的优势，使本书的研究建立在对现行的税收法律、行政法规以及财政部、国家税务总局发布的税收政策文件进行系统梳理和分析评价的基础之上，力求使提出的对策建议具有针对性。近年来，笔者为准备本书的写作，搜集、整理了有关国内外税收政策及其我国经济运行和税收调控实践等大量的数据资料，使本书的研究资料丰富翔实，论据充分，能够以大量的数据佐证得出有实际借鉴价值的结论。同时，尽可能采用最新的资料和数据，增强时效性。四是专业性。本书研究聚焦在如何通过税收调控助力经济发展方式转变，基于特定的研究视角对现行增值税、营业税、企业所得税、个人所得税和房产税等政策进行对比分析，提出改进和完善的思路与对策，在体现理论性的基础上，力求突出专业性。

　　本书提出的一些政策思路，可为政府部门特别是财税部门制定税收政策提供参考，也可为企业财务人员了解相关税收政策提供帮助，同时也可为从事税收政策研究的专业人员了解与转变经济发展方式相关税收政策的现实状况、存在的问题和改进对策提供参考，也可作为大专院校财税专业学生的教学参考书。希望本书的出版，能够为基于经济发展方式转变的税收政策研究和实践探索尽自己的绵薄之力。

目　录

第一章　转变经济发展方式与税收宏观调控

转变经济发展方式既是解决中国社会经济运行中突出矛盾的现实要求，也是适应国际形势变化和应对国际压力、提高国际竞争力的客观需要。而转变经济发展方式，既要充分发挥市场配置资源的基础性作用，又要注重政府宏观调控作用的发挥，税收作为重要的经济杠杆，税收调控政策是促进经济发展方式转变的有效手段。

一、转变经济发展方式的历史必然性

（一）经济增长与经济发展

经济增长和经济发展虽然字面意思相似，却是两个不同的概念，有着不同的内涵和价值取向。经济增长偏重于数量的概念，主要是对不同时期投入变化带来产出数量的增加而言，包括由于扩大投资而获得的增产和更高的生产效率所带来的产品的增加。它的核算常使用国内生产总值总量、国内生产总值增长率和人均国内生产总值三个指标。从反映经济增长的上述总量和人均的综合经济指标来看，经济增长更多地代表着社会经济活动中商品和劳务的产出数量变化。

经济发展的含义比经济增长更深刻，涉及面更广，内涵更丰富。它强调经济系统由小到大、由简单到复杂、由低级到高级的变化，是一个量变和质变相统一的概念。经济发展既包含了人均产出的增加，也包括经济结构的优化、收入分配的合理、资源环境的改善等等。发展不只是经济的连续增长，而是以全人类的全面发展为目标的经济、社会、资源、环境的可持续发展。[①] 发展不仅包含生产要素投入后更多的产出和变化，还包括产品生产和分配所依赖的技术和体制上的改变，意味着产业结构的改变以及各部门间投入分布的改变，这里有发展的动力、结构、质量、效率、就业、分配、消费、生态和环境等要素和质的变化过程，涵盖生产力和生产关系、经济基础和上层建筑各个方面。[②]

从两者的相互关系来看，经济增长是经济发展的必要条件，没有经济增长就不会有经济发展。但是，经济增长并非是经济发展的充分条件，经济增长不一定会带来经济发展，在一些国家就出现过有增长而无发展的经济增长。经济发展与经济增长相比的鲜明特征就在于：顾及可持续性，顾及经济结构的调整和产业升级以及顾及就业、消费、分配等一系列社会需要，也即更强调经济系统的协调性、经济发展的可持续性和增长成果的共享性。[③]

按照马克思的观点，经济增长方式可归结为扩大再生产的两种类型，即内涵扩大再生产和外延扩大再生产。现在经济学界结合发达国家和一些发展中国家的实践给予的解释是按照要素投入方式划分，将经济增长方式大体分为两种：一是通过增加生产要素占用和消耗来实现经济增长，即依靠增加资金、资源的投入来增加产品的数量等的粗放型增长方式；二是通过提高生产要素质量，优化生产要素配置和提高利用效率来实现经济增长，即主要依靠科技进步和提高劳动者素质来增加产品的数量和提高产品质量等集约型增长方式。[④] 转变经济增长方式，就是从粗放型增长方式转变为集约型增长方式。

经济发展方式是指社会经济活动中实现经济增长、优化经济结构、完善经济制度、提高生活质量、节约资源和改善生态环境等的方法、手段和模式。经济增长方式与经济发展方式存在着密切的联系。经济发展方式包含经济增

---

① 吴志军、黄晓全：《江西资源、环境问题及实施可持续发展的对策》，《江西财经大学学报》2004 年第 1 期。

② 王迥斓：《从"转变经济增长方式"到"转变经济发展方式"——理念的又一次提升》，《特区经济》2008 年第 5 期。

③ 张玉玲：《转变经济发展方式意义重大，访卢中原》，《光明日报》2007 年 10 月 24 日。

④ 王迥斓：《从"转变经济增长方式"到"转变经济发展方式"——理念的又一次提升》，《特区经济》2008 年第 5 期。

长方式，但经济发展方式的内涵更丰富。

（二）由转变经济增长方式到转变经济发展方式

新中国成立后，我国经济建设从低水平起步，基础差、底子薄，长期处于相对封闭状态。受经济发展所处阶段及整体技术水平的限制，我国长期以来主要依靠增加要素投入和物质消耗来推动经济增长，带有明显的高投入、高增长、低效益的粗放特征。为了提高经济增长的质量和效益，经济学界和决策层首先提出经济增长方式的转变。

转变经济增长方式，就是从粗放型增长方式转变为集约型增长方式，也就是从主要依靠增加资源投入和消耗来实现经济增长转变为主要依靠提高资源利用效率来实现经济增长方式。低投入、高产出、低消耗、少排放、能循环、可持续的增长是其实现的目标，也是其实现的重要途径。

1982 年党的十二大提出"要把全部经济工作转到以提高经济效益为中心的轨道上来"，1987 年党的十三大提出要"使经济建设转到依靠科技进步和提高劳动者素质的轨道上来"；党的十四大进一步提出"努力提高科技进步在经济增长中所占的含量，促进整个经济由粗放经营向集约经营转变"。这一时期，围绕如何提高经济效益统筹兼顾速度与效益间的关系，实现由粗放经营向集约经营转变，在相关政策中虽然没有采用"转变经济增长方式"的概念，但已经正式提出了关于经济增长方式的战略。

1995 年，党的十四届五中全会提出"两个根本转变"：一是经济体制从传统的计划经济体制向社会主义市场经济体制转变；二是经济增长方式从粗放型向集约型转变，促进国民经济持续、快速、健康发展和社会全面进步。这是在中共中央文件中首次正式使用"转变经济增长方式"的提法。1996 年，中国政府提出要走"可持续发展"道路，注意处理好经济发展与环境、资源之间的关系。1997 年，党的十五大明确提出"转变经济增长方式，改变高投入、低产出，高消耗、低效益的状况"。

从我国转变经济增长方式的过程看，尽管理论界和实际部门对粗放经济增长的害处和转变经济增长方式的重要性均存在高度认同，但是，增长方式实际并未转变过来，甚至在 21 世纪初反而出现了由粗放经济增长方式所引发的过度投资和经济过热。① 这一时期，重化工业和城镇化的快速发展，对土地、淡水、矿产和能源等战略资源的保障和生态环境产生持续压力。党的十六大以来，党和国家通过进一步深化认识我国经济发展规律，形成了新时期指导经济社会发展全局的科学发展观。科学发展观的第一要义是发展，核心是以人为本，基本要求是全面协调可持续，根本方法是统筹兼顾。

2006年的中央经济工作会议提出实现又好又快发展是全面落实科学发展观的本质要求，从而首次站在国民经济发展全局的高度把经济增长的质量与效益置于经济增长速度更优先的地位来评价经济发展的成就。胡锦涛同志在2007年中央党校省部级干部进修班发表的重要讲话中指出："实现国民经济又好又快发展，关键要在转变经济发展方式、完善社会主义市场经济体制方面取得重大新进展"，从而把我国过去一直所讲的转变经济增长方式正式改为转变经济发展方式。2007年党的十七大上，"转变经济发展方式"正式出现在党的文件中，将党的十四届五中全会提出的"转变经济增长方式"改为"转变经济发展方式"，并明确提出了转变经济发展方式的总体要求，"促进经济增长由主要依靠投资、出口拉动向依靠消费、投资、出口协调拉动转变，由主要依靠第二产业带动向依靠第一、第二、第三产业协同带动转变，由主要依靠增加物质资源消耗向主要依靠科技进步、劳动者素质提高、管理创新转变"。党的十七届五中全会提出"加快转变经济发展方式是我国经济社会领域的一场深刻变革，必须贯穿经济社会发展全过程和各领域"，将转变经济发展方式作为"十二五"规划的主线。党的十八大报告指出，"以科学发展为主题，以加快转变经济发展方式为主线，是关系我国发展全局的战略抉择"不仅强调尽快形成新的经济发展方式，而且指出了具体的落实路径。深化改革是加快转变经济发展方式的关键，科技创新是推动经济发展方式转变的核心动力，经济结构战略性调整是加快转变经济发展方式的主攻方向。

总之，由"转变经济增长方式"到"转变经济发展方式"是党对经济发展规律认识的飞跃，是我国长期发展战略的一个重大转变。

---

① 唐龙：《从"转变经济增长方式"到"转变经济发展方式"的理论思考》，《当代财经》2007年第12期。

（三）转变经济发展方式的基本内涵

所谓转变经济发展方式，就是要在经济发展的进程中紧紧围绕以人为本这个核心，真正做到全面协调可持续发展，统筹城乡发展、区域发展、经济社会发展、人与自然和谐发展、国内发展和对外开放，使经济发展朝着有利于人和社会全面发展的目标前进。转变经济发展方式的实质在于提高经济发展的质量，即主要通过科技进步和创新，在优化结构、提高效益和降低能耗、保护环境的基础上，实现包括速度质量效益相协调、投资消费出口相协调、人口资源环境相协调、经济发展和社会发展相协调在内的全面协调，真正做到又好又快发展。[①] 相对于转变经济增长方式，转变经济发展方式有更丰富的内涵。

1. 以人为本是转变经济发展方式的基本理念

加快转变经济发展方式是贯彻落实科学发展观的必然要求，以人为本是科学发展观的核心内容，以人为本的价值取向把追求人的全面发展，实现人的合理愿望作为根本目标。保障和改善民生是加快转变经济发展方式的根本出发点和落脚点，在加快转变进程中必须始终把人民的利益放在第一位，再也不是单纯加快国内生产总值或人均国内生产总值的增长率，更加注重不断提高人民群众的物质文化生活水平，让广大人民群众分享改革发展的成果，切实维护和实现最广大人民的根本利益，促进整个社会和谐。正如刘尚希研究员所言，转变发展方式就要更加突出人的主体性地位，使经济发展转变到为人的发展上来。[②]

2. 优化结构是转变经济发展方式的重点内容

我国传统的经济发展方式最突出的问题是结构问题，从某种程度上说，转变经济发展方式就是要调整优化经济结构。第一，针对我国需求结构面临投资比重过大、外贸依存度高、消费比重过低的难题，加快转变经济发展方式必须调整目前的需求结构，由主要依靠投资、出口拉动向依靠消费、投资、出口协调拉动转变。第二，促进经济增长由主要依靠第二产业带动向依靠第

---

① 李省龙：《转变经济发展方式的内涵和意义》，《中国经济时报》2007 年 11 月 15 日。
② 刘尚希：《转变发展方式从消费入手》，《上海金融学院学报》2010 年第 3 期。

一、第二、第三产业协同带动转变；三次产业内部要由低水平重复严重、高端产业竞争力较差的格局，转变为技术含量较高、整体竞争力较强的格局。第三，面对我国长期主要依靠资本投入和物质资源消耗来促进经济增长，劳动者素质低，资源能源耗费多，核心科技含量不高的难题，要加快转变经济发展方式，要素结构上必须实现主要依靠增加物质资源消耗向依靠科技进步、劳动者素质提高、管理创新转变。第四，优化城乡结构和区域结构。将城乡关系由城乡互动不畅、二元结构矛盾突出的格局，转变为城乡优势互补、良性互动、统筹发展的格局；将区域发展由区域生产力布局不合理、发展差距过大、公共服务发展不平衡的格局，转变为特色优势明显、区域发展比较均衡、公共服务比较均等的格局。

3. 自主创新是经济发展方式转变的核心动力

科学技术是第一生产力，技术进步是节约生产要素的关键，而技术进步的关键是创新。自主创新能力是一个国家综合国力和核心竞争力的直接反映。加快经济发展方式转变有着诸多因素，但自主创新无疑是其中最关键最核心的要素。产业结构优化升级和提升传统产业科技含量依靠自主创新，培育自主品牌、增强出口产品竞争力要靠自主创新，降低资源消耗、减少环境污染同样要依靠自主创新。后危机时代，世界上一些发达国家也重视经济发展方式的转变，它们强调科技创新，维护自主知识产权，提升产品的国际竞争力。胡锦涛同志指出："加快推进自主创新，紧紧抓住新一轮世界科技革命带来的战略机遇，更加注重自主创新，加快提高自主创新能力，加快科技成果向现实生产力转化，加快科技体制改革，加快建设宏大的创新型科技人才队伍，谋求经济长远发展主动权、形成长期竞争优势，为加快经济发展方式转变提供强有力的科技支撑。"[①] 总之，我国要走上"低投入、低消耗、低污染、高效益"的集约型经济发展道路离不开自主创新，加快转变经济发展方式，必须紧紧依靠科技进步，促进我国经济尽快走上创新驱动、内生增长的轨道，真正实现我国经济的全面、协调、可持续发展。

---

① 胡锦涛：《紧紧抓住历史机遇承担起历史使命，毫不动摇地加快经济发展方式的转变》，《人民日报》2010 年 2 月 4 日。

4. 政府职能转变是转变经济发展方式的体制保证

政府的职能和行为决定着政府管理的基本方向和主要形式，从国际发展经验来看，经济发展方式既受特定发展阶段以及资源禀赋条件等客观因素决定，也受发展观与发展战略导向、管理体制和政策安排等因素影响。经济发展方式转变既可以是自发的、渐进的历史过程，也可以是政府自觉推动的战略性转变过程。

我国经济发展方式转变长期滞后的体制性原因是政府干预过多。从市场中的主体看，政府对经济起着主导作用，并且经常直接干预经济活动。由于历史原因，我国的企业投资自主权还没有真正落实，其主要问题是：政府投资决策的机制不规范，政府投资责任追究制度不健全，决策者不对决策后果负责。在当前的考核体制下，造成了政府追求政绩，政府官员忙于招商引资上项目的现象，并且由于官员任期较短，投资往往集中在短期见效的项目上，甚至不惜引入对当地环境造成严重污染的项目。而真正需要政府关注的教育、医疗、农业等领域，却投入不足。这使得我国投资率居高不下，并且投资结构扭曲，导致资源配置的低效率。① 在现有体制下，地方政府的行为更趋向于追究政绩特别是经济增长指标，难以从根本上解决投资率过高的问题。经济发展中许多粗放经营、结构失衡等深层的矛盾和问题都与政府职能转变不到位密切相关，经济社会生活中潜在的风险也要求强化政府社会管理和公共服务职能。因此，转变政府职能是推动经济发展方式转变的体制保证。

转变经济发展方式，应加快政府职能转变，就是要合理界定和健全政府职责体系，解决"越位"和"缺位"问题。具体来说，就是进一步加强和改进宏观调控与市场监管，从制度上更好地发挥市场在资源配置中的基础性作用；就是更加注重社会管理和公共服务，促进社会公平正义和维护良好社会秩序。

（四）我国经济发展方式存在的主要问题

社科院财贸所所长高培勇认为，我国传统的经济发展方式存在"重国外

---

① 高尚全：《我国经济发展方式转变为何长期滞后》，《北京日报》2010 年 3 月 8 日。

市场，轻国内需求；重低成本优势，轻自主创新能力；重物质投入，轻自然环境；重财富增长，轻社会福利提高"[1] 的问题。具体而言，我国的经济发展方式存在以下突出问题。

1. 资源环境成本高，约束日益凸显

改革开放 30 多年来，我国经济持续快速增长，综合国力大幅提升，但也要看到，由于粗放型的经济增长方式，使我国的资源和环境成本很高，能源供应、资源环境约束不断强化。

（1）资源浪费严重，产出比率低。我国资源利用效率不高，矿产资源总回收率只有 30%，比发达国家低约 20 个百分点；2010 年我国资源产出率初步核算约 3770 元/吨，仅是日本的 1/8、英国的 1/5、德国的 1/3、韩国的1/2。另外，我国单位国内生产总值的资源消耗量远大于发达国家水平。目前，我国单位国内生产总值能耗约为日本的 4.5 倍、美国的 2.9 倍、世界平均水平的 2.5 倍。2010 年我国国内生产总值占世界的比重不到 10%，但消耗了全球约 53% 的水泥、47% 的铁矿石、45% 的钢、44% 的铅、41% 的锌、40% 的铝、38% 的铜和 36% 的镍。[2]

（2）资源紧缺，对外依存度高。我国资源禀赋相对不足，人均资源拥有量在世界上处于较低水平。石油、天然气人均资源量仅为世界平均水平的1/14 左右，淡水仅为 28%，耕地为 43%，铁矿石为 17%，铝土矿为 11%；即使储量相对丰富的煤炭资源也只有世界平均水平的 67%。2011 年，我国能源消费总量已达 34.8 亿吨标准煤，占世界能源消费的 20% 左右，我国能源对外依存度不断提高，目前石油对外依存度已经达到 54.9%，2020 年可能超过70%。[3] 能源供给安全面临巨大挑战，资源约束的压力加大。

（3）环境污染严重。生态环境保护与经济增长的矛盾日益突出，环境污染、生态恶化相当严重。高消耗、高排放是造成环境污染和生态破坏的主要原因。从生态环境看，我国生态环境总体恶化趋势没有得到根本扭转，一些

---

① 高培勇：《经济发展方式转变进程中的财税政策：趋势与目标》，《上海金融学院学报》2010 年第 3 期。

② 解振华：《2011 年节能减排目标未实现　后 4 年压力大》，新华网 2012 年 5 月 27 日。

③ 解振华：《2011 年节能减排目标未实现　后 4 年压力大》，新华网 2012 年 5 月 27 日。

地方生态环境承载能力已近极限，水、大气、土壤等污染严重，固体废物、汽车尾气、持久性有机物、重金属等污染持续增加。第一，水环境污染严峻。我国七大水系水质总体为中度污染，75%湖泊富营养化，境内90%河流污染，近海域水质总体为轻度污染。世界卫生组织曾经出具的一份报告显示，中国每年因水质不洁而腹泻死亡的人数达9.56万人，我国农村有3亿多人饮水不安全，其中约有6300多万人饮用高氟水，200万人饮用高砷水，3800多万人饮用苦咸水，1.9亿人饮用水有害物质含量超标，血吸虫病地区约1100多万人饮水不安全。① 第二，空气污染依然严峻。"十一五"期间，全国47个重点城市中，约70%以上的城市大气环境质量达不到国家规定的二级标准。② 第三，"十二五"期间节能减排的压力大。"十二五"规划纲要把"绿色发展，建设资源节约型、环境友好型社会"放在更加突出的重要位置。"十二五"期间，主要污染物总量减排目标为：与2010年相比，化学需氧量和二氧化硫排放总量下降8%，氨氮和氮氧化物排放总量下降10%。2011年，主要污染物总量减排目标为：与2010年相比，四项污染物排放总量分别下降1.5%。但是，2011年的减排目标并未实现，化学需氧量排放总量比上年下降2.04%；氨氮排放总量比上年下降1.52%；二氧化硫排放比上年下降2.21%；氮氧化物排放总量比上年上升5.73%。③ 2011年，中国确定的目标是单位国内生产总值能耗下降3.5%，但实际只下降了2.01%，全国氮氧化物排放总量不降反升了5.73%。④ 未来我国节能减排的任务艰巨。

由此可见，我国传统的高碳排放、高污染、高增长的模式是不可持续的，它使我国经济社会发展面临着资源、生态、环境、对外关系方面的巨大压力。据世界银行测算，中国空气和水污染造成的损失要占到当年国内生产总值的8%；中科院测算，环境污染使我国发展成本比世界平均水平高7%，环境污染和生态破坏造成的损失占到国内生产总值的15%；环保总局的生态状况调

---

① 《世界水日敲响警钟　中国水污染问题依然严峻》，《新闻晚报》2012年4月1日。
② 卢小兵：《严厉的排放标准是必然选择》，《中国电力报》2011年10月12日。
③ 环境保护部：《2011年中国环境状况公报》，国家环保局网站2012年6月19日。
④ 解振华：《2011年节能减排目标未实现　后4年压力大》，新华网2012年5月27日。

查表明，仅西部 9 省区生态破坏造成的直接经济损失占到当地生产总值的13%。[①] 面对我国经济社会发展面临的严峻资源短缺以及环境污染的瓶颈制约和压力，必须转变经济发展方式，走科技含量高、经济效益好、资源消耗低、环境污染少的新型工业化道路。唯有如此，才能实现生产发展、生活富裕、生态良好的发展目标。

2. 需求结构失衡

衡量经济发展质量高低的重要指标之一，就是看拉动经济增长的要素结构是否合理。在供给与需求两个因素中，起决定作用的是需求，我国当前的需求结构中消费需求相对不足，而投资需求明显过大，即消费率过低，而投资率（或资本形成率）过高，出口、投资和消费比例关系不协调。国家统计局公布的数据显示，我国的消费率由 2000 年的 62.3% 降到 2010 年的47.4%。[②] 这是自 1978 年改革开放以来我国消费率的历史最低点。投资成为拉动经济增长的主要力量，2009 年最终消费对国内生产总值贡献率为52.5%，拉动国内生产总值增长 4.6 个百分点；资本形成对国内生产总值的贡献率在 2009 年创出新高，达 92.3%，拉动国内生产总值增长 8%；净出口对国内生产总值的贡献率则为 - 44.8%，拉动国内生产总值增长 - 3.9%。[③]2010 年出口、投资和消费对经济增长的拉动分别为 0.9%、5.6% 和 3.8%。[④]从国际比较来看，大部分国家消费对经济增长的贡献率在 60% 以上，有的国家高达 90%。目前我国投资率大大高于世界平均水平，也明显高于各主要发达国家和发展中国家的水平；而消费率不仅大大低于世界平均水平，也明显低于发展中国家的平均水平。经济增长过度依赖投资和出口拉动，一方面使我国经济增长付出的资源和成本的代价很高，外部风险加大；另一方面也不利于实现提高广大人民群众物质文化生活水平的发展目标。

3. 产业结构不合理

产业结构是否合理，直接影响发展的速度快慢和质量高低。目前我国产

---

① 陈中、陈初越：《中国正在变成世界垃圾场 1.5 亿人沦为生态难民》，《南风窗》2005 年 2 月 23 日。

② 《中国统计年鉴 2011》，中国统计出版社 2011 年 9 月版，第 61 页。

③ 李薇等：《三驾马车将如何拉动虎年经济》，《北京商报》2010 年 2 月 3 日。

④ 《中国统计年鉴 2011》，中国统计出版社 2011 年 9 月版，第 63 页。

业结构的问题突出表现在以下两个方面。

（1）三次产业中第二产业比重过高，第三产业比重偏低。如表1—1所示，2010年第二产业对国内生产总值增长贡献率仍在57.6%，第三产业贡献率仅为38.5%；在2010年国内生产总值10.4%的增长率中，第二产业拉动6个百分点，第三产业仅拉动4个百分点。更为重要的是，2007年以来我国第三产业对国内生产总值增长的贡献率在不断下降，由2007年的46.3%下降到2010年的38.5%，每年下降近两个百分点。在政府促进服务业发展的呼声中，我国服务业在国内生产总值中的占比不断下降。横向比较，我国第三产业比重偏低，第二产业过高，中国社会科学院2007年发布的《中国服务业发展报告——中国服务业体制改革与创新》显示，当时整个世界的第二产业增加值占国内生产总值平均超过60%，主要发达国家达到70%以上，[①]目前许多发达国家第三产业的贡献率会更高。通过国际比较也可以看出，我国第三产业发展缓慢，产业结构比较落后。

表1—1　三次产业对国内生产总值贡献率及对国内生产总值增长的拉动

年份	国内生产总值（百分点）	国内生产总值增长（百分点）	第一产业		第二产业		第三产业	
			贡献率（%）	拉动（百分点）	贡献率（%）	拉动（百分点）	贡献率（%）	拉动（百分点）
2000	100	8.4	4.4	0.4	60.8	5.1	34.8	2.9
2002	100	9.1	4.6	0.4	49.7	4.5	45.7	4.2
2004	100	10.1	7.9	0.8	52.2	5.3	39.9	4.0
2006	100	12.7	4.8	0.6	50.0	6.4	45.2	5.7
2007	100	14.2	3.0	0.4	50.7	7.2	46.3	6.6
2008	100	9.6	5.7	0.6	49.3	4.7	45.0	4.3
2009	100	9.2	4.5	0.4	51.9	4.8	43.6	4.0
2010	100	10.4	3.9	0.4	57.6	6.0	38.5	4.0

资料来源：《中国统计年鉴2011》，中国统计出版社2011年9月版。

（2）三次产业内部的结构不合理，发展层次也偏低。从第一产业来看，

---

① 《我国服务业增加值占GDP比重比其他国家明显低》，新华网2007年2月22日。

我国农业基础依然薄弱，低水平的传统农业占比高，技术含量和附加值高的现代农业所占比重偏低。从第二产业来看，虽然我国工业的整体水平有了很大提高，但高耗能和高污染的重化工业、低技术含量和低附加值的产业仍占主导地位，高端装备制造业占比偏低。尽管我国已成为世界第二大经济体和制造业大国，但我国不是制造业强国，制造业长期处于全球价值链的中低端。从第三产业来看，我国服务业当前主要集中在交通运输、批发零售、住宿餐饮等传统服务业上，而真正代表现代服务业的金融、电信、房地产、研发、保险、现代物流等却所占比重不高，特别是知识性、专业性强的信息咨询、文化创意等高端服务业发育不足，导致我国服务业仍处于低层次结构水平。我国产业结构不协调问题严重制约着经济发展的质量和总体效益的提高，不能很好地扩大消费需求，不利于促进就业等。

4. 自主创新能力不足

如何正确理解和量化经济发展方式转变，发展经济学用全要素生产率对经济增长的贡献率（贡献份额）来衡量经济发展方式是否转变，一般来说，贡献份额超过50%意味着经济发展方式由粗放转变为集约。而我国20世纪90年代以后全要素生产率的贡献呈下降格局，对经济增长率的贡献份额非常低，不超过30%。为什么全要素生产率对经济增长的贡献率难以提高？因为全要素生产率根本问题就是研发，就是科技进步对经济增长的贡献。① 与发达国家相比，我国的技术水平比较低，发达国家的科学技术促使其经济依靠集约式发展，而我国的技术水平低下却在一定程度上给粗放式发展留下了空间。

改革开放以来，我国对外贸易大幅增长，出口对我国经济增长的贡献率很高，但是，在发达国家主导的全球化生产体系中，由于发达国家几乎垄断了生产体制、模块标准等核心要素，发展中国家往往只能在产业链的低端从事技术水平低、附加价值低的零部件制造或产品的加工组装，我国产业整体处于国际分工和全球产业链条的低端，高附加值产品少，技术含量偏低，经济效益不高，获取的比较利益少。我国依靠劳动力的低成本优势赚取的只不过是国际产业链低端的利润。当今世界20%的知名品牌占据了80%的市场份

---

① 杨斌：《全要素生产率与经济发展方式转变》，《上海金融学院学报》2010年第3期。

额，知名品牌取决于质量的可靠性、品种的适应性、技术的先进性和服务的便捷性。然而，2001～2010 年，世界品牌价值咨询机构发布的全球最有价值的 100 个品牌排行榜中，均没有中国品牌入选。另外，目前国际标准有 24807 项，而中国主导制定的只有 103 项，仅占 0.42%。[①] 这从另一个侧面反映出我国自主创新能力不强。据统计，我国科技成果产生规模效益的仅占 10% 至 15%，高新技术对经济增长的贡献率仅为 20%；[②] 我国的技术进步对经济增长的贡献率为 45% 左右，远低于发达国家的 50%～70% 的水平。[③]

5. 社会发展滞后于经济发展

按照科学发展观的要求，经济社会应该协调、可持续发展。但是，我国的社会发展滞后于经济发展。

（1）收入分配差距过大。我国的经济总量已经跃居世界第二，人均国内生产总值已经超过 5000 美元，但是，贫富差距不断扩大，收入分配关系不合理问题十分突出，少部分人占有国民财富的比例越来越高。我国的基尼系数已从改革开放初的 0.28 上升到 2007 年的 0.48，近两年不断上升，实际已超过 0.5。[④] 这个数据同样属于世界前列，我国属于财富分配严重失衡的国家。我国的行业差距、城乡差距和群体差距都很悬殊。"农民工"和城里的职工之间的收入差别，达到 3.3 倍之高；中国的行业差距到了 15 倍，超过巴西，居世界首位；国有企业高管与社会平均工资相差 128 倍；等等。[⑤] 收入差距过大，说明我国经济增长的成果并没有被全体国民有效、合理地共享，也使低收入群体丧失消费能力，不利于扩大内需目标的实现和社会的稳定和谐。

（2）区域发展不协调。我国区域发展很不平衡，中国西部地区的发展远滞后于东部地区的发展。联合国开发计划署发布的 2005 年人类发展报告指

---

① 王俊秀：《制造业长期处于全球价值链的中低端》，《中国青年报》2011 年 12 月 8 日。

② 张大方：《我国高新技术对经济增长贡献率仅 20%》，中国政协新闻网 2012 年 6 月 21 日。

③ 张国盛、郝向宏、于国君：《刍议财政支持经济发展方式转变的基本思路》，《地方财政研究》2009 年第 4 期。

④ 丛亚平、李长久：《中国基尼系数已超 0.5 或致动乱》，《经济参考报》2010 年 5 月 10 日。

⑤ 《新华社调研：内地贫富差距正逼近"红线"》，新华网 2010 年 5 月 10 日。

出，中国的社会发展已经落后于经济发展，中国目前面对的挑战是将收入增长转化为人类发展的可持续增长。虽然中国在发展方面取得了显著进步，但是这些进步却没有使贫困人口受益，中国不同地区之间发展极不平衡。

（3）社会事业的发展严重滞后于经济的发展。经济建设取得巨大成就的同时社会建设严重欠账，在当前的社会保障、住房、医疗、教育等领域存在着诸多亟待解决的十分突出的问题。主要表现为：劳动保险严重不足；医疗卫生远远不能满足需求；教育资源严重不均衡。政府用于医疗、卫生、教育、社会保障等方面的支出远低于其他国家。2007 年，德国、澳大利亚和美国政府安排的教育、社会保障、公共医疗卫生等福利性支出占国家财政支出的比重高达 68.84%、58.73% 和 57.11%，而中国的这一比重不足 30%。[①] 更为重要的是，我国政府安排的社会保障等支出没有向低收入群体倾斜，出现了"逆向调节"，与社会保障制度的目标背道而驰。

（4）社会矛盾日趋尖锐。中国的社会矛盾较突出地表现在群体性事件不断发生、犯罪率上升等等。从 1993 年到 2006 年，群体性事件从 8709 起增加到了 9 万起，2007 年、2008 年、2009 年都超过了 9 万起。[②] 根据中国社科院 2010 年 2 月发布的 2010 年《法治蓝皮书》显示，2009 年中国犯罪数量打破了 2000 年以来一直保持的平稳态势，出现大幅增长。其中，暴力犯罪、财产犯罪等案件大量增加。

正是因为社会发展滞后于经济的增长，我国物质财富的丰富没有带来国民幸福感的提升。因此，加快转变经济发展方式是全面建设小康社会、满足人民群众新期待、构建社会主义和谐社会、维护社会稳定的客观需要。

（五）转变经济发展方式是应对国际经济形势变化的客观要求

从 2009 年第三季度开始，全球主要国家的经济增长逐步缓慢企稳回暖，全球经济步入后危机时代，后危机时代国际形势的新变化，对我国经济发展方式的转变形成了一种"倒逼"压力，使我国的经济发展方式不转不行，非

---

① 《央财报告称我国税负水平高于中上等收入国家》，《经济参考报》2011 年 5 月 9 日。
② 翁小筑：《群体性事件上升到每年 9 万起》，《羊城晚报》2010 年 2 月 27 日。

转不可。

1. 传统的出口导向模式不可持续

改革开放以来，我们实行积极的对外开放战略，形成了以大进大出为基本特征的出口导向模式，外贸依存度高，出口对经济增长的拉动大。自2006年以来，中国外贸依存度接近70%，就出口占国内生产总值的比重而言，2006年达到39.9%，2007年也达到35.6%，高出全球平均值10个多百分点，高出中等收入国家5个多百分点。[①] 过高的外贸依存度，这不仅与库兹涅茨的一国外贸依存度的高低与其国民经济总量大小呈负相关的原理相悖，而且使中国经济的发展和稳定严重依赖于国际市场的变化。2008年爆发的国际金融危机，使我国长期以来积存的结构性和深层次矛盾进一步暴露，一度因为出口的跳水式下降拖累经济大幅下滑，2009年上半年，中国对欧盟出口下降24.5%，对美国出口下降16.9%，对日本出口下降20.2%。[②] 目前，世界经济复苏缓慢，外需难以大幅反弹，中国仍将面临外部需求恶化问题，出口导向的发展模式不可持续。更为重要的是，长期以来，我国的出口也付出了高昂的资源成本和环境代价，未来也是不应该持续的。

2. 发达国家转变经济增长方式对我国形成压力

美国等发达国家为应对经济危机也在转变经济增长方式。近20年来，美国一直是一个高消费、低储蓄的国家，但自金融危机爆发以来，美国人开始改变了以往只贷不存的习惯，通过削减支出、减少借贷和增加储蓄应对经济衰退，致使美国人的消费率有所下降，储蓄率有所提高。美国商务部的数据显示，危机爆发以来，美国个人平均储蓄率明显上升，至2009年5月份，个人储蓄率达到6.9%，为15年来最高水平。[③] 奥巴马政府表示，美国经济应从过去"以债务与消费"推动的增长模式转向以"出口和制造业"推动的增长模式。奥巴马在2010年1月的国情咨文中表示，未来5年，美国的出口额将翻一番，由此可创造200万个国内就业岗位。美欧等经济体的"再工业化"

① 中国社会科学院：《2010年中国发展和改革蓝皮书》，社会科学文献出版社2011年11月版。

② 迟福林、傅治平：《转型中国》，人民出版社2010年10月版，第5页。

③ 《美国个人储蓄率不会持续升高》，人民网2010年3月11日。

会替代中国部分产品出口。奥巴马政府制订了"国家出口计划",制造业产品的出口是其中的主要内容。重视发展制造业、回归工业化是美国为应对金融危机有意尝试一种新的经济增长模式。发达国家储蓄率上升、消费率下降,国际市场需求将相对缩小。

3. 低碳经济时代的到来使我国面临的节能减排的国际压力日趋加大

当今世界,低碳经济已成为发展趋势,各国都在加大对节能环保、新能源和低碳技术发展的投入和政策支持力度,纷纷提出"绿色新政"、"低碳社会"等规划和政策措施,大力培育新的经济增长点,积极探索符合本国实际的绿色低碳发展之路。美、欧、日等发达国家不仅将投资新能源与发展低碳经济作为应对经济危机、促进经济复苏的重要手段,而且将其上升到国家战略高度,作为提升国家竞争力、控制全球经济发展的制高点。英国通过了《气候变化法案》,并制订了《低碳转型计划》。日本政府发布了《绿色经济与社会变革》,重点支持交通运输领域低碳化、建立绿色金融体系和促进可再生能源开发与普及等。

由于我国处于工业化快速发展阶段,温室气体排放增量大、增速快,日益成为国际社会关注焦点,要求我国承担更大、更多责任,压力在不断增加。另外,发达国家利用自身低碳技术优势,纷纷将碳排放问题与国际贸易挂钩,一方面大量进口碳密集型产品,以减少国内能耗,保护其生态环境,同时又以保护全球环境的名义提出对进口的高耗能产品征收碳关税的政策。发达国家"碳关税"的征收将增加我国制造业产品出口成本,降低我国制造业出口产品竞争力,引起出口额下降,这些变化对我国以低技术高消耗为基础的传统经济增长方式提出了严峻的挑战,为抢占后危机时代国际竞争制高点必须转变经济发展方式。

由此可见,国际金融危机对我国经济增长带来了严重冲击,这种冲击表面上是对增长速度的冲击,实质上是对发展方式的冲击。正如社科院财贸所所长高培勇所说,当全球范围内的经济发展方式转变已经形成浪潮之时,我们转变经济发展方式就不再是一种主观上的自主选择,而是被整个世界裹胁其中并且必须要做的事情。①

---

① 高培勇:《经济发展方式转变进程中的财税政策:趋势与目标》,《上海金融学院学报》2010 年第 3 期。

二、税收宏观调控的基本原理

（一）税收效应

税收效应是指纳税人因国家课税而在其经济选择或经济行为方面做出的反应，从另一个角度说，是指国家课税对消费者的选择以至生产者决策产生的影响，也就是税收对经济所起的调节作用。在企业的生产和经营决策中，决策中关心的是税后净利润，对于投资者和生产经营者而言，政府强制征收的税款如同原材料和工资成本一样，是从事投资和生产经营活动时必须付出的代价。因此，政府对投资和生产经营活动是全部征税还是部分征税、税率是高还是低，对企业的净利润会产生截然不同的影响，作为独立的市场竞争主体，出于追求利润最大化的目的，政府征税必然会引起企业在经济选择和经济行为方面的反应。不仅如此，税收还会对消费者的选择产生影响。对消费品课税直接影响消费品价格的高低，政府对消费品征税范围的选择和税率高低的规定，也必然使追求消费效用最大化的消费者做出相应的反应。总之，税收作为一种强制无偿的国家征收，必然会对纳税人的经济选择或经济行为（包括投资、消费、生产和储蓄等方面）产生这样或那样的影响。

税收对投资、消费、生产和储蓄等方面产生的影响或作用不外乎两种：一是税收的收入效应；二是税收的替代效应。

1. 收入效应

收入效应是指由于政府征税减少了纳税人的可支配收入，从而产生的激励纳税人增加收入的效应。税收对消费方面的收入效应，表现为国家征税会使纳税人收入下降，从而使其减少商品购买量而居于较低的消费水平。税收对纳税人在劳动投入方面的收入效应，表现为国家征税会直接压低纳税人的收入，从而促使其减少闲暇而倾向更勤奋地工作，以维持以往的收入或消费水平，即征税会促使劳动投入增加。税收对储蓄方面的收入效应，表现为政府征税会使纳税人减少当期消费，为维持既定的储蓄水平而增加储蓄。收入效应的大小，由纳税人的总收入与其缴纳税金之比即平均税率决定。

2. 替代效应

税收的替代效应则是指政府征税改变了一种经济活动的机会成本，使纳税人放弃这种经济活动而代之以另外一种经济活动的效应。税收对消费方面的替代效应，则表现为国家对商品征税，会使被征税的商品价格上涨，造成纳税人减少课税商品购买量，而增加非课税商品或低税商品购买量，即以无税（或低税）商品替代课税（或高税）商品。税收对纳税人在劳动投入方面的替代效应，则表现为国家征税会降低闲暇相对于劳动的价格，使工作闲暇或两者的边际收益发生变化，从而引起纳税人以闲暇代替劳动。税收对纳税人储蓄的替代效应，表现为国家对纳税人的利息所得征税或增税，会减少纳税人利息收入，降低储蓄的吸引力，导致纳税人以目前消费替代将来消费，从而不愿增加储蓄。替代效应的大小，在所得税情况下，由其边际税率决定。

税收效应和替代效应在税收活动中同时存在且方向相反，但并不会相互抵消，因为具体到微观经济活动中它们的效应大小会有所不同。

（二）税收杠杆原理

税收效应理论表明，政府征税会影响纳税人对消费、储蓄、投资以及劳动等行为的选择，从而会影响整个社会资源的配置。税收调控就是运用政府征税产生的收入效应和替代效应达到政府所希望的效果。

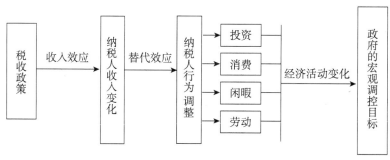

图1—1 税收宏观调控原理

市场经济下，税收是改变人们经济活动相对利益、影响人们经济行为、调节经济运行的重要力量。政府通过制定不同的税收政策，规定不同的税收鼓励或限制措施，给予纳税人有利或不利的税收条件，一方面改变了人们的经济利益关系，另一方面对纳税人的经济利益进行调节。由于利益驱动改变了人们的经济行为，使被调节者根据政府提供的税收环境对自己的利害关系，自愿地倾向于经济杠杆主体的预期目标。政府通过税收对纳税人经济利益的有目的调节，使纳税人的行为朝着政府的宏观经济目标转变，这一机制就是税收调节的杠杆原理。

税收对宏观经济的调控作用是因政府实施不同的税收政策而自动产生的。虽然政府征税是强制的，但税收对宏观经济的调控作用是自动产生的，是被调节者根据政府提供的税收环境变化对自己的利害关系，而自愿地调整自己经济行为的过程。税收调控的实施是通过税收负担水平的界定和调整来进行的，具体表现为政府的税收总量政策和税收结构政策。总量政策主要解决宏观经济增长与稳定问题，结构政策通过调整不同利益主体之间的分配关系，主要解决社会经济运行中有关经济发展和收入分配的结构问题。总量政策在具体的应用上主要体现为增税与减税的选择，影响整个纳税人的行为选择，对经济运行起到紧缩与扩张的作用。结构政策在具体应用上主要体现为对不同纳税人在税负上轻重不同，因人而异、区别对待，这种区别对待可以是针对不同行业、不同产业、不同产品或不同行为等等。现实中更多的情况往往是在整体税收负担既定的情况下对某些纳税人采取税收优惠政策。

（三）影响税收杠杆作用发挥的因素

1. 税收的财政职能

税收是政府为了满足社会公共需要，凭借政治权力，按法定标准向社会成员强制、无偿地征收以取得财政收入的形式。税收的基本职能包括财政职能和经济职能，财政职能即组织财政收入的职能，经济职能即税收作为经济杠杆调控经济运行的功能。税收的最基本的职能是取得财政收入，从全球范围来看，财政支出无论从绝对量上还是相对量上都有不断增长的趋势，而且大多财政支出呈现刚性，难以削减。税收宏观调控手段中税收减免的运用首先要考虑财政的承受能力，受到财政支出需要的制约。财政压力越凸显，这种制约也就越明显。

2. 税制结构的合理性

税制结构主要包括税种的配置问题。其一，各个税种之间的相互配合、相互补充，才会使税收宏观调控达到良好效果。而且，主体税种的选择对于税收调控具有关键意义。由于所得税尤其是个人所得税可以按收入多少设计累进税率，税收弹性较大，有较强的社会总需求调节功能，是经济的内在稳定器，而增值税等流转税其调控功能就差一些；减免所得税政策在以所得税为主体税种的国家，会取得显著成果，而在以流转税为主体税种的国家，取得的效果就差。其二，税源的选择直接关系到税收调控范围。税收调控的对象具有特定的范围，即只能针对纳税人，对于非纳税人，税收手段是无能为力的，税收政策的范围和普遍性受到限制。而且，税收调控的规模也只能以纳税人的税收收入规模为限。总之，税制结构对政府进行宏观调控产生了内在的制约。

3. 税收征管水平

税收征管水平包括税务机关依法治税的能力以及税收征管的技术水平。在立法中体现政府的调控意图相对容易，而实际效果取决于能否依法征税、应收尽收。例如，个人所得税立法的意图是对高收入者多征税、对低收入者不征税或少征税以实现公平分配，但是，我国个人所得税收入主要来自于工薪阶层，富人纳税的比率很低，实际效果是实现"逆向调节"，拉大了收入差距。所以，依法治税是税收杠杆有效调节经济的关键，税收征管的技术水平是有效发挥税收杠杆作用的保证。

4. 宏观经济环境

一般而言，税收政策的宏观调控功能能否得以充分或较好地发挥，关键要看其是否具备一定的社会经济环境和经济条件。第一，构建开放的、统一的市场体系。税收调控功能的发挥，有赖于市场机制的建立，只有在市场经济条件下，生产要素才能自由流动，价格才能反映市场供求状况，政府才能通过税收来影响生产经营者的物质利益，来调节供求关系，优化资源配置，实现宏观调控目标。第二，企业应该成为自主经营、自负盈亏的市场主体。税收政策宏观调控作用的发挥，主要是通过影响市场并引导企业的市场行为、市场取向来实现的，如果企业是一个真正的市场主体，才有独立的物质利益，才能对与税收政策变化相关的市场信号做出自觉而灵敏的反应，反之亦然。第三，国家要有良好的法治环境，公民应有相应的法律意识。

三、西方经济学派的税收调控理论

古典经济学派盛行的时期，主张自由放任、自由竞争，让"看不见的手"自发调节经济运行，反对一切形式的国家干预，包括政府以征税形式对经济的干预，不把税收作为一种调节经济运行的手段。20 世纪 30 年代发生的经济危机，使人们对古典经济学派自由放任的理论产生了质疑，盼望一种新的经济理论能够合理地解释这次经济大危机的原因，从而找出一条治理经济危机的途径。于是，凯恩斯学派应运而生。以政府干预为核心的凯恩斯学派，极力主张发挥税收调控经济运行的杠杆作用，产生了税收调控理论。

（一）凯恩斯学派的税收调控思想

凯恩斯的税收理论建立在"赤字财政论"的基础上，而"赤字财政论"的理论基础是其有效需求学说。1936 年，凯恩斯出版了《就业、利息和货币通论》，在这部著作里，他提出了以政府干预为核心的财政需求管理方案。

凯恩斯认为，导致经济大危机产生的原因是有效需求不足，而出现有效需求不足的原因是"消费倾向递减"、"资本边际效率递减"和货币的"灵活偏好"，因此产生消费需求和投资需求的不足，使社会总供给大于总需求。解决有效需求不足，不能靠市场经济的自发调节，必须靠国家的干预，特别是财政税收的干预。凯恩斯的税收调控理想主要体现在以下几个方面：

1. 税收是刺激需求的有效手段

首先，政府通过税收和财政支出等政策，可以影响社会总需求。凯恩斯认为，政府增税可以缩小总需求，减少国民收入；政府减税可以扩大社会总需求，增加国民收入。政府财政支出对于国民收入则有一种扩张性力量，即增加财政支出可以扩大总需求，增加国民收入；减少财政支出可以缩小总需求，减少国民收入。因此，政府可以采用税收和财政支出政策刺激投资和消费需求，从而促进经济增长和就业的增加。

其次，税收政策对消费倾向具有重大影响。凯恩斯在分析影响消费倾向的客观因素时，把财政政策的改变视为影响消费倾向的一个因素。他说："既然个人的储蓄倾向取决于人们所期望的将来的收益，那么，储蓄不仅仅取决于利息率，而且也取决于政府的财政政策。所得税，特别是当该税对'不凭本事赚到的'收入征税很高时，如利润税、遗产税以及类似的税种都和利息一样影响储蓄；与此同时，财政政策可能变动的范围至少在预想中可以比利息变动要大。如果财政政策有意地被作为取得比较平均的收入分配的手段，那么，他对增加消费倾向的影响当然还要更大。"[①] 凯恩斯认为，通过税收政策的应用，可以对人们的储蓄倾向施加影响，有时这种影响比调整利息率还要大。针对收入分配悬殊会降低消费倾向的问题，他主张用收入再分配的办法解决这个矛盾，即把富人收入的一部分用累进税的办法集中到国家手中，再通过政府转移支出的办法分配给穷人，或由政府兴办公共工程，从而达到刺激需求，促使供求平衡和增加就业的目的。

2. 应该有效发挥直接税对贫富差距的调节作用

按照凯恩斯的观点，在调节人们收入和财富差距时，税收可以充分发挥调节作用。而且，凯恩斯认为，国家必须从以间接税为主的税收体系改变为以直接税为主的税收体系。所得税、超额所得税和遗产税等直接税调节贫富差距的效果好于间接税。但是，运用直接税调节人们的收入和财富的差别，又不能过度使用税收手段。这是因为，如果对富人的收入和财富用税收调节过度，就可能发生偷逃税款的情况，而且征税过度对资本的增长不利。

凯恩斯坚持应当征收遗产税，既可以对收入和财富不公起到调节作用，也可以增加资本财富的积累。他认为，如果政府用征收遗产税得到的税收收入去取代政府对收入和消费所征收的税额，由于对收入和消费征收的税额减少了，就可以提高人们的消费倾向和增加储蓄额，这样不仅不会减少国家的财富，反而会增加国家的财富。

---

① 凯恩斯著，高鸿业译：《就业、利息和货币通论》，商务印书馆 1999 年版，第 100 页。

（二）新古典综合学派和新剑桥学派的税收调控思想

凯恩斯的宏观经济理论体系存在缺陷，没有微观经济理论基础，西方经济学家把新古典经济学派的微观经济理论与凯恩斯学派的宏观经济理论加以综合形成新古典综合学派。新古典综合学派的代表人物主要有美国经济学家汉森和萨缪尔森。新剑桥学派是 20 世纪 60 年代在与新古典综合派的论战中产生的，其代表人物是剑桥大学的琼·罗宾逊。这两个学派都是在继承了凯恩斯学派的经济思想而形成的，其焦点在于对凯恩斯思想有不同的理解，因此，将这两个学派成为后凯恩斯学派。其税收调控思想主要有以下几个方面：

1. 汉森的补偿税收理论

作为新古典学派的先驱和主要代表，汉森提出了著名的"补偿性财政政策"主张。基本含义是：当经济不景气时，通过扩大政府财政支出，或降低税率，或者两者并举，以刺激总需求的扩大；当经济过度繁荣时，通过缩减财政支出，提高税率，或两者并用，以压缩总需求的扩大，从而"熨平经济波动"。

汉森把税收看做是迅速调节经济、"熨平经济波动"的一种工具，税收对投资、消费和储蓄都有很大的影响。他认为，税收减免对防止经济衰退有重大影响，为促进经济增长，汉森主张用较低的累进制所得税率，来鼓励私人消费和投资，并对投资于固定资本的部分，根据情况应实行减税和免税。而对于扩展中的经济来说，社会保险税和营业税是发挥这种作用的理想税种，主张对这些税种实行机动税率制度。在繁荣时期的后半期，逐步提高累进税率；在繁荣达到顶点时，累进幅度要达到最大，以形成剩余基金。在繁荣由顶点转向下降时，即应停止征收。一旦衰退开始，就应提用以前所征集的剩余基金。为了实行补偿税收政策，必须打破年度财政收支平衡的观念，不过，打破年度收支平衡，并不是不要收支平衡，而是要周期收支平衡。

汉森还认为，税收必然影响消费函数和储蓄函数，但影响的程度取决于税收的多少和税收的结构。如果税收结构主要偏重于对广大消费者的征税，势必使消费数额大量减少；如果税收主要来自高收入阶层，储蓄函数变动较大，消费函数变动较小；如果双管齐下，则既影响消费又影响储蓄。当税制结构越趋于限制消费时，就越需要大量的政府支出和私人投资来保证充分就业；而当税制结构越趋于减低储蓄时，充分就业所需要的各种支出数额就越少。

2. 萨缪尔森的内在稳定器理论

凯恩斯学派认为，国家应该担负起调节社会经济的重要职责，累进课征的个人所得税是调节资本主义经济生活的一个"内在稳定器"。累进所得税可以随繁荣时期国民收入的上升而自动增多，随萧条时期国民收入的减少而自动下降，这种增多或减少，因累进征收的关系，比国民收入在同方向变动的程度还要大。

累进征收的所得税收制度具有一定程度的自动伸缩性，一旦衰退开始，公司利润和个人收入就会下降，这时即使不降低税率，税收收入也会自动减少。而且由于实行累进税制，税收收入减少的幅度还要大于公司利润和个人收入减少的幅度。这种减少，同政府在衰退时期刺激需求的意图是一致的；一旦繁荣开始，公司利润和个人收入随之增加，这时即使不提高税率，税收收入也会自动增加，同样由于实行累进税制，税收收入增加的幅度还要大于公司利润和个人收入增加的幅度。这种增加，同政府抑制需求过旺的意图是一致的。所以，它能够不经过临时调整税率，而起到一种"自动调节的作用"。

3. 新剑桥学派的税收调控思想

在税收理论上，新剑桥学派和新古典综合学派一样，把税收当做调控经济运行的重要杠杆。相对于新古典综合学派，新剑桥学派的特点是，强调充分发挥税收在缩小贫富不均方面的作用。在税制的设计方面，应根据不同的行业和纳税人的负担能力，体现公平原则。为了使高收入者多纳税、低收入者少纳税，在所得税制度上，采取累进税率。在消费税上，应对奢侈品征税，对生活必需品则给予减免税；特别主张实行没收性的遗产税，以便消灭私人财产的集中，抑制食利者收入的增长。

（三）货币学派的税收思想

货币学派倡导自由放任，政府不应对经济运行进行过多干预，属于新自由主义派别。反对凯恩斯学派相机抉择的财政政策，主张实行"单一规则"的货币政策。货币学派的创始人和领袖是米尔顿·弗里德曼。

　　弗里德曼反对用减税政策来刺激经济,认为实行减税政策,要增加购买力,加剧通货膨胀。弗里德曼主张降低所得税较高的累进税率和累进级距,认为税率过高会使纳税人设法逃税和避税,而不愿从事生产性投资,影响经济增长,从而根本性影响人们财富和收入的增长。

　　弗里德曼最早提出"负所得税"的概念,主张实行负所得税。反对生活贫困者实行差额补助金的社会福利制度,主张用"负所得税"方案代替。所谓负所得税,实际上是政府发给低收入者的补助金,它是指政府确定某种收入保障数额,再根据个人实际收入多少,按比例给予补助。收入不同的人可以得到不同的补助(负所得税),补助后形成的个人可支配收入也是不同的。根据物价和其他实际情况,收入保障数和负所得税率可以调整和变化。货币学派认为,实行"负所得税"可以通过收入和享受上的差别来鼓励低收入阶层的工作积极性。

(四) 供应学派的税收调控思想

　　供应学派20世纪70年代兴起于美国,该学派因强调"供给创造需求"而得名。

　　税率与税收收入间关系的理论是供应学派的思想精髓。它是美国经济学家 A. B. 拉弗提出的,通常称之为"拉弗曲线"。当税率为0时,税收为0;税率逐渐提高时,税收也随之上升;税率达到最佳宏观税率时,此时税收最多;如果税率超过最佳宏观税率时,则税收不再增加,反而会减少;当税率到100%时,因无人愿意从事工作和投资,税收就将为0。因此,高税率不一定必然带来高的税收收入,低税率也不一定必然带来低的税收收入。

　　供应学派反对高税率,主张降低累进税率与边际税率。供应学派认为,实行高累进税率制度,会严重挫伤人们工作和投资的积极性,更为严重的是,政府提高税率会诱发逃税现象和促使地下经济发展。所以供应学派竭力主张降低税率,特别是降低边际税率。因为降低税率意味着更好的刺激,更好的刺激意味着更高的储蓄、更多的资本形成、更高的劳动生产率和实际工资的更大增长。因而减税必然大大促进经济增长,减税不需要同时消减政府支出,也不必担心通货膨胀。

供应学派税收理论同凯恩斯主义的税收理论相比，有三个明显的变化，即由强调刺激需求改变为强调刺激供给；由强调实行"收入再分配"，改变为强调鼓励生产和提高工作效率，由强调政府干预改变为强调运用市场机制。

市场经济发展的百年历史告诉我们，市场经济也不是万能的，也有其自身的缺陷，即存在市场失灵问题。而市场失灵则说明发展市场经济离不开政府的宏观调控。现代市场经济都是市场机制和政府"看得见的手"共同发挥作用的混合市场经济，运用财政和货币政策调控经济运行是各国的普遍做法。税收在组织政府收入的同时也是重要的经济杠杆，西方的税收调控理论对我国运用税收杠杆促进经济发展方式转变仍有借鉴作用，经济的稳定增长、公平分配、产业结构的优化等方面都离不开税收的有效作用。

四、税收促进经济发展方式转变的政策取向及总体思路

（一）转变经济发展方式需要税收的强有力推动

1. 税收政策在调整和优化结构方面有独特优势

现代市场经济国家基本上是市场机制和政府机制相互交织，共同解决资源配置、经济发展和收入分配的问题。如前所述，我国的经济发展方式存在的问题很多，但最根本的是结构问题，即需求结构失衡、产业结构失衡和收入分配结构失衡，这三个层次的结构失衡问题，相互影响，制约了我国经济发展的质量。没有结构的调整和优化，谈不上经济发展方式的转变。不能否认，市场机制也有结构调整的功能，但政府宏观调控的作用更加重要。因为结构调整具有一定的社会性，市场无法确定其长远发展方向，结构调整需要政府"看得见的手"，财税政策在调整和优化结构方面有独特优势。税收既是对用于满足社会公共需要资源的直接分配，又能实现对社会利益的间接调节，特别是税收优惠政策能针对不同时期经济发展的现实需要进行设计，在结构调整过程中，税收政策往往可以起到导向性作用。

2. 税收政策是政府纠正外部效应的有效手段

经济外部性包括正负两个方面。当某一经济单位的产量的增加给其他经

济单位或个人带来无须偿付的收益时，称为外部经济或正外部性；当某一经济的产量的增加给其他经济单位或个人造成得不到补偿的额外成本时，称为外部不经济或称负外部性。对于外部效应，市场机制是无能为力的，纠正外部效应是市场经济国家的职责之一。政府矫正外部性影响的指导思想是：外部经济影响内在化，即调整某种物品或服务的私人边际效益或成本，使得个人企业的决策考虑其所产生的外部效应，即考虑实际的社会效益或成本。纠正外部效应的主要措施有税收和财政补贴。转变经济发展方式，追求经济发展的质量，可以通过税收政策对外部正效应予以鼓励，对外部负效应予以抑制。比如，对高耗能和高污染、危害人们健康的带有外部负效应的物品或服务课以重税，对节能、节水和环境保护等具有外部正效应的项目实行轻税政策能起到保护资源环境的作用；对技术创新项目、高新技术产业、小微企业等具有正外部性的项目和产业给予税收优惠有利于产业结构的优化；通过财税政策的"削高补低""劫富济贫"可以缩小贫富差距；等等。这些都是转变经济发展方式的内容和税收调控发挥作用的重要方面。

　　当然，促进经济发展方式转变，税收不是唯一的工具，也不是万能的工具，还需要建立起与其他政策手段合理的协调机制。首先，应协调处理好税收政策与财政支出政策之间的关系；其次，协调处理好金融手段与税收手段之间的关系。

（二）税收促进经济发展方式转变的政策取向

1. 着力扩大居民消费需求

　　扩大居民消费需求，是保持我国经济持续平稳较快发展的重要基础，扩大消费需求会带来需求结构的优化，有利于减轻资源、环境对经济增长的约束，有利于降低国际市场变化对我国经济产生的风险，也有利于人民物质文化生活水平的提高。财政部财政科学研究所副所长、研究员刘尚希认为，转变发展方式从消费入手。

　　扩大消费需求体现在两个方面：第一，提高消费率。消费率水平要与生产力水平相适应，与国内生产总值的增长速度相适应。第二，缩小消费差距。因为消费决定了人的能力，公民在教育、医疗等方面的消费差异直接决定其能力强弱，进而直接影响其就业状况和收入水平。

运用税收政策促进消费需求主要应该从以下几个方面着手：降低中低收入群体的税负甚至可以考虑对收入偏低的群体实行负所得税，以提升中低收入群体的消费能力；加大税收对收入分配差距的调节力度，缩小贫富差距，增强居民的消费倾向；健全社会保障体系，增大居民的消费意愿。

2. 促进服务业发展

促进服务业发展，增加第三产业对经济增长的贡献是优化产业结构、提高经济增长质量和国际竞争力的重点内容和要求。促进服务业发展，一是扩大服务业的规模，二是优化服务业结构，大力发展现代服务业和高端服务业。

税收政策促进服务业发展主要应该通过以下两个方面进行：第一，通过税制改革和完善降低服务业的税负，引导服务业与工业的协调发展。第二，通过区别对待的税收优惠政策实现服务业内部结构的优化。完善现有的对教育、医疗卫生等社会公共服务的税收优惠政策，配合财政支出政策，不断提高公共服务的供给水平，提高公共服务的均等化程度；对现代服务业、高端服务业和新兴服务业给予特别的税收优惠政策，促进软件开发、信息咨询、知识产权服务、服务外包、现代物流等服务业的发展。

3. 提高自主创新能力

加快经济发展方式转变的关键在于如何支持和鼓励科学技术研究和应用，鼓励自主创新，适应建设创新型国家的战略要求。技术创新的正外部性和高风险性决定了需要政府的扶持和激励，税收优惠是政府鼓励技术创新的有效手段。

为了提高自主创新能力，应该建立完善有利于技术研发、技术培训、技术咨询、技术成果转化、技术人才引进以及其他技术服务业发展的全方位税收支持体系。加大对高新技术产业特别是新材料、节能环保、生物医药、信息网络和高端制造产业等战略性新兴产业的税收优惠力度；鼓励人力资本开发，对科技人员包括在我国工作的外籍人员给予个人所得税优惠；实行促进产学研结合的税收政策；建立对风险投资的税收倾斜政策；等等。

4. 保护资源和环境

资源短缺和生态环境恶化问题已经成为严重制约我国可持续发展的瓶颈，

面对市场机制在环境资源领域的"失灵"，政府必须采取有效措施保护资源和环境。税收调控是各国保护资源和环境的有效手段，既可以通过税收优惠政策鼓励节能环保行为，也可以通过征收环境税等手段促使外部不经济性的内部化，达到社会所期望的环境目标。

国家应在整合现有的能源环境税收政策的基础上，尽快制定以节约能源和保护环境为目标的税收法律法规。一是支持发展循环经济和低碳经济。通过完善财税制度，促进废物利用，支持可再生资源回收和循环利用，加快发展替代能源。二是建立有利于环境保护的税收制度，对从事有害环境的产品生产和有排污行为的单位和个人征收环境保护税。三是鼓励提高资源利用效率。完善资源税制度，扩大征收范围，提高稀缺性资源、高污染和高能耗矿产的资源税税额；对于国家需要重点保护或限制开采的能源资源，适当提高资源税的税额。

5. 支持中小企业发展

由于中小企业在经营方式、经营机制上独具特性，其在国民经济中的作用是大企业无法替代的，中小企业是提供新增就业岗位的主要渠道，也是科技创新的重要力量。但是，中小企业的发展也面临着规模小、技术水平低、管理水平落后等内在发展劣势以及融资贷款、进出口权等方面外在政策上的变相歧视，为促进中小企业健康发展，应该借鉴国际经验对其予以扶持。在整个服务体系中，财税支持是最直接、最有效的方式之一。

以培养中小企业竞争力为目标设计中小企业税收政策，形成较为系统的与《中小企业促进法》相配套的中小企业发展的税收政策；针对中小企业在市场竞争中的劣势对中小企业特别是小微企业实行轻税政策，在不违背市场经济基本原则的前提下，应给予中小企业较多的税收优惠；对中小企业采取直接优惠和间接优惠相结合的多种优惠方式，促使其加快发展。

6. 注重保障和改善民生

保障和改善民生，是经济发展的最终目的和转变经济发展方式的落脚点，民生就是与老百姓生活密切相关的问题，主要包括就业、分配、医疗、教育、社保、住房、安全等具体内容。税收与民生之间又有着密切的联系，税收是保障和改善民生的重要手段。

税收政策保障和改善民生的政策取向主要有：第一，要建立健全支持教育和医疗卫生事业发展、就业与再就业工作、社会保障体系建设、文化事业发展的税收政策。通过税收优惠政策来鼓励教育机构、医疗机构等对教育产品和医疗产品的生产和供应，并对捐资助学等提供税收优惠，以降低中低收入群体在教育、医疗和文化事业上的成本。全面征收社会保障税，进一步扩大社会保障体系的覆盖面，以利于国家筹集到更多的资金投入到社会保障体系建设中去。第二，加大税收对收入分配的调节力度，缩小贫富差距。减轻中低收入者的税收负担，加大对高收入者的税收调节。第三，运用税收政策有效调控房地产市场，以稳定房价和促进房地产业健康发展。稳定住房价格，从短期看是抑制房价涨幅过高，满足群众住房消费需求的重要举措，从长远看是促进房地产业持续健康发展，改善群众住房条件的根本要求。税收政策对房地产市场的调控应区别对待住房的消费性需求和投机性需求，通过加大住房保有环节的税负等抑制投机性需求，完善促进保障性住房建设的税收政策。

（三）税收促进经济发展方式转变的总体思路

1. 科学合理确定宏观税负水平

宏观税负的高低直接反映政府参与国民收入分配的程度，不同的国家政府收入的构成不同，不同组织计量宏观税负的方法也有所不同。按经合组织（OECD）的统计口径，宏观税负是指税收收入与社会保险缴费收入合计占国内生产总值的比重；按国际货币基金组织（IMF）的统计口径，宏观税负是该国政府收入（包括税收、强制性社会保险缴款、赠与、其他收入等）占国内生产总值的比重。前者可称为小口径的宏观税负，后者可称为大口径的宏观税负，我国理论界还把财政收入占国内生产总值的比重称为中口径的宏观税负。我国政府收入结构复杂，包括税收收入、社会保险费收入、国有资产经营收入、土地出让金收入和其他预算外收入等。用政府收入占国内生产总值的比重更能反映纳税人的税负。

我国宏观税负的现状是小口径的宏观税负不重，大口径的宏观税负过重。以 2011 年为例，全国税收收入 89720 亿元，占当年国内生产总值总额 471564

亿元的 19.02%；① 当年全国公共财政收入 10.37 万亿元，全国政府性基金收入近 4.14 万亿元，全国五项社会保险基金总收入 2.37 万亿元。以上三类政府收入合计达 16.88 万亿元，占 2011 年国内生产总值的 35.79%。② 横向比较，依照国际货币基金组织的统计口径，23 个发达国家平均为 43.3%，24 个新兴和发展中国家（地区）平均为 35.6%，我国大口径宏观税负已逼近发达国家水平。③ 需要说明的是，中国统计宏观税负时仅仅涵盖了政府部门公开的三部分收入。统计中漏掉的部分，包括规模不小的未纳入政府预算的非税收入、不合法的制度外收入，以及学校赞助费、医院"红包"等公共机构和人员的灰色收入。专家测算，若考虑以上政府及公共机构的隐性成本，中国宏观税负水平势必超过 40%。④

笔者以为，宏观税负水平合理与否，不是仅看政府收入占国内生产总值的比重，更重要的是要看以下两个方面：一是城乡居民的收入是否与政府收入同步增长；二是要看政府花钱的用途，即政府用于教育、医疗卫生和社会保障等民生支出的数量和比例。我国宏观税负重不仅仅是政府收入的规模过大，更重要的原因是在政府收入占国内生产总值比重上升的同时居民收入占国内生产总值比重和居民消费率在不断下降；大口径宏观税负已经与美国等发达国家相当，但政府财政安排的社会保障支出占财政支出的比例不及美国的一半。

确定合理的宏观税负水平，使税收分配既满足政府正常运转的需要，又能促进经济的发展和民生的改善。确立合理的宏观税负水平的思路是：政府收入的增长速度不能长期超过国内生产总值增长速度和居民收入的增长速度，政府收入占国内生产总值的比重与居民收入占国内生产总值的比重应该保持协调；规范政府收入，减少非税收入在政府收入中所占的比重。针对我国目前大口径宏观税负水平过高的问题，应采取有效措施予以控制。控制宏观税负水平上升重点应规范、减免政府收费等非税收入，将合法的预算外非税收

---

① 《中华人民共和国 2011 年国民经济和社会发展统计公报》，国家统计局网站 2012 年 2 月。
② 王长勇、邢昀：《税收为什么这样痛》，《新世纪》2012 年第 15 期。
③ 王长勇、邢昀：《税收为什么这样痛》，《新世纪》2012 年第 15 期。
④ 王长勇、邢昀：《税收为什么这样痛》，《新世纪》2012 年第 15 期。

入纳入预算，杜绝制度外收入和寻租收入，清理规范事业单位和公共机构收费。"减税"应着眼于减费，包括减免各种行政性收费、降低社保缴费率等。在各类政府收入中，税收收入有法律依据，比较规范。如果简单通过减税降低宏观税负，反而会导致预算外非税收入、制度外收入等不规范、不合法收入比重上升。

2. 通过结构性减税优化税制结构

我国现行税制的"结构性"问题主要表现在两个方面。第一，财政功能强的流转税（间接税）所占比重过高，调控功能强的直接税或者所占比重过低或者缺失。2011年，我国全部税收收入中来自流转税的收入占比为70%以上，而来自所得税和其他税种的收入合计占比不足30%。在美国，联邦政府收入超过40%来自个人所得税，如果加上薪酬税，占比达到80%左右，而我国个人所得税只占税收总收入的6.7%。在财产税方面，房产税刚刚开始试点，其他几乎没有。[1] 分税制改革以来，流转税（间接税）的主体地位一直未动摇，在较好满足财税收入组织功能、促进财政"蛋糕"日益做大的同时，必然加重纳税人税负。我国的宏观税负赶超发达国家，与流转税为主体的税制结构有一定的关系。第二，地方税收体系弱化。分税制改革强化了中央集权，相应弱化了地方税系，把一些税源稳定、便于征管的税种都划为中央税或者中央与地方税，留给地方的是一些税源分散、难以征管的小税种。这使地方政府收支严重倒挂。以2010年为例，全国税收收入总额77394.44亿元，其中：中央收入47934.58亿元，占61.94%；地方收入29459.86亿元，占38.06%。[2] 而国家财政支出总额89874.16亿元。其中：中央支出15989.73亿元，占17.79%；地方支出73884.43亿元，占82.21%。[3] 地方税制的先天不足和逐年萎缩，倒逼着地方政府在土地、资源、生态上做文章，造成不规范竞争、产业趋同、产能过剩。[4] 可见，现行税制结构的缺陷不利于经济发展方式的转变。

---

① 李丽辉：《我国商品中含了多少税》，人民网2012年2月27日。

② 《中国税务年鉴2011》，中国税务出版社2011年版，第400页。

③ 《中国统计年鉴2011》，中国统计出版社2011年版，第280页。

④ 王振宇：《结构性减税：期待着由表及里"深化"》，《地方财政研究》2012年第5期。

要发展税收在转变经济发展方式方面的促进作用，必须优化税制结构。结构性减税是"十二五"时期财政政策的核心内容，要切实抓住实施结构性减税的有利时机和环境条件，通过结构性减税优化税制结构。

所谓结构性减税，是指在总体税负水平降低的前提下，各税种税负呈现"有减有增、以减为主"的结构性调整的税制优化安排。[①] 它既区别于全面的、大规模的减税，又不同于一般的有增有减的税负调整，更注重和强调有选择地减税。结构性减税不单是总量性减税，它在缩减总体税收规模的同时，通过有减有增的税制结构优化实现减税目标，结构性减税不排斥结构性增税。后危机时代，结构性减税更应突出"结构性"，坚持结构性减税与税制优化相结合、结构性减税与结构性增税相结合。尽快启动新一轮税制改革，着力于顶层设计和总体规划，通过深化税费改革以及优化现有税制结构、开征新税种等措施，逐步弱化间接税、强化直接税，逐步弱化流转税、强化所得税和财产税，逐步弱化共享税、强化地方税，[②] 形成间接税和直接税并重、既保证中央调控能力又能支撑地方政府运转的合理的税制结构体系。

3. 改革完善主体税种

税收结构的优化、调控作用的有效发挥还取决于实体税收制度的优化。要有效发挥税收促进经济发展方式转变的作用，必须在"十二五"时期基于优化税制结构改革完善我国的主体税种。增值税、消费税，个人所得税、资源税和房产税是改革完善的重点。

目前增值税对税收收入的贡献最大，增值税的改革完善对优化税制结构意义重大。增值税改革的重点应放在扩大范围和降低基本税率上，特别是逐步扩大增值税的征税范围最终将其覆盖到整个货物劳务领域，以利于消除重复征税、优化产业结构。

消费税是在普遍征收增值税基础上基于宏观调控需要进行的特殊调节，是流转税中调控功能最强的税种，消费税征税的范围和税率体现政府的调控意图。

---

①　张念明：《基于税制优化的结构性减税政策研究》，《中南财经政法大学学报》2012年第3期。

②　王振宇：《结构性减税：期待着由表及里"深化"》，《地方财政研究》2012年第5期。

消费税改革的重点应该放在征收范围的调整上，对于普通化妆品等消费品不应再征税，而应将游艇、别墅、珠宝和高档家具等纳入消费税的征税范围。

个人所得税是我国目前调节收入差距的最重要的税种，也是征收自自然人的最重要的税收。未来在个人所得税的改革上最重要的是改变课征模式，由目前的分项课征模式变为综合和分类相结合的课征模式。在转变课征模式的情况下，扩大征税所得的范围，根据经济发展的情况和税收征管能力，逐步将各类应当纳税的个人所得纳入个人所得税的征税范围。此外，合理调整个税税基和税率结构，提高工资薪金所得费用扣除标准，减轻中低收入者税收负担，加大对高收入者的税收调节力度。

在全球发展低碳经济的大潮下，我国资源税改革的推进，对于完善资源产品价格形成机制、更好引导经济结构调整具有重要意义。按照价、税、费、租联动机制，适当提高资源税税负，完善计征方式，将重要资源产品由从量定额征收改为从价定率征收。

推进房产税改革对于完善财产税制、健全地方税收体系意义重大。房产税改革的重点有两个方面：一是扩大房产税的征税范围，将个人住宅纳入房产税征税范围；二是调整房产税的计税基础，按照市场评估值征税。

4. 加强税收征管，优化纳税服务

旨在促进经济发展方式转变的税收政策需要通过税务机关的依法征管发挥效用，税务部门要依法加强税收征管，不断优化纳税服务，努力提高税收征收率。第一，认真落实依法征税，应收尽收，坚决不收过头税，坚决防止和制止越权减免税的组织收入原则。第二，改进纳税服务工作，始终坚持征纳双方法律地位平等，满足纳税人合理需求。第三，按照科学化、精细化的管理理念，大力推行专业化、信息化管理，不断提高税收征管的质量和效率。

第二章　扩大消费需求的税收政策

长期以来，我国一直把投资和出口作为经济增长的主导因素，消费对经济增长的贡献偏低。扩大消费需求特别是居民的消费需求是"十二五"期间加快经济结构调整的重点之一，也是转变经济发展方式的重要途径。我国居民消费需求不足的原因很多，其中税收政策的不完善是一个重要方面，税收作为政府重要的宏观调控手段，应该在扩大消费需求方面有所作为。因此，要通过税收政策的改革和完善，扩大居民的消费能力，提升居民的消费意愿，增大居民的消费倾向。

一、税收政策扩大消费需求的理论基础

（一）消费需求的一般理论

消费需求理论是西方经济学理论中的一个重要内容，在消费不足，投资、消费的比例失衡的背景下研究消费需求理论对政府的宏观调控具有重要意义。

1. 凯恩斯的绝对收入理论

1936 年英国经济学家凯恩斯（Keynes）在《就业、利息和货币通论》中首次提出消费函数。由于消费者的消费主要取决于即期收入，因此凯恩斯的消费函数理论被称为"绝对收入理论"。凯恩斯认为消费倾向对有效需求的增长起很大的作用，影响消费倾向的重要客观因素是收入分配。对低收入阶层的收入再分配可以提高总消费，收入分配不公可能会降低消费倾向。一个社会的收入分配越平均则其平均消费倾向越高，总体消费需求较高；反之，总体消费需求较低。他认为财政政策的调整可以提高消费倾向，国家可通过税

收政策对不同收入阶层的收入进行调节从而提高消费倾向。

2. 杜森贝利的相对收入理论

1949 年，美国经济学家杜森贝利（J. S. Duesenberry）提出相对收入理论。他认为，消费者会受自己过去的消费习惯以及周围消费水准的影响来决定消费，从而消费是相对地决定的。相对于收入而言，消费具有"棘轮效应"和"示范效应"。所谓"棘轮效应"是指消费者的消费支出不仅受当期收入影响，也受自己过去"高峰期"收入的影响。消费者易于随着收入的增加而增加消费，但不易随着收入的降低而减少消费。消费的"示范效应"是指消费者的消费支出不仅受自身收入水平的影响，也受周围人的收入和消费水平影响，特别是低收入者因攀比心理、提高社会相对地位的愿望等因素而使自身的消费处于和收入不相称的较高水平。因此，低收入者往往具有较高的消费倾向。在"棘轮效应"和"示范效应"的共同作用下，消费者不会过多地减少消费支出。

3. 弗里德曼的持久收入理论

美国经济学家米尔顿·弗里德曼（M. Friedman）在 1957 年出版的《消费函数理论》一书中，详细阐述了持久收入的消费理论。弗里德曼认为，消费者的消费支出不是由他的现期收入决定的，而是由他的持久收入决定。也就是说，理性的消费者为了实现效用最大化，不是根据现期的暂时性收入，而是根据长期能保持的收入水平即持久收入水平来做出消费决策的。这一理论将人们的收入分为暂时性收入和持久性收入，并认为消费是持久收入的稳定的函数。这一理论认为，在长期中，持久性收入是稳定的，所以消费函数是稳定的，暂时性收入变动通过对持久性收入的影响而影响消费。根据持久收入假说，持久收入与现期收入的比率为平均消费倾向。当现期收入暂时高于持久收入时，平均消费倾向会下降；现期收入暂时低于持久收入时，平均消费倾向则会上升。持久收入较高时相应的消费支出也较高，但是暂时收入较高时消费支出不一定高。因此，高收入家庭有较低的平均消费倾向。

4. 莫迪利安尼的生命周期消费理论

美国经济学家弗兰科·莫迪利安尼（F. Modigliani）20 世纪 50 年代提出了生命周期消费理论，强调了消费与个人生命周期阶段的关系。该理论认为，消费者在计划其消费和储蓄行为时将综合考虑其过去的储蓄、目前和未来的收入和支出状况，以使消费在整个生命周期中实现最佳配置，实现一生消费效用最大化。各个家庭的消费需要取决于他们在整个生命周期内所获得的收入与财产，也就是说消费取决于家庭所处生命周期阶段。

莫迪里亚尼认为人的生命有限，可分为两个阶段，即收入相对较低的青年时期、老年时期和收入相对较高的壮年时期。第一阶段属于消费大于收入的时期，出现负储蓄；第二阶段属于消费小于收入时期，即存在正储蓄。根据这一理论，如果社会上的年轻人和老年人比例增大，则消费倾向会提高；如果社会上的中年人比例增大，则消费倾向会下降。因此，总储蓄和总消费会部分地依赖于人口的年龄分布，当有更多的人处在储蓄年龄时，净储蓄就会上升。

（二）税收扩大消费需求的作用机理

税收政策作为政府重要的宏观调控手段对居民消费需求的增长有很大的影响作用。具体说来，税收政策的实施能影响居民即期收入和持久收入、调节收入分配、影响居民不确定性预期，还可以调整消费结构和拓展消费领域。

税收对消费者行为选择的影响，也表现为税收的收入效应和替代效应。从扩大消费需求的角度来看，国家应适当降低税收对消费者的收入效应程度，以便在现有收入水平的基础上，增加消费者的可支配收入，增强消费者的购买能力和购买欲望，实现刺激消费的目的。从调节消费结构的角度，应有效发挥税收的替代效应，通过对征税范围、税率结构的调整调节消费结构。

1. 税收政策能通过增加居民可支配收入来提升居民消费能力

从税收对消费的影响来看，首先表现为税收对消费的"收入效应"。一般来说，国家课税后往往会引起消费者可支配收入的减少，使居民消费能力下降，降低对商品的消费量的需求，从而对居民即期消费需求产生抑制作用。

税收与消费呈反向变动关系，即税收增加会减少居民可支配收入从而降低居民消费支出；反之，税收减少会增加居民可支配收入从而增加居民消费支出。因此，政府在运用税收政策过程中，可通过减少税收增加居民可支配收入来提升居民消费能力,从而最终刺激居民消费支出的增长。① 另外,根据持久收入假说,居民的消费需求受其持久收入的影响,而持久收入主要取决于收入的稳定程度,在影响收入稳定程度的众多因素中,就业的稳定性起着至关重要的作用。税收政策可以通过对劳动需求和劳动供给的影响,对就业产生直接和间接的影响。例如,税收政策可以对吸引劳动力较多的企业和部门实施减税优惠等措施直接扩大劳动需求,税收政策可以对劳动者的教育和培训等实施优惠政策来提高劳动者受教育程度等等。

2. 税收政策可以通过公平收入分配来增大居民消费倾向

无论是凯恩斯的绝对收入理论还是弗里德曼的持久收入理论都强调消费倾向对消费需求的重要影响。影响居民消费水平的重要因素是可支配收入,但居民的可支配收入有多少能转化为消费则取决于边际消费倾向。随着居民收入的增加边际消费倾向呈现递减的趋势,消费在收入中所占的比重随个人收入水平的提高而递减。可以说收入水平的平均化程度决定了边际消费倾向的高低,因此,缩小贫富差距能增大居民消费倾向。缩小贫富差距无非是"削高"、"补低",在"削高"方面主要依赖税收政策调节。例如,通过累进的个人所得税制缩小不同收入阶层的收入差距,通过遗产税和赠与税的实施可以调节收入的存量,避免财富过度集中等。这种具有收入调节功能的税收体系再加上相应的转移支付手段,在使高收入阶层的收入减少的同时可以使低收入阶层的收入相对提高,有利于社会整体平均消费倾向的提高,加速全民消费结构的升级。②

3. 税收政策可以调节居民不确定性预期来增强居民消费意愿

预防性储蓄消费理论认为,人们对未来收入和支出的预期对当前消费意愿有很大的影响作用。如未来的预期收入下降,而住房、教育和养老等费用的提高使支出预期提高,居民的即期消费就会减少。社会保障税能有效地调节居民的不确定性预期,在开征社会保障税的前提下,纳税人在未来能够取得一定的

① 郭平、洪源:《税收政策刺激我国消费需求有效增长的作用机理及对策研究》,《湖湘论坛》2009 年第 6 期。

② 郭平、洪源:《税收政策刺激我国消费需求有效增长的作用机理及对策研究》,《湖湘论坛》2009 年第 6 期。

社会保障财富，解除居民为预防意外而进行储蓄的心理压力，可以在现有的可支配收入的基础上放心地去消费，有利于社会消费需求的稳定增长。

4. 税收政策能够调节消费结构，引导合理消费

税收对消费结构的影响主要是通过"替代效应"实现的。国家对某种商品课税或课重税，则会影响该种商品的成本，并致使消费者相对减少课税或重税商品的购买量，而增加无税或轻税商品购买量，即发生了税收对消费者选择的替代效应。政府通过对不同的产品制定不同的税率，使不同产品的生产价格发生变化，从而对居民的消费结构产生影响。

二、当前扩大消费需求的必要性和紧迫性

（一）在扩大消费的呼声中，我国的投资消费结构更趋失衡

我国长期以来重投资、轻消费的政策加剧投资消费比例失衡，从 20 世纪 90 年代后期开始，一直把扩大内需特别是消费性需求作为宏观调控的重要内容。"十五"规划提出"继续实行扩大内需的方针"；"十一五"规划指出"要进一步扩大国内需求，调整投资和消费的关系，合理控制投资规模，增强消费对经济增长的拉动作用"；"十二五"规划指出"构建扩大内需长效机制，促进经济增长向依靠消费、投资、出口协调拉动转变"；党的十八大报告指出"加快建立扩大消费需求长效机制，释放居民消费潜力"。尽管从 20 世纪末特别是全球金融危机以来我国实施了一系列旨在扩大消费的政策，但效果不佳，在消费总量不断增长的同时我国消费率一直呈下降趋势，投资和消费失衡是当前我国经济发展的主要矛盾。

1. 消费增长长期滞后于投资增长速度，导致投资消费结构严重失衡

改革开放以来，随着经济的不断发展，投资和消费总量都有大幅增长。但是，总体上看，消费增长长期滞后于投资增长速度，导致投资消费结构严重失衡，近 10 年以来更显恶化的趋势。

纵向看，我国的消费率在 20 世纪 90 年代中期以前基本保持在 60% 以上，90 年代中期以后伴随着投资率的上升，消费率逐步下降，特别是 2000 年至

2010 年投资率持续提高，消费率大幅下降。由表 2—1 可知，投资率由 2000 年的 35.3%上升到 2010 年的 48.6%，消费率由 62.3%下降到 47.4%，投资和消费的结构严重失衡。

表 2—1　1980~2010 年我国的投资率与消费率

单位：亿元

年份	支出法国内生产总值	最终消费支出	资本形成	货物或服务净出口	消费率（%）	投资率（%）
1980	4592.9	3007.9	1599.7	-14.7	65.5	34.8
1985	9076.7	5986.3	3457.5	-367.1	66.0	38.1
1990	19347.8	12090.5	6747.0	510.3	62.5	34.9
1992	27565.2	17203.3	10086.3	275.6	62.4	36.6
1994	50217.4	29242.2	20341.1	634.1	58.2	40.5
1996	74163.6	43919.5	28784.9	1459.2	59.2	38.8
1998	86531.6	51588.2	31314.2	3629.2	59.6	36.2
2000	98749.0	61516.0	34842.8	2390.2	62.3	35.3
2002	120475.6	71816.5	45565.0	3094.1	59.6	37.8
2004	160800.1	87552.6	69168.4	4079.1	54.4	43.0
2006	222240.0	112631.9	92954.1	16654.0	50.7	41.8
2007	265833.9	131510.1	110943.2	23380.6	49.5	41.7
2008	314901.3	152346.6	138325.3	24229.4	48.4	43.9
2009	346316.6	166820.1	164463.2	15033.3	48.2	47.5
2010	394307.6	186905.3	191690.8	15711.5	47.4	48.6

资料来源：《中国统计年鉴 2011》，中国统计出版社 2011 年 9 月版。

横向看，与其他国家相比，我国的投资率偏高，消费率偏低。目前，世界平均的投资率在 22%左右，消费率在 78%左右。其中，高收入国家投资率均值为 20%，消费率均值为 80%；中上收入国家投资率均值为 22%，消费率均值为 75%；中低收入国家投资率均值为 31%，消费率均值为 66%；低收入国家投资率均值为 29%，消费率均值为 75%。各国消费率一般都在 60%以上，投资率一般都在 30% 以下。①2008 年，金砖五国中，南非、巴西、印度和俄罗斯的消费率分别达到 81.7%、80.9%、67.1% 和 63.7%，超过我国约 20 个百分点。就居民消费占国内生产总值比重而言，2010 年我国的比重为 33.9%，而同年美国的这一比例为 70%。②

2. 消费对经济增长的贡献率持续走低

与投资率持续上升相伴而生的是消费对我国经济的贡献率不断下降。由表 2—2 所示，最终消费支出对经济增长的贡献率由 2000 年的 65.1% 下降到 2010 年的 36.8%，投资成为拉动经济增长的主要力量，特别是 2008 年经济危机以来投资率显著上升。2009 年最终消费对国内生产总值贡献率为 47.6%，拉动国内生产总值增长 4.4 个百分点；资本形成对国内生产总值的贡献率在 2009 年创出新高，达 91.3%，拉动国内生产总值增长 8.4%；净出口对国内生产总值的贡献率则为 −38.9%，拉动国内生产总值增长 −3.6%。投资对经济增长的贡献远高于正常年份。2010 年投资贡献率 54.0%，消费贡献率 36.8%；2011 年投资对经济增长的贡献率是 54.2%，继续高于消费对经济增长的贡献率（51.6%）。③

（二）出口需求难以成为当今乃至今后我国经济增长的强大动力

改革开放以来，外需持续扩大带来的出口快速增长，一直是拉动我国经济增长的重要因素。由于对外依存度较高，使得我国经济增长过分依赖全球贸易环境。但是，从当今的国际环境看，外部需求难以长期为我国提供可观的经济增长动力，出口导向型的经济增长方式是不可持续的。

1. 世界经济复苏缓慢，外需难以大幅反弹

目前由于金融危机已经使美欧经济放缓，甚至出现衰退迹象，直接影响我国的出口需求下滑。欧债危机加大了国际市场的不确定性；低迷的就业市场、受到巨大冲击的房产市场以及复苏步伐蹒跚的银行业，都将继续打压美

---

① 金三林：《扩大消费的三个主要着力点》，国研网 2009 年 11 月 24 日。

② 杨天宇：《国民收入分配格局对居民消费需求的扩张效应》，《学习与探索》2012 年第 2 期。

③ 迟福林：《消费主导——中国转型大战略》，人民出版社 2012 年 2 月版，第 25 页。

国经济在未来的增长；新兴经济体的增长面临出口困难和通货膨胀压力。国务院发展研究中心主任李伟2012年中国发展高层论坛开幕词中讲到，国际金融危机的影响仍在持续发酵，部分发达经济体的主权债务危机久拖不决，引发新的危机和衰退的可能性尚难以排出。新兴市场国家通胀压力加大，经济增长减速风险上升，投资者信心尚缺乏。国际金融市场持续波动不定，加上地区动荡等因素世界经济复苏的不稳定性、不持续性明显存在。

表2—2　1980年以来三大需求对国内生产总值增长的贡献率和拉动

年份	最终消费支出		资本形成总额		货物和服务净出口	
	贡献率（%）	拉动（百分点）	贡献率①（%）	拉动②（百分点）	贡献率（%）	拉动（百分点）
1980	71.8	5.6	26.4	2.1	1.8	0.1
1985	85.5	11.5	80.9	10.9	−66.4	−8.9
1990	47.8	1.8	1.8	0.1	50.4	1.9
1995	44.7	4.9	55.0	6.0	0.3	—
2000	65.1	5.5	22.4	1.9	12.5	1.0
2002	43.9	4.0	48.5	4.4	7.6	0.7
2004	39.5	4.0	54.5	5.5	6.0	0.6
2006	40.0	5.1	43.9	5.6	16.1	2.0
2007	39.2	5.6	42.7	6.1	18.1	2.5
2008	43.5	4.2	47.5	4.6	9.0	0.8
2009	47.6	4.4	91.3	8.4	−38.9	−3.6
2010	36.8	3.8	54.0	5.6	9.2	0.9

注：①贡献率指三大需求增量与支出法国内生产总值增量之比；②拉动指国内生产总值增长速度与三大需求贡献率的乘积。

资料来源：《中国统计年鉴2011》，中国统计出版社2011年9月版。

2. 贸易保护主义加剧

2008年经济危机以来，各国已推出的贸易保护措施超过百项，大量已付诸实施，包括提高关税、贸易禁令、出口补贴以及各种形式的非关税壁垒，甚至借环保的名义搞贸易保护。世界银行发布的报告显示，尽管中国出口总量还不到全球的10%，但全球47%新发起的贸易救济调查和82%已完成的案件都针对中国。在 2010 年全球新启动的 15 项贸易保护政策中，针对中国商品的占 10%，比例高达 67%。[1]

3. 发达国家重振制造业对我国外需产生不利影响

为应对经济危机，美国、英国、法国和日本等国除了采取货币、财税政策外，采取了一系列重振制造业的措施。以美国为例，2008 年危机来临，美国白宫经济顾问宣称：美国将不再继续担当全球最终消费国和进口国的角色，今后美国经济要转向可持续的增长模式，即出口推动型增长和制造业增长；2012 年奥巴马政府国情咨文强调为了让美国经济"基业长青"，美国需要重振制造业，并表示将调整税收政策，鼓励企业家把制造业工作岗位重新带回美国。[2] 可见，国际市场竞争将更加激烈，中国出口面临巨大压力。

4. "十二五"期间我国进口将超过出口

由于欧美等发达国家的需求萎缩将是一个中长期趋势，我国的贸易顺差有可能持续减少，"十二五"期间出现贸易逆差的可能性较大。虽然 2011 年全年中国进出口超 3.6 万亿美元创年度历史新高，但贸易顺差则从 2010 年的 1845 亿美元收窄至 1551 亿美元，并创下三年来的新低。贸易顺差占国内生产总值的比重也从 2010 年的 3.1% 下降至 2011 年的 2.3% 左右的水平。有专家预测，2012 年，中国出口和进口的同比增速将分别为 10% 和 16.5%，贸易顺差则会降至 410 亿美元左右。[3] 即使外需恢复，作为 13 亿人的大国，也不能把经济增长长期建立在外需基础上。

（三）投资主导的经济增长方式难以为继

投资消费比例严重失衡已成为我国经济运行中的主要矛盾，继续保持投资拉动的经济增长将加剧我国经济运行的风险。

---

① 《2010 年盘点：贸易保护主义抬头中国"最受伤"》，《中国贸易报》2011 年 1 月 24 日。

② 《发达国家的"再工业化"考验中国》，《解放军报》2012 年 2 月 26 日。

③ 郭丽琴：《2011 年中国贸易顺差创六年来新低》，《第一财经日报》2012 年 1 月 11 日。

1. 资源约束和环境的承受力对投资需求的增长形成制约

首先，我国经济增长付出了很高的资源环境代价，资源环境约束不断强化。如前所述，我国能源资源禀赋相对不足，人均能源资源拥有量在世界上处于较低水平，我国单位国内生产总值能耗远远高于发达国家的水平。其次，"十二五"时期节能减排任务艰巨、压力大。"十二五"规划纲要明确规定了能耗强度和二氧化碳排放强度的目标。2011 年作为"十二五"的开局之年节能减排的任务完成并不好，2011 年，中国确定的目标是单位国内生产总值能耗下降 3.5%，但实际只下降了 2.01%，全国氮氧化物排放总量不降反升 5.73%。要完成"十二五"节能减排指标就面临更大压力。[①]

2. 投资主导的经济增长面临产能过剩压力

一个国家进入工业化中后期以后，重化工业的快速发展将极大地推进生产资料领域的发展，如果这一阶段国内消费能力不足，就会出现这一阶段特有的生产过剩危机。过于集中的投资已产生产能过剩、边际报酬下降等负面效应。我国的传统产业和新兴产业都面临产能过剩。钢铁产量 1998 年只有 1 亿吨，2010 年超过 6 亿吨，一些新兴产业陷入了产能过剩、竞争激烈、企业亏损的困境之中，大有"早衰"的症候。比如，光伏企业在投资快速扩张后，产能出现严重过剩，[②] 多晶硅、晶体硅电池、太阳能薄膜电池等产能利用率普遍不高。

3. 投资主导将加大产业结构调整的难度

我国投资主导主要集中在工业尤其是重化工业上，造成经济结构的畸形发展，服务业增长缓慢，对经济的贡献偏低。2008 年，我国服务业增加值占国内生产总值的比重为 41.8%，与发达国家相比有多达 30 个百分点的差距，低于世界平均水平近 20 个百分点。[③] 2011 年，这一比例也仅为 43.1%。以文化产业为例，2010 我国年文化消费占国内生产总值的比重只有 2.75%，而同

[①] 解振华：《2011 年节能减排目标未实现　后 4 年压力大》，新华网 2012 年 5 月 27 日。

[②] 迟福林：《消费主导——中国转型大战略》，中国经济出版社 2012 年版，第 48 页。

[③] 《我国服务业发展相对滞后，发展潜力巨大》，《中国信息报》2010 年 12 月 31 日。

年美国的这一比例为 25%，日本、韩国达 15% 左右。①

（四）消费需求是拉动经济增长最为重要的力量

1. 消费是拉动经济增长的最终力量

在投资、消费和出口"三驾马车"中，消费需求是最终需求，是拉动经济增长最稳定、最持久的动力。消费既是经济增长的动力源泉，更是经济增长的终极目标。只有服务于消费需求的经济增长才具有实质意义。英国经济学家马歇尔认为："一切需要的最终调节者是消费者需要"，消费需求是一切经济活动的起点和落脚点，对经济增长起着重要的影响作用。消费在经济发展的进程中占据着很重要的地位。从短期来看，投资需求对经济增长的拉动作用很明显，但长期来看，只有消费需求才是拉动经济增长的最关键和最终的动力源。首先，从社会再生产方面来看，消费既是再生产的起点也是再生产的终点，是拉动经济增长的最持久的力量。投资虽然对经济发展有一定的推动作用，但作为中间环节，如果不能有效地转化为消费，就会使债务增加、产能过剩，从而导致经济萧条。其次，从经济循环方面来看，投资需求是消费需求的引致需求，只有最终消费需求才能最终决定产业结构调整的方向和速度。再次，从经济效率方面来看，要使投资规模和结构得到优化，经济效率得到保障和提高，就必须用消费来引导和支持投资，这样才能使资源达到最佳配置。所以说，只有建立在消费需求基础上的投资需求才能有效地拉动经济增长。

2. 扩大消费是提高人们物质文化生活水平的根本要求

消费是反映居民生活水平和质量的一个重要指标，也是衡量一国居民生活福利水平的重要标志。党中央、国务院大力推行改革开放政策，努力实现经济繁荣发展，最终目的就是满足人民群众日益增长的物质文化需求，让广大居民能够享受物美价廉的商品服务。

---

① 迟福林：《消费主导——中国转型大战略》，中国经济出版社 2012 年版，第 38 页。

三、我国消费需求不足的直接原因分析

从经济学理论来看,消费主要取决于以下三个因素:收入水平、消费的意愿和消费的环境。造成我国消费水平低下的原因既有居民收入增长缓慢造成消费能力不足,也有贫富差距大和社会保障体系不健全造成的消费倾向低下以及消费环境恶化对消费的抑制。

(一)收入增长缓慢,制约了居民的消费能力

首先,从国民收入分配格局看,我国居民收入长期滞后于经济增长,居民收入在国民收入分配中所占的比重偏低。如表2—3所示,2000年以来,我国国内生产总值平均增长9.42%,城镇人均可支配收入平均增长10.02%,农村人均纯收入平均增长8.57%,而财政收入平均增长20.68%,在经济运行低迷的年份,财政收入仍保持了高增长。再加上土地出让金、社保基金等收入,我国政府集中的收入偏高。近年来,在收入分配中,居民所占的比重逐年下降,而政府和企业所占的比重逐年上升。根据《中国统计年鉴》公布的1992~2008年资金流量表的实物表,可以发现,居民可支配总收入占国民总收入的比重一直呈下降趋势。在1992~2008年间,居民可支配总收入占国民可支配总收入的比重由69.23%降至57.11%,下降了12个百分点。而与此同时,企业可支配总收入占比则从11.55%上升到21.61%,政府可支配总收入占比从19.22%上升到21.28%。这种此消彼长的变化势必会抑制居民的消费能力。

其次,初次分配向资本倾斜,劳动报酬占比偏低。从收入法核算的国内生产总值看,在初次分配中劳动者报酬占比从1995年的51.4%下降到2007年的39.7%。劳动者报酬占比偏低、下降过快影响了居民消费的增长。从国际比较看,在初次分配中我国劳动者占比明显低于发达国家,而企业盈余则明显高于发达国家。世界重要经济体的劳动者报酬在国内生产总值中的份额近年一般介于50%到57%之间,比我国2007年39.7%的水平高10~17个百分点。而这些国家的企业营业盈余介于20%~25%之间,比我国31.3%的水

平低 6 ~ 11 个百分点。[①]

表2—3　21世纪以来国内生产总值、财政收入和居民收入的增长速度

单位:%

年份	2000	2002	2004	2006	2007	2008	2009	2010	2011
国内生产总值增长	8.0	8.0	9.5	10.7	11.4	9.0	8.7	10.3	9.2
财政收入增长	17.0	15.4	21.6	22.5	32.4	19.5	11.7	21.3	24.8
城镇人均可支配收入增长	6.4	13.4	7.7	10.4	12.2	8.4	9.8	7.8	14.1
农村人均纯收入增长	2.1	4.8	6.8	7.4	9.5	8.0	8.5	10.9	19.1

资料来源:国家统计局网站公布的历年统计公报;"财政收入增长"来自于《中国统计年鉴2011》,中国统计出版社2011年9月版。

居民收入以及劳动者报酬在国内生产总值中占比的下降,不仅在很大程度上制约了居民消费能力的提升,而且不利于全体国民共享改革开放的成果。

(二) 社会保障体系不健全, 使居民的消费预期降低

根据"预防性储蓄理论",消费者为预防未来不确定性而进行储蓄将导致当前消费水平的相对下降。该理论认为,当未来收入不确定时,消费者将变得谨慎,用增加储蓄的办法来预防收入不确定带来的风险。未来不确定性的程度增加,收入下降越多,预防性储蓄的增加额越多,从而消费支出额的下降幅度也越大,反之亦然。国内外的研究表明:社会保障与消费之间具有明显的正相关性。据《世界经济年鉴》,1992 ~ 1995 年间,福利国家最终消费在国内生产总值构成中所占比重明显高于社会保障程度较低的国家,除美国以外,英国和瑞典最终消费在国内生产总值构成中所占比重平均达80%以上,德国和法国在75%以上。较高的消费水平决定了福利国家居民储蓄占可支配家庭收入的比重明显偏低。在1990 ~ 1995 年期间,福利国家家庭储蓄占可支配家庭收入的比重大大低于非福利国家。[②]

---

① 余斌、陈昌盛:《我国劳动者报酬在初次分配中占比偏低》,《瞭望新闻周刊》2009 年12 月7 日。

② 樊彩耀:《完善社会保障体系促进消费稳定增长》,《经济参考报》2000 年7 月6 日。

当前我国社会保障水平的偏低制约了消费需求的扩大。首先，政府财政支出中用于社会保障的比重偏低。2001～2010 年我国社会保障支出占财政支出的比重大体维持在 10%～12% 左右。而 2006 年社会保障支出占财政支出的比重美国为 18.6%，法国为 42.4%，德国为 46.5%，英国为 35.9%，日本为 33.9%。[①] 其次，农村养老保险制度、医疗保险制度等改革相对滞后，强化了对未来不确定性支出的预期，使得居民预防性储蓄增加，制约了居民边际消费倾向的提高。我国社会保障体系覆盖范围较小，主要覆盖城镇和经济相对发达地区的部分农村。即使在社会保障体系覆盖区域，居民社会保障水平也较低。人们对未来养老、教育、医疗、住房等方面的支出预期严重影响了即期消费水平。

（三）贫富差距过大弱化了居民消费倾向

20 世纪末 21 世纪初，收入分配不公的问题凸显，十多年来，我国的贫富分化速度更快，收入分配不公问题越来越严峻，基尼系数已超过 0.5。[②] 我国的地区、城乡、行业、群体间的收入差距加大，分配格局失衡导致部分社会财富向少数人集中。据人力资源和社会保障部 2010 年提供的数据，我国城乡居民之间收入差距在 3.3 倍左右，行业间差距最高达到了 15 倍之多；10% 的最高收入户与 10% 的最低收入户人均收入相差 20 多倍，少数金融国有企业高管的年薪水平是社会平均工资的 100 多倍，而个别高管的天价薪酬竟是社会平均工资的 2000 多倍。[③] 世界银行的报告显示，美国 5% 的人口掌握了 60% 的财富，而中国则是 1% 的家庭掌握了全国 41.4% 的财富，中国的财富集中度甚至远远超过了美国，成为全球两极分化最严重的国家。[④] 按照凯恩斯的边

---

① 宫晓霞：《财政支出结构的优化路径：以改善民生为基调》，《改革》2011 年第 6 期。

② 丛亚平、李长久：《中国基尼系数已超 0.5 或致动乱》，《经济参考报》2010 年 5 月 21 日。

③ 蒋波：《人保部：正视贫富差距问题　实施国民收入倍增计划》，《人民日报》2010 年 6 月 3 日。

④ 丛亚平、李长久：《中国基尼系数已超 0.5 或致动乱》，《经济参考报》2010 年 5 月 21 日。

际消费递减规律，高收入者的边际消费倾向明显低于低收入群体。在居民总收入一定的情况下，收入分配差距越大，全社会平均消费倾向越低，居民总消费占居民总收入的比例也越低，居民消费总量增长就会落后于收入的增长。

（四）消费环境不尽完善，影响居民消费潜力发挥

市场环境包括市场交易硬件设施、交易制度、信用制度、厂商服务水平、市场监管体系等内容。目前存在的主要问题包括：一是市场信用水平低下，表现为假冒伪劣产品充斥食品、医药、保健、建材等产品市场。掺三聚氰胺的奶粉，含瘦肉精的猪肉，甲醛超标的服装等，都威胁到居民的消费安全，尤其是在县级市场和农村市场，假冒伪劣产品更是大行其道。二是厂商售后服务体系不完善。主要表现为售后服务网络不健全、服务承诺如同虚设、强行收取服务费用、延迟服务时间、服务质量和技术低劣等。三是市场监管体系不健全。主要是法制的不健全及威慑惩罚力度不够、行政执法部门职责划分不清与多头执法、执法的权力不到位、产品质量检测费用和办案经费严重不足，检测设施匮乏、手段落后等造成市场监管乏力。四是农村消费市场体系不完善，包括市场载体发展不平衡，商业网点少，购物不方便，农村商品流通渠道单一。五是农村的生活服务性基础设施建设普遍滞后。大部分农村缺少文化、体育、娱乐等生活性基础设施，使得农民无法将潜在的购买力转化为现实的购买力，如用水、用电不方便或没有自来水，洗衣机的使用受到限制；有线电视网络和宽带覆盖面还不够广，限制了彩电和家用电脑的普及等。

四、我国居民消费需求不足的税收视角分析

我国居民消费需求不足有深刻的财税原因，包括财政支出结构不合理、税收制度存在缺陷以及税收征管质量低下等。

（一）以流转税为主体的税制结构对扩大消费具有负面影响

1. 我国税制结构的总体情况

所谓税制结构，是指构成税制的各税种分布状况及相互之间的比重关系，不同的税制结构对收入差距的调节效应有很大的不同。一个国家的税制结构取决于当时经济条件和发展要求，是在特定税收制度下，由税类、税种、税制要素和征收管理层次所组成的，分别主次，相互协调、相互补充的整体系统。

不同税种的收入调节功能有较大差异，主体税种决定了税制结构的特征。增值税、营业税、消费税等对商品劳务征收的流转税税负易转嫁属于间接税，而个人所得税、财产税由于税负难以转嫁属于直接税。直接税适宜累进税率征收等原因其公平分配职能大于间接税。以流转税为主体的税制模式，有利于政府调节社会资源配置，直接调节经济总量，同时增加国家的财政收入，实现"效率"目标；以所得税为主体的税制模式则可以直接调节居民收入，有利于促进收入公平分配从而达到"公平"的调控目标。

当前我国共设置了19种税，按照征税对象不同，可将其分为流转税、所得税、财产税和其他税类。其中，所得税包括企业所得税、个人所得税和农业税；商品劳务税包括增值税、消费税、营业税和关税（已扣除出口退税）；财产税包括房产税、城镇土地使用税、耕地占用税、车船税、契税和土地增值税；将没有被纳入到商品税、所得税和财产税的税种统一归为其他税类。由表2—4可以看出，近年来我国税制结构的演变情况是商品劳务税占税收总收入的比重呈缓慢下降趋势，由2004年的63.6%降到最低的2007年的57.5%，但至今在我国税收体系中仍然占据着绝对的主体地位。与此同时，所得税占税收收入的比重有所上升，2004为24.6%，2008年最高上升到27.5%，但上升幅度偏小，特别是2010年占24.2%；财产税在税收收入中所占的比重不断上涨，但是2010年也仅占到税收总收入的8%，与一些发达国家财产税作为地方政府收入主体的情况相去甚远。因此，从税收的构成情况看，我国现行税制结构是以流转税主体为税制结构，对经济运行调控功能强的所得税和财产税所占比重偏低。

表2—4 2004~2010年我国税制结构

单位：亿元

年份	所得税		商品劳务税		财产税		其他税	
	税额	占比（%）	税额	占比（%）	税额	占比（%）	税额	占比（%）
2004	5936.39	24.6	15361.92	63.6	1243.53	5.1	1623.8	6.7
2005	7498.24	26.1	17887.39	62.2	1629.50	5.7	1763.41	6.0
2006	9538.56	27.4	21026.48	60.4	2011.89	5.8	2232.79	6.4
2007	11964.83	26.2	26210.21	57.5	2823.49	6.2	4623.44	10.1
2008	14897.94	27.5	31486.75	58.1	3800.82	7.0	4038.28	7.4
2009	15486.19	25.7	34983.41	58.1	4998.82	8.3	4772.72	7.9
2010	17680.81	24.2	43514.10	59.5	5882.84	8.0	6133.04	8.4

资料来源：根据历年中国统计年鉴计算。

2. 流转税为主体的税制结构对扩大消费的负面影响

（1）流转税的转嫁性使中低收入群体成为主要的负税人。流转税的纳税人与负税人是分离的，纳税人把税款全部附加在商品或劳务价格之上，最终进入消费领域，消费者只要有消费，无论衣、食、住、行，天天都在"被纳税"，自己却毫不知情。从理论上说，随着收入水平的提高边际消费倾向会下降，因此，中低收入群体的消费率远高于高收入群体，高收入群体的消费率低而投资率高。以流转税为主体的税制结构决定了政府的税收负担由富人阶层向中低收入阶层转嫁，广大的低收入阶层是我国税收负担的承担主体。

（2）流转税为主体的税制结构推高物价、抑制消费。政府征自流转环节的间接税与商品售价高度相关，而征自收入环节和财产保有环节的直接税，虽然并不能一概排除其发生转嫁的可能性，但一般并不作为价格的构成要素而直接嵌入商品售价之中。这就意味着，即便不同国家、不同地区之间的宏观税负水平相同或近似，但因税制结构不同，最终归宿到不同国家或地区的同一商品售价上的税负水平也会有差异甚至相当大的差异。在中国现行的税制格局下，70%以上来自于增值税、消费税和营业税等流转环节的税收都会嵌入商品的价格而推高物价、抑制消费。假设国家征税的总量均为1000元，排除其他方面要素的影响不论，那么，作为价格构成要素之一、直接嵌入各种商品售价之中的税收数额分别为：中国 700 元，美国 168 元，日本 186 元，欧盟 15 国 300 元。① 另外，售价中嵌入的间接税额过高也是造成"中国制造"的商品境内售价远高于境外的重要原因。同样的商品性能，境外售价低于甚至大大低于境内售价，节假日期间，大量内地居民纷纷去香港、澳门抢购包括日用品、电子货在内的各种"中国制造"商品。这种情况的频频出现，也影响了我国内需的扩大。

（3）流转税为主体的税制结构激发地方政府的投资行为。以流转税为主体的税制结构，使各级政府的税收收入规模与投资生产规模成正比，地方政府具有扩大投资的强烈利益动机。再加上以国内生产总值增长率作为考核地方政府政绩的重要指标更加剧了这种动机。

（4）流转税在公平分配方面具有累退性。流转税的税负与消费成正比，而与所得无关，低收入者的负担比高收入者重，不符合量能负担原则。根据周小林、胡斌的研究，在我国税收调节收入分配的过程中，商品课税与个人所得税所起的作用是相反的，商品课税不仅扩大了收入分配差距，还大大抵消了个人所得税缩小收入分配差距的作用。②

（5）营业税与增值税的税基不同导致的产业之间的税负不均衡也制约消费。在我国的三大流转税中，增值税和营业税的征税范围是互补的，基本上是制造业、商业实行增值税，服务业实行营业税。增值税的税基是商品或劳务销售额的增值部分，营业税的税基则是商品或劳务销售全额。两者税基大小不一，营业税因不抵扣进项税存在重复重税，这就意味着服务业的链条越长，重复征税的问题越严重。因此，相对于增值税而言，营业税的税负偏重，非常不利于大力发展服务业，也制约了就业的增长和消费的扩大。

（二）个人所得税存在一定程度的逆向调节

1. 分项课征、定额扣除费用不能体现量能负担

第一，分类课征的模式有失公平，极易诱发偷逃税和避税行为。我国目

---

① 高培勇：《税制结构差异惹的祸》，《中国财经报》2011 年 2 月 21 日。
② 周小林、胡斌：《货物劳务税税负对城镇居民收入分配的影响》，《税务研究》2011 年第 9 期。

前采用"分类所得课税模式"，对不同性质的所得项目采用不同的税率和费用扣除标准。这种模式的后果是造成相同收入额的纳税人会由于其取得收入的类型（项目）不同，或来源于不同类型的收入次数不同而承担不同的税负。另外，不同类型（项目）所得的计征时间规定不同，分为月、次和年，不能反映纳税人的支付能力，使课税带有随意性，会出现支付能力低者税负高于支付能力高者的不正常现象。这种制度的设计极易催生偷逃个人所得税款的行为，而且也给避税者可乘之机，使其可通过分解收入、转变类型等方法成功避税，使税款大量流失。

第二，费用扣除标准不尽合理。工资、薪金所得税长期实行定额扣除法，不能准确反映由纳税人的家庭人口、赡养、抚养、就业、教育、是否下岗、是否残疾等基本情况所决定的实际纳税能力。

2. 对"三险一金"的扣除存在明显的"劫贫济富"

我国的社会保险费和住房公积金是按工资的一定比例计提缴存并在税前扣除的，意味着工资收入越高政府免税的额度越大。由于我国行业之间的工资收入差异很大，导致一些高收入行业职工在税前扣除的"三险一金"超过低收入行业职工的工资总额，而加大收入差距。

3. 资本利得税的缺位进一步加剧了贫富分化

我国的股票转让所得暂不征收个人所得税，导致以劳动所得为主要所得来源的低收入群体的税负高于以资本利得为主要来源的高收入群体。在我国金融资产急剧向少数人集中的情况下，对个人转让股票所得长期暂免征收个人所得税，进一步加剧了贫富分化。[1]

4. 征管质量的低下加剧了逆向调节

据统计，我国工薪阶层税收占个税总额的比重在65%左右；而在美国，年收入11.3万美元以上的纳税人占美国纳税人的10%，他们缴纳的个税占联邦个税总额的71.22%。[2] 说明我国个人所得税征收的对象主要是通过劳动获

---

[1] 许生：《扩大内需的财税政策研究》，《税务研究》2009年第1期。

[2] 《收入分配到改革路口：解决分配不公正当其时》，《人民日报》2010年5月26日。

得收入的工薪阶层，而富人真正大头的收入在工资之外，并且也主要是工资外的收入拉开与工薪阶层的收入差距，所以，就目前而言，我国富人的个人所得税大多漏掉了。个人所得税的调节加剧了贫富分化。

（三）财产税制度缺陷导致公平分配、调节消费倾向的作用乏力

财产税制包括房地产税、遗产税和赠与税、车船税及其他类型的财产税。财产税也属于公平分配功能强的直接税，是一些发达国家基层政府的收入主体。但是，我国的财产税收入在税收收入中所占比例偏低，2011年的房产税收入只占到税收总额的1.2%，[①] 再加上制度设计的缺陷导致公平分配、调节消费倾向的作用乏力。

1. 房产税制度设计不合理

首先，计税依据的规定不合理。现行房产税采用房产租金收入和房产原值按一定比例扣除的从租计征和从价计征两种办法征税，税率分别为12%和1.2%。房地产价格的上涨收益基本不能在税收中体现，造成房地产税收大量流失。其次，房产税主要对单位课征，个人房产持有环节仅限于经营性使用和出租的房产征税，至于其他形式的持有，如居住或空置则处于无税状态，这无助于缩小贫富差距。再次，房产税减免政策有缺陷。对享受免税照顾的非营业用房产的数量及次数没有限制，导致了在同一地区或者在不同地区同时拥有多套房产的富人阶层多次享受免征房产税优惠，从而对广大中低收入家庭造成不公。另外，按营业用与非营业用来划分是否享受房产税免税，而没有非常明确地将房产税免税界定为普通居住用住房，导致别墅等高档居住用房享受房产税免税，违背了税收量能负担原则，加速了社会分化。[②] 最后，上海、重庆的房产税试点范围小且主要对增量征收，导致对收入差距的调控力度小。2011年1月28日起，上海、重庆两市启动了居民住房的房产税改革试点，其实就是将现行房产税的征税范围在原有基础上适度扩大。进行的房产税试点上海只将增量房纳入征税范围而忽略了存量房，重庆虽将存量房纳

---

① 财政部税政司：《2011年税收收入增长的结构性分析》，财政部网站2012年2月。
② 许生：《扩大内需的财税政策研究》，《税务研究》2009年第1期。

入征税范围，但只针对高档住宅，而忽略了普通住宅。对于在近年来房价的暴涨中获得巨大利益的存量房产所得者的既得利益并未触动，因而基本不具有缩小收入差距的作用。

2. 遗产税和赠与税的缺失进一步拉大了我国的贫富差距

遗产税和赠与税最基本的功能，在于调节居民的收入和财产状况，缩小贫富差距；另外，遗产税和赠与税会弱化储蓄倾向，刺激消费。我国虽已形成相当的富人群体，但至今没有开征遗产税和赠与税，进一步拉大了贫富差距。2011年4月13日发布的《2011年胡润财富报告》显示，截至2010年底，我国已有96万名千万富豪（2004年这个数字是24.5万人）和6万名亿万富豪，分别比上年增长9.7%和9.1%，全国每1400人中有1人是千万富豪。

（四）社会保障税缺失增大了居民未来支出的预期，抑制了当期的消费意愿

依据莫迪利安尼的生命周期理论，消费者会根据预期寿命计划其消费和储蓄行为。如果未来的支出预期加大，就会增加储蓄而减少当期的消费。健全的社会保障体系会减少未来的支出预期，减除消费者的后顾之忧。在计划经济体制下，我国的社会保障制度是由国家和单位基于"职工"的身份提供的福利，适应建立市场经济体制的要求，旧的福利制度被打破，从20世纪90年代中期开始新的社会保障制度。但是，新的保障制度尚不完善，覆盖面窄，保障能力不强。至2011年末，全国参加城镇基本养老保险人数为28391万人，参加城镇职工基本医疗保险人数为47343万人，分别占城乡就业人数的37.12%和61.95%；参加基本养老保险的农民工人数为4140万人，参加医疗保险的农民工人数为4641万人，分别占农民工总数的16.37%和18.36%。[①]那些未被社会保障体系覆盖到的居民主要依靠家庭保障为主，未来养老、医疗、子女教育等方面的支出预期加大，有钱也不敢花。

我国现行的社会保障体制对贫富差距和消费存在"逆向调节"。社会保障支出缩小收入差距的前提是多数发达国家的社会保障支出结构注重向低收入

---

① 《2011年度人力资源和社会保障事业发展统计公报》，人力资源社会保障部网站2012年6月5日。

群体倾斜。但是，我国的财政社会保障支出因没有向低收入群体倾斜不仅没有缩小初次分配形成的收入差距，反而拉大了差距。第一，20世纪90年代中期，我国的城乡居民收入之比已达到近3倍，但我国社会保障体系的恢复建立是从城市起步的，农村社会保障体系的建立比城市晚十多年。第二，在保障程度上城市远高于农村。目前城镇已经建立起了比较完善的养老等保险制度以及最低生活保障制度。而农村的社会保障制度则还处于起步阶段，仅有农村合作医疗制度覆盖面较大，补偿的比率也不高，养老保险和最低生活保障制度尚处于试点阶段。正因为政府的财政保障支出向城市倾斜，我国的城乡人均收入差距是3.33倍，而考虑社会保障因素后，城乡居民实际收入差距约为4至6倍。①

我国社会保障体系的弊端制约了消费能力的释放。社会保障费改税的问题在我国学术界已经讨论多年，但我国目前仍然没有将社会保障资金以税收的方式征收。相对税收形式，费用形式的缺陷显而易见，存在覆盖面窄、征收职能不明确、效率低下、监管力度不强等问题。现行的社会保障资金筹措方式和筹资比率主要由各地区自行制定，缺乏有力的法律保障，社保资金在管理和收支平衡上也存在较大问题，挪用、滥用社保资金的案例屡见不鲜。转轨期间社会保障税体系的缺失、保障功能的弱化对城镇居民的消费产生了较大的负面影响。居民支出预期的上升导致消费需求的下降，具体表现就是储蓄倾向增强、消费倾向减弱。②

（五）消费税结构不合理抑制消费发展

消费税只对特定的应税消费品征税，在征税范围的选择上体现政府的调控目标。1994年开始在对所有的货物普遍征收增值税的基础上基于宏观调控的需要又对卷烟、酒、化妆品、护肤护发用品、鞭炮烟火、汽油、柴油、金银首饰、汽车轮胎、摩托车和小汽车等11类产品征税消费税。2006年重新调

---

① 《缩小城乡居民收入差距的根本途径和制度保障》，新华网2010年6月22日。
② 姚凤民、赵丽萍：《扩大内需中的税制"困局"及破解》，《税务研究》2011年第8期。

整征税对象和税率标准，取消护肤护发品税目，调整小汽车、摩托车、酒及酒精、汽车轮胎等几个税目的税率，新增成品油、木制一次性筷子、实木地板、游艇、高尔夫球及球具、高档手表等税目，以合理引导消费。调整后，消费税应税产品增加到14类。2010年又对我国消费税在税目和税率上进行了一些调整。此次调整对调节收入分配不公，引导居民科学消费，刺激消费需求具有一定意义。但此次调整仍属于微调，在促进消费方面，现行消费税结构仍存在许多问题，消费税征税范围存在"越位"和"缺位"现象。

首先，将某些生活必需品和生产资料纳入了征税范围且税率偏高，制约中低收入群体的消费。例如，随着生活水平的提高，黄酒、啤酒、化妆品、护肤品等消费品已经不再是奢侈性消费品，而成为人民生活的必需品，对这类消费品征收较高的消费税既不公平也不利于促进居民消费。其次，有些奢侈消费品税率过低，不利于缩小贫富差距和调节消费结构。游艇、高尔夫球及球具、高档手表、实木地板等高档消费品及消费行为的市场定位大多是高收入群体，现行税法规定的税率偏低。例如，对高尔夫球及球具仅征收10%的税率，根本无法从实质上缩小高、中收入群体的收入水平及消费能力的差距，同时建造高尔夫球场需占用大量土地，侵占其他居民健身休闲场所。最后，有许多高档消费项目仍游离在征税范围外。像高档住宅、私人飞机、高档家具等仍未纳入征税范围，会在一定程度上削弱其收入调节作用。另外，我国现行消费税主要是对应税商品征税，往往忽视了高消费行为。许多高消费娱乐活动未列入消费税征税范围，从而造成了消费税对消费支出结构中消费行为调节作用的缺失。

除此之外，地区性的税收优惠和税收返还制度加大了地区差距，欠缺有效促进就业的税收政策等等，也对我国消费需求的扩大具有制约作用。

五、扩大消费需求的调控取向及税收对策

（一）扩大消费需求的调控取向

扩大消费的重点应该是放在促进低中收入阶层特别是农村居民消费水平

的适当提高。中国的富裕阶层这些年的收入水平和富裕程度的提高有目共睹。对于这些高收入阶层的消费，可能更多的是引导的问题，而非促进的问题，即引导他们减少过分的、炫耀性的、奢侈型的消费。①

1. 提高中低收入阶层的收入水平，增大其消费能力

依据边际消费倾向递减的规律，提高边际消费倾向较高的城乡中低收入群体的收入，对扩大消费需求的效果更为显著。首先，保障职工工资正常增长和支付，逐步提高最低工资标准，建立健全中低收入居民收入稳定增长机制。其次，完善促进城乡居民就业的政策，提高居民收入水平和消费能力。最后，千方百计增加农民收入。

2. 健全社会保障制度，消除社会成员消费方面的后顾之忧

完善社会保障体系，循序渐进地对以养老、医疗、失业为主的社会保障体系进行改革，实现社会保障的全民覆盖，切实解决居民关心的教育、医疗、养老、住房等民生问题。有利于降低居民过高的支出预期，树立即时消费和信用消费的信心，从而使居民高额储蓄转化为即期消费。

3. 着力调节收入分配，增大居民消费倾向

收入分配不公造成的收入差距扩大，是导致居民消费倾向降低、消费需求不振的重要原因。在再分配领域，政府要通过财政支出和税收手段着力调节收入分配，特别是加大对高收入群体的调节力度，缩小贫富差距，增加消费倾向。

4. 巩固传统消费，促进消费结构的优化升级

消费经济学认为，消费结构变化呈阶段性上升规律。即人们首先要满足基本的生存需要，其后随着收入水平逐步提高，开始追求享受与发展消费。从目前我国居民消费现状看，生存型消费占消费总支出的比重逐渐下降，而服务和享受型消费比重不断提高。因此，应在巩固扩大传统消费的基础上，积极培育文化教育消费、旅游消费、娱乐消费、信息消费等，促进消费结构优化升级。

① 贾康：《合理促进消费的财税政策与机制创新》，《税务研究》2010 年第 1 期。

5. 加大对"三农"的支持力度，启动农村市场

农民消费需求滞后是造成我国消费需求低迷的一个重要原因，只有从根本上改变农村消费不足的状况才能扭转我国投资消费严重失衡的局面。当前应大力支持农村地区的发展，加大对农业的扶持力度，提高农民的收入水平；增加农民的实际福利，减少当前农民所面临的后顾之忧，从根本上激发广大农村市场的消费力量，把农村居民的潜在需求最大限度地转化为现实消费需求。

6. 完善消费政策，优化消费环境

健全社会信用体系，加强对消费者权益的保护力度。重点严厉打击销售假冒伪劣产品、商业欺诈等违法违规行为，从根本上保护消费者的合法权益，以提高人们的市场消费信心。建立完善的相关法规与制度，如个人信用登记制度、个人信用评估制度和个人信用风险制度，完善信用担保制度。

（二）扩大消费需求的税收对策

运用税收政策促进消费需求的总体思路是：继续实施结构性减税政策，提升中低收入群体的消费能力；提高调控功能强的直接税的比重，缩小贫富差距，增强居民的消费倾向。

1. 优化税制结构

应本着量能负担、公平税负的原则，对现行税制进行调整、优化，逐步降低间接税比重，提供直接税比重，增强我国税制的公平性。

直接税在刺激居民消费需求方面具有无可替代的特殊性。凯恩斯认为，所得税、资本利润税、遗产税等，和利率一样，与储蓄相关，上述直接税对于在刺激消费中的作用要高于利率政策。尽管直接税相对于间接税存在征管困难，但它符合现代税法公平税负和量能负担的原则，对于社会财富的再分配和社会保障具有特殊的调节作用。其次，相对于间接税而言，直接税不容易转嫁，纳税人就是负税人，纳税人直接负税使敏感性更高，直接税的减免更容易获得刺激居民消费增长的效果。因此，建立合理的税制结构是发挥税收扩大消费需求作用的重要制度基础。应通过个人所得税、财产税以及社会保障税等税种的改革，构建一个包括企业所得税、个人所得税、遗产税和赠

与税、社会保障税、物业税、消费税等在内的综合的税收调节体系，从收入存量、财富存量和消费支出各方面调节高收入阶层的收入，缩小贫富差距，增大居民的消费倾向。

2. 进一步完善个人所得税制

（1）转变课税模式。我国现行个人所得税课税模式是分项制，实践表明，随着经济的发展和个人收入的多元化，分项课征模式既缺乏弹性，又加大了征税成本，必然使税收征管更加困难和效率低下，改革课征模式势在必行。从长远看，综合课征模式是我国个人所得税制改革的目标。综合课征制最大特点在于全面、完整地体现纳税人的真实负担水平，充分发挥个人所得税的调节功能，尤其是发挥调节高等收入阶层收入、减少中等收入阶层储蓄动机的作用。当然，由于经济的复杂多变性，从我国实际国情出发，实现综合课征制仍需要一个较长的过程，因此现阶段我国个人所得税征收模式的调整可以先采用以综合课征为主、分类课征为辅的混合所得税制。具体来说，属于投资类项目，如利息、红利所得、偶然所得等没有费用扣除的应税项目可以实行分类征收；如工资薪金、劳务报酬、稿酬、财产租赁转让等需要扣除费用的所得，可以实行综合征收，逐步将个人所得税从分类所得税制过渡到综合所得税制。同时，应采用以年度为纳税申报期限，年度内先预缴，年度终了汇算清缴，可由纳税人自行申报或委托代理机构代为申报全年所得税额之和，减除统一的费用扣除后，用超额累进的方法计算出纳税人全年应纳税额，多退少补。

（2）调整个人所得税的税率。首先，调整工资薪金所得的税率结构，减少个人所得税的税率档次，扩大3%、10%税率的适用范围，降低中等收入者的税负，提高其可支配收入。其次，对偶然所得采用累进税率。对于福利彩票、体育彩票等中奖所得一次数额特别巨大的，且最高税率档次应超过工资薪金的45%的最高税率。

（3）逐步创造条件，尽快实现个人所得税由按人征收改为按家庭征收的办法。家庭是社会的细胞，个人是家庭的成员，许多消费是以家庭为单位的，将应当由家庭成员个人承担的基本生活费用和合理的赡养人口、保险、住房、医疗、教育等费用列入法定扣除项目，同时，根据每年的通货膨胀率和收入水平，适当调整扣除标准。实施依据家庭的总收入和必要支出负担，综合核定扣除基数和适用的边际所得税率，将会有效地改变目前高收入阶层个人所得税税负偏低而中低收入阶层个人所得税税负偏高的现象，能够在个人所得税收入总量不出现大的变化的情况下对居民的初次收入分配进行有效的调节，从而减轻中低收入阶层的实际税收负担，相对增加普通居民收入，进而达到有效提高居民消费能力的目的。

（4）加强个人所得税的征管。强化个人所得税的调控力度不仅需要税制的健全完善，而且依赖其征管的水平。首先，加强对个人收入的监控。应对居民的收入水平、财富存量和消费状况进行监控管理，重点加大对高收入阶层的监控力度。目前我国个人所得税的监控体系还不完善，有关部门应加强对个人的收入监控力度，建立个人收入实名制制度，实行以个人身份证号码为基础的个人经济身份代码，代码应包括纳税人的个人身份信息、社会保障信息、纳税信息、收支信息、个人房屋产权和个人车辆产权等信息，以实现对纳税人财产的有效监督；还应实行个人收入支付规范化制度，努力实现税务机关、金融企业和支付单位的联网，在全社会普及推行银行卡和转账支付，尽量减少现金的使用。① 其次，完善个人所得税"双向申报"制度。我国目前实行的是代扣代缴与自行申报相结合的"双轨制"，纳税人需要进行自行申报的仅包括：年所得 12 万元以上；从中国境内两处或者两处以上取得工资薪金所得；从中国境外取得所得；取得应税所得、没有扣缴义务人的和国务院规定的其他情形的纳税义务人。这样就造成了我国相当多的个人所得税纳税人被排除在自行申报之外。另外，我国个人所得税的绝大部分是代扣代缴征收的，大部分纳税人因未取得代扣代缴凭证而不知道自己被扣缴的具体税额。因此，我国现行双向申报纳税制度，既不利于税收缴纳的监管，也不利于培养纳税人的纳税意识。可以借鉴澳大利亚代扣代缴制度，规定扣缴义务人有义务向纳税人提供收入简述，详细说明被扣缴的税款，② 以便于提高公民的纳

---

① 刘荣：《试论我国个人所得税改革路径》，《经济论坛》2009 年第 9 期。
② 刘华应等：《澳大利亚个人所得税代扣代缴制度简介》，《税务研究》2010 年第 1 期。

税意识，促使纳税人自觉申报纳税，防止代扣代缴中因未扣、少扣、错扣而造成的税款流失。

3. 改革消费税征税结构，优化消费环境

消费税在引导科学消费，创造良好的消费环境方面作用重大。随着经济水平不断提高及产业结构的不断发展，居民的消费需求结构也在不断丰富、发展，对消费需求的满足程度不断提高。从"享受型"向"发展型"演变是未来消费结构变迁的方向，消费税政策也应相应调整。

（1）应调整现行消费税的征收范围。我国应该扩大消费税的课税范围，将一些高档奢侈品纳入消费税的征税范围。具体做法为：首先，可以选择诸如保健食品、高档家具和高档电子产品、皮革制品等宽税基、消费普遍，课税后不会影响人民生活水平的奢侈品课征消费税；其次，可以借鉴美国的有关经验，对网球、跑马、狩猎、夜总会等少数高档娱乐消费品和高档娱乐消费课征消费税；最后，对酒精、公共汽车轮胎、矿山建筑车辆等生产资料以及黄酒、啤酒、化妆品等人们生活必需品停止征收消费税。①

（2）适当调整消费税税率。首先，调高部分高档消费品的税率。适当调高私人飞机、游艇等应税消费品的税率，以达到调节高收入者收入，缩小与中等收入阶层的收入及消费水平差距的目标。可将游艇的消费税率由目前的10%调高到20%，将私人飞机的适用税率设为20%甚至更高，可将实木地板和木制一次性筷子的税率由5%提高到8%，将高档实木家具的适用税率设为10%。② 其次，适当调低摩托车、小汽车的消费税税率。最后，适时降低某些消费品的进口税率。据调查，国内消费者对进口瑞士手表的消费需求的2/3是通过出境旅游、商务旅行以及亲友携带入境实现的。这说明，部分高端消费是客观存在的，与其大量花在国外，不如设法使其留在国内。③ 应顺应形势的变化趋势，采取有效的税收政策，将国内需求的高档消费品引入国内市场，让大部分的购买力能在国内得以实现。如对部分进口化妆品、进口手表及服

---

① 《消费税改革应扩大课税范围》，《国际商报》2012年1月16日。
② 孙开、金哲：《环境保护视角下的消费税改革路径》，《税务研究》2012年第6期。
③ 《降低进口税率吸引高端消费》，《中国税务报》2009年8月14日。

饰减半征收进口关税，降低关税和特别消费税，进一步刺激中等收入阶层的消费需求。

4. 开征社会保障税

建立与经济发展水平相适应的广覆盖、多层次、相衔接的社会保障制度，对稳定消费者预期，进而稳定消费信心有重要意义。通过开征社会保障税筹集社会保障资金是目前世界上大多数国家的普遍做法。我国目前采用的社会保障基金筹资方式存在许多弊端，刚性不足、约束力不强，参保面窄、社会化程度不高，管理机制落后、管理成本高等等。对于社会保障费改税的征收模式已基本达成了社会共识，近些年社会各界对于要求开征社会保障税的呼声不断高涨。应尽快研究开征社会保障税，开征社会保障税的长远目标应该是为包括农村在内的所有劳动者筹集维持养老、失业、医疗、工伤、生育等基本保障所需资金，并为建立统一、规范、高效的社会保障制度提供相应条件。[①] 通过健全的社会保障制度减少中低收入群体的未来支出预期，缩小贫富差距，增大消费的倾向和预期。

5. 开征遗产赠与税，减少储蓄意愿、刺激消费

伴随着社会经济水平的不断发展和提高，私人财产得到更进一步的积累，我国现行财产税制度的弊端再加上现行的个人所得税对高收入的调控力度有限，进一步拉大了贫富差距。开征遗产税和赠与税不仅可以缓解人们生活水平差距的矛盾，还可以降低人们积累财富的动机，提高总消费水平。

在世界其他国家开征遗产税的实践中，遗产税基本的税制模式有三种：总遗产税制、分遗产税制和总分遗产税制。遗产税征收模式的选择主要取决于税制结构的目标和税收征收管理的水平，其中征收管理的因素关系很大。通过对三种征收模式的比较并结合我国的实际情况，建议我国选用总遗产的税制模式。总遗产税制是对遗产总额课税的税制，以财产所有人死亡后遗留的财产总额为课税对象，以遗嘱执行人或遗产管理人为纳税人，采用累进税率，通常设有起征点，并设有扣除项目和抵免项目。总遗产税仅就遗产总额

---

　　① 钟国柱：《我国开征社会保障税应注意的几个基本问题》，《税务研究》2010 年第 10 期。

征税，税制简单，较其他模式征收阻力小。我国纳税人自觉申报纳税的风气尚未形成，对遗产税的征收缺乏经验，故应采用简便易行的征收模式。[1] 从国外遗产税的实施情况来看，通常采取遗产税与赠与税相互配合的方式来防止征收过程中的漏洞，我国的赠与税应采用与总遗产税制相配合的总赠与税制，即以财产赠与人在一定时期赠与他人的财产总额为税基的课税制度。[2]

6. 改革房地产税

房地产税改革的总体思路应该是减少房地产交易环节的税负，增加保有环节的税负。

（1）适当降低房地产购买环节的税负。首先，取消房地产印花税和契税。房地产印花税和契税在取得房地产产权行为的税收中具有重复课税的性质，使房地产交易成本上升，税制更复杂，所以应取消。其次，减免二手房市场交易环节的税收。要保证市场交易的活跃，就必须保证市场交易的流通，不能有阻滞现象存在。税收由于其自身的特性，使得其在交易市场上的作用就是造成资金流出，提高交易成本。因而，减免二手房市场交易环节的税收，将有利于市场的活跃。

（2）适当加重房地产保有环节的税收。开征统一规范的物业税或者也可称为房地产税。在保有环节征收，要做税基评估，形成这样一个调节机制，好处有很多，如校正地方政府职能与行为、促进房地产业健康发展等等。这实际上会给中国有产权房的社会成员增加一个保有环节的税负，这个税负可以起到一定的调节收入分配的作用。[3]

当前应该在总结上海、重庆房产税改革试点的经验教训的基础上，扩大房产税的试点范围且应将征税的范围扩大到存量房地产。

7. 税收政策应该向农村和农民倾斜

虽然农业税已经彻底取消多年，但这并不意味农村居民不再承担税负。取消农业税仅仅只是取消了长期以来专门面向农民征收的税收，农民在农业

① 张继霞：《关于中国开征遗产税的思考》，《经济师》2010年第1期。
② 盛海记、蔡报纯：《对我国开征遗产税与赠与税的思考》，《财会月刊》2009年第12期。
③ 贾康：《合理促进消费的财税政策与机制创新》，《税务研究》2010年第1期。

生产经营及商品劳务的消费过程中仍然承担着大量税负。农村居民由于收入水平低、消费倾向高，在我国以流转税为主体的税制结构下实际上承担了远比城镇居民高的税负。因此，在税收政策的选择上，应当继续采取一些向农村倾斜的税收政策。优化各种涉农货物和劳务的优惠政策，促进农民就业，切实增加农民收入，刺激农民消费需求快速增长。

（1）加大税收政策对农业和农村企业生产经营的扶持力度。第一，优化涉农货物和劳务的增值税政策，采用增值税和粮农补贴相结合的税收政策。我国当前通过对生产农业生产资料的企业减免增值税来给予农民间接补贴取得了一定的成效，但效果不明显，建议对此类企业恢复征税。同时，对于农业生产资料生产企业增加的税收收入，可以通过两种方式返还给农民：一方面将农民购买生产资料负担的进项税额给予增值税退税，实行农产品"零税率"；另一方面将增加的一部分税收通过良种补贴、粮食直补及农资综合补贴的方式给予种粮农民直接补贴。即实行对农业生产资料增值税退税和农业直接补贴效果结合的方式，降低农业生产成本，给予农民真正的实惠，从而增加农民收入。[①] 第二，进一步提高农产品的出口退税率。与国际比较，我国现行的农产品退税率比较低，需要对农产品企业进出口实行优惠的税收政策，优先办理农产品和以农产品为原料的加工产品的出口，并进一步提高相关农产品的出口退税率。

（2）应拓宽涉农税收优惠政策的范围。第一，完善支持农村基础设施建设的税收优惠政策。为了支持涉农企业的发展，我国应对发展村级公路、学校、卫生院、农村电网改造等基础设施建设的企业给予营业税和所得税方面的减免。第二，对为农村生产经营提供金融服务的金融机构给予税收支持。应加强对区域性农村金融机构的税收扶持政策，对区域性农村金融机构在营业税和企业所得税方面实施一定的优惠政策；加强对政策性农业保险业务的税收扶持力度，对于给农村居民提供人寿保险的企业给予一定营业税方面的优惠政策；对于农业担保机构或农业担保基金开展农业信用担保业务取得的

---

① 郭振宗：《扩大农民消费必须在增加农民收入上下功夫》，《消费导刊》2009 年第6 期。

收入在规定的期限内，对符合条件的给予一定的营业税的优惠。第三，对涉农的生活服务业给予税收优惠。我国城乡消费差异的突出表现是农村服务消费的占比偏低，未来农村在养老等方面的服务需求潜力巨大，应对向农村提供学前教育、养老、旅游等服务的企业给予所得税和营业税的减免。

（3）制定实施有利于农民工就业的税收政策。我国农民工已达 25278 万人，其中进城务工达到 15863 万人，[①] 农民工的就业状况直接影响其收入水平和消费能力，因此，应该实施有利于其就业的税收政策。首先，比照吸纳城镇下岗失业人员的税收优惠政策，对吸纳农民工人员达到一定人数的企业，也给予一定的营业税和企业所得税的减免。其次，为了鼓励农民工向非农业转移，对为农民工介绍就业的中介机构、为农民工提供具有公益性质的职业技术培训的教育培训机构、中介组织以及为提高农民素质而举办的民工学校等给予税收优惠，以鼓励其为农民工提供技术服务，提高农民工的素质，增强其市场竞争力。最后，对回乡创业的农民工给予税收照顾。针对目前返乡创业农民增多的现状，对农民自谋职业、自主就业者比照下岗职工再就业给予税收优惠政策。

---

① 《中华人民共和国 2011 年国民经济和社会发展统计公报》，国家统计局网站 2012 年 2 月。

第三章　推进服务业发展的税收政策

服务业是国民经济的重要组成部分,服务业的发展水平是衡量现代社会经济发达程度的重要标志。随着全球经济的发展,服务业逐渐成为世界经济增长的新亮点,其在促进国民经济增长、增加就业、调整产业结构、提高人民生活水平等方面都扮演着重要的角色。但是,我国服务业的发展水平远低于发达国家,当前,推进服务业快速有序发展是优化结构、转变经济发展方式的重要内容。在影响服务业发展的制度要素中,税收政策的导向和激励作用突出,而我国现行的针对服务业的税收政策存在诸多问题,在一定程度上影响和限制了服务业的发展。我国应该在借鉴国际经验的基础上,通过税收政策的改革和完善促进服务业发展。

一、我国服务业发展现状

所谓服务业,是指对消费者提供最终服务和对生产者提供中间服务的各产业部门的总和,即第三产业。第三产业的概念是在 20 世纪 30 年代,由英国经济学家、新西兰奥塔哥大学教授 A. 费希尔在其所著的《安全与进步的冲突》一书中首先提出的。费希尔把这二次产业以外的所有经济活动统称为第三产业。1940 年,科林·克拉克(Colin Clark)在《经济进步的条件》中,在费希尔的研究成果基础上,从产业距离自然资源的远近,产品是否有形以及生产过程与消费过程是否分离等三个角度,对第一、第二、第三产业的理论作了进一步论述。值得一提的是,1957 年科林·克拉克在该书第三版中以"服务业"代替"第三产业"概念。在现代西方经济学中,服务业已取代"第三产业"。

改革开放以来,我国服务业取得了长足发展,其增加值和就业人数显著增加，在国民经济中的地位日益提高。但是，我国服务业的发展与西方发达国家甚至低收入国家相比，不仅总量不足，而且内部结构不合理，地区之间发展严重不平衡。信息业咨询业、科研开发与服务、现代物流等现代服务业发育不足，整个服务业处于较低水平。

（一）总体规模不断扩大，但在经济总量中的占比远低于世界平均水平

随着社会经济发展水平的提高，我国服务业的规模在不断扩大，如表3—1所示，2000年服务业增加值为38714.0亿元，比1995年翻了一番，占国内生产总值的比重是39%，比1995年高了6个百分点；到2010年服务业增加值为173087.0亿元，是2000年的近5倍，占国内生产总值比重为43.1%，比2000年提高4个百分点。

从服务业对经济的贡献率和对国内生产总值增长率的拉动来看，2000年以来，服务业对国内生产总值增长的拉动在不断加强，与第二产业的差距在不断缩小，这说明我国服务业具有良好的发展趋势，但并未进入高速发展时期。

表3—1 我国服务业发展水平

单位：亿元

年份	国内生产总值	第三产业增加值	第三产业占国内生产总值的比重（%）	第三产业贡献率（%）	对国内生产总值增长的拉动
1990	18667.8	5888.4	31.6	17.3	0.6
1995	60793.7	19978.5	32.9	26.6	2.9
2000	99214.6	38714.0	39.0	34.8	2.9
2002	120332.7	49898.9	41.5	45.7	4.2
2004	159878.3	64561.3	40.4	39.9	4.0
2005	184937.4	74919.3	40.5	43.3	4.9
2006	216314.4	88554.9	40.9	45.2	5.7
2007	265810.3	111351.9	41.9	46.3	6.6
2008	314045.4	131340.0	41.8	45.0	4.3
2009	340902.8	148038.0	43.4	43.6	4.0
2010	401202.0	173087.0	43.1	38.5	4.0

资料来源：《中国统计年鉴2011》，中国统计出版社2011年9月版。

从服务业从业人数来看，劳动就业比重稳步上升，已经成为吸纳劳动就业的主力军。2005 年服务业就业比重占 31.3%，到 2010 年服务业就业比重达到 34.8%，"十一五"期间年均增长 3.5%。[①]

从服务业对税收收入的贡献看，随着我国经济结构的不断优化，我国服务业带来的税收收入不断增长。我国服务行业税收整体规模逐年持续增长，服务业宏观税负即服务业税收占国内生产总值的比重都在逐年增加。以 2010 年为例，服务业税收收入总额 36700.87 亿元，服务业税收收入占税收总收入的比例达到 48.66%，服务业税收占服务业国内生产总值比重达到 6.15%。[②]由此可见，服务业税收对整个税收的拉动作用日益明显。

但是，从国际比较看，我国服务业发展有较大差距。服务业占国内生产总值比重和服务业劳动就业占全部从业人员比重，无论是与发达国家还是与新兴经济体比较，我国还有很大差距，服务业竞争力整体水平不高。比如，2009 年服务业增加值在国内生产总值中占比的世界平均水平为 69.4%，高收入国家达 72.7%，低收入国家也达到 46.9%，而我国只有 43.4%。我国与其他"金砖国家"相比，服务业比重也是偏低的。比如，2010 年我国只有43.2%，而印度、巴西、俄罗斯和南非分别达到了 55%、67%、59%和 66%。[③]

（二）服务业新业态不断涌现，但现代服务业发展不足

近年来，我国服务业在快速发展的同时，其内部结构有了明显改善，服务业的新业态不断涌现。电子商务、网络银行、远程教育、远程医疗、地理信息服务系统、连锁经营等新兴服务业显示出蓬勃发展的态势。但是，与国际比较，我国服务业内部结构不合理。在发达国家，包括金融保险、房地产、租赁和商业服务等在内的现代服务业在国内生产总值中占有绝对的份额。而

---

① 《中华人民共和国国民经济和社会发展第十二个五年规划纲要》，人民出版社 2011年 3 月版，第 3 页。

② 国家税务总局:《中国税务年鉴 2011》，中国税务出版社 2011 年 11 月版，第 420 ~ 421 页。

③ 夏杰长:《如何推动我国服务业大发展》，《中国人大》2012 年第 8 期。

我国交通运输、邮电通信业、批发和零售贸易、餐饮业等传统产业的主导地位并未改变，物流业、信息业、金融业等现代服务业发展水平仍然偏低。由表3—2所示，2009年服务业增加值中，批发和零售业占比近20%，信息传输、计算机服务和软件业占比只有5.5%。2010年第三产业增加值173087亿元，批发和零售业占比提高到20.7%。①

表3—2　2009年我国服务业内部分行业增加值及其构成

行业	增加值（亿元）	增加值比重（%）
第三产业	148038.0	100
交通运输、仓储和邮政业	16727.1	11.3
信息传输、计算机服务和软件业	8163.8	5.5
批发和零售业	28984.5	19.6
住宿和餐饮业	7118.2	4.8
金融业	17767.5	12.0
房地产业	18654.9	12.6
租赁和商务服务业	6191.4	4.2
科学研究、技术服务和地质勘查业	4721.7	3.2
水利、环境和公共设施管理业	1480.4	1.0
居民服务和其他服务业	5271.5	3.6
教育业	10481.8	7.1
卫生、社会保障和社会福利	5082.6	3.4
文化、体育和娱乐业	2231.0	1.5
公共管理和社会组织	15161.7	10.2

资料来源：《中国统计年鉴2011》，中国统计出版社2011年9月版。

（三）我国服务贸易的进出口总额稳步增长，但服务业的国际竞争力不强

加入世界贸易组织后，我国服务贸易进入新的发展阶段，规模迅速扩大，结构逐步优化，排名也进入世界前列。旅游、运输等领域的服务贸易增势平

———————

① 《中国统计年鉴2011》，中国统计出版社2011年9月版，第49页。

稳，建筑、通讯、保险、金融、计算机和信息服务、咨询等领域的跨境服务以及承接服务外包快速增长。2001 年至 2010 年，中国服务贸易总额（不含政府服务）从 719 亿美元增加到 3624 亿美元，增长了 4 倍多。中国服务贸易出口在世界服务贸易出口中的比重从 2.4% 提高到 4.6%，2010 年达 1702 亿美元，从世界第 12 位上升到第 4 位；服务贸易进口比重从 2.6% 提高到 5.5%，2010 年达 1922 亿美元，从世界第 10 位上升到第 3 位。[①]

但是，我国服务贸易的国际竞争力不强。首先，我国服务贸易国际市场占有率不高，服务贸易长期逆差。2010 年我国的服务贸易国际市场占有率只有 4.6%，而 2008 年，美国、英国、德国、法国服务出口的国际市场占有率分别是 13.8%、7.5%、6.4%、4.2%。[②] 过去 10 多年，与货物贸易顺差相伴而行的是服务贸易项下一直保持逆差，而且呈现逐年递增的态势。2001 年，我国服务贸易逆差额为 59 亿美元，到 2009 年已经增加至 294 亿美元。逆差主要集中在运输业、保险业、金融业和专利使用等方面，2009 年仅运输业逆差就高达 230 亿美元，保险业逆差高达 97 亿美元，专利使用费和特许费项下的逆差高达 106 亿美元。[③] 其次，服务业国际竞争力还可以用显示性比较优势指数（RCA）来分析：如果该指数大于 2.5，则表明该国服务贸易具有极强的国际竞争力；如果在 2.5 ~ 1.25 之间，则表明该国服务贸易具有较强的国际竞争力；如果在 1.25 ~ 0.8 之间，则表明该国服务贸易具有中度的国际竞争力；如果小于 0.8，则表明该国服务贸易的国际竞争力比较弱。1998 ~ 2008 年，该项指数分别为 0.587、0.603、0.578、0.569、0.547、0.492、0.488、0.462、0.457、0.467、0.489，介于 0.4 ~ 0.6 左右，小于 0.8，且有逐年下降的趋势，这说明我国服务业国际竞争力一直较弱。[④]

---

① 《中国的对外贸易》，新华网 2011 年 12 月 7 日。

② 杜红平、司亚静：《我国服务业国际竞争力分析及启示》，《宏观经济管理》2010 年第 5 期。

③ 常红：《经济蓝皮书：我国服务贸易保持逆差而且逐年递增》，人民网 2011 年 4 月 25 日。

④ 常红：《经济蓝皮书：我国服务贸易保持逆差而且逐年递增》，人民网 2011 年 4 月 25 日。

（四）服务业的地区发展不平衡

我国服务业发展从横向比较来看，东部、中部、西部地区服务业发展很不平衡，东强西弱的现象比较严重。由表3—3所示，31个省、自治区、直辖市中，2010年服务业产值在该地区生产总值中所占比例最高的北京达75.11%，最低的河南只有28.62%，前者比后者高46.49个百分点，仅北京市的服务业产值占了全国总产值的8.15%；第三产业产值在地区生产总值中所占比重超过全国水平43.1%的有8个省份。另外，2011年，我国服务业增加值占国内生产总值的比重为43.1%；上海市第三产业增加值11111.06亿元，占全市生产总值的比重为57.9%；[①] 甘肃省第三产业增加值1817.5亿元，占全省生产总值的比重为36.21%，[②] 比经济发达的上海市低21.26%。从人均服务消费来看，地区之间的服务业差距更为突出。以2009年为例，北京市农村居民人均交通通讯服务支出、文教娱乐服务支出和医疗保健支出分别是1132.09元、960.41元和867.87元，江苏的上述三类支出分别是691.56元、818.45元和322.99元，甘肃的上述三类支出分别是237.92元、217.35元和180.09元。[③]

表3—3　2010年我国不同地区服务业发展水平

单位：亿元

序号	地区	地区生产总值	第三产业生产总值	第三产业占比（%）
1	北京	14113.58	10600.84	75.11
2	天津	9224.46	4238.65	45.95
3	河北	20394.26	7123.77	34.93
4	山西	9200.86	3412.38	37.09

① 上海市统计局：《2011年上海市国民经济和社会发展统计公报》，国家统计局网站。

② 甘肃省统计局：《2011年甘肃省国民经济和社会发展统计公报》，国家统计局网站。

③ 《中国统计年鉴2011》，中国统计出版社2011年9月版，第57页。

序号	地区	地区生产总值	第三产业生产总值	第三产业占比（%）
5	内蒙古	11672.00	4209.02	36.06
6	辽宁	18457.27	6849.37	37.11
7	吉林	8667.58	3111.12	35.89
8	黑龙江	10368.60	3861.59	37.24
9	上海	17165.98	9833.51	57.28
10	江苏	41425.48	17131.45	41.35
11	浙江	27722.31	12063.82	43.52
12	安徽	12359.33	4193.68	33.93
13	福建	14737.12	5850.62	39.70
14	江西	9451.26	3121.40	33.03
15	山东	39169.92	14343.14	36.62
16	河南	23092.36	6607.89	28.62
17	湖北	15967.61	6053.37	37.91
18	湖南	16037.96	6389.27	39.71
19	广东	46013.06	20711.55	45.01
20	广西	9569.85	3383.11	35.35
21	海南	2064.50	953.67	46.19
22	重庆	7925.58	2881.08	36.35
23	四川	17185.48	6030.44	35.09
24	贵州	4602.16	2177.07	47.31
25	云南	7224.18	2892.31	40.04
26	西藏	507.46	274.82	54.16
27	陕西	10123.48	3688.93	36.44
28	甘肃	4120.75	1536.50	37.29
29	青海	1350.43	470.88	34.87
30	宁夏	1689.65	702.45	41.57
31	新疆	5437.47	1766.69	32.49

资料来源：《中国统计年鉴2011》，中国统计出版社2011年9月版。

（五）服务业发展的城乡差别大

城乡二元经济结构导致城乡之间服务业发展不平衡。第一，服务业的发展程度有巨大差异，在城市的服务业已非常发达和多样化，而农村的服务业除了基本的银行、电信外，其他服务业处于起步阶段。第二，城乡居民对服务性消费存在重大差异。就服务消费的结构而言，农村居民更关注基本的服务，比如电力、邮政；而城市居民则更加重视享受型的服务，比如旅行社、保险和交通等。农村居民的人均服务消费远低于城市居民。以2010年为例，我国农村居民家庭平均每人医疗保健消费支出326.04元，不足城镇居民平均871.77元支出的二分之一；农村家庭平均每人交通通信支出461.1元，仅相当于城镇居民平均1983.7元支出的23.24%；农村家庭平均每人文教娱乐用品及服务的消费支出366.72元，相当于城镇居民平均1627.64元支出的22.53%。① 更需要注意的是，不仅农村居民服务性消费支出额及其占全年消费总支出的比重与城镇居民差距较大，而且增长速度也有一定的差距。

二、我国服务业税收政策体系

（一）与服务业相关的税种

截至2011年12月31日，我国现行税制中的税种数量为19个，实际征收的税种为18个。除了停征的固定资产投资方向调节税外，资源税、车辆购置税和烟叶税基本上与服务业不相关，其他税种都与服务业存在着一定关联，但在相关程度上有所区别。具体来看，消费税、房产税、印花税、契税、耕地占用税、土地增值税和关税等税种只涉及服务业的部分行业，相关程度相对较低。增值税虽只涉及服务业中的批发和零售业及软件业等少数行业，但因批发和零售业的增加值在整个服务业中所占比例高而与服务业关系比较密切。另外，随着营业税改增值税试点范围的逐步扩大，增值税与服务业的关

---

① 《中国统计年鉴2011》，中国统计出版社2011年9月版，第344~357页。

系将会更加密切。而营业税和企业所得税几乎与所有的服务业行业相关，且收入规模较大是与服务业发展关系最为密切的税种。

各税种与服务业发展的关系也可以从不同税种的规模结构对税收收入的贡献进行分析。以2010年为例，服务业税收收入达到36700.87亿元，其中，对服务业税收收入贡献最大的三个税种是营业税、企业所得税和增值税，取得的税收收入分别是8485.46亿元、6883.06亿元和5231.27亿元。[①]

（二）主要的服务业税收优惠政策

1. 营业税优惠政策

（1）免税政策。根据《中华人民共和国营业税暂行条例》规定，营业税免税范围包括：托儿所、幼儿园、养老院、残疾人福利机构提供的育养服务，婚姻介绍，殡葬服务；残疾人员个人提供的劳务；医院、诊所和其他医疗机构提供的医疗服务；学校和其他教育机构提供的教育劳务，学生勤工俭学提供的劳务；农业机耕、排灌、病虫害防治、植物保护、农牧保险以及相关技术培训业务，家禽、牲畜、水生动物的配种和疾病防治；纪念馆、博物馆、文化馆、文物保护单位、美术馆、展览馆、书画院、图书馆举办文化活动的门票收入，宗教场所举办文化、宗教活动的门票收入；境内保险机构为出口货物提供的保险产品。

（2）差额计税政策。服务业涉及的行业门类很多，其基本计税依据为各行业的经营收入全额，但也有例外规定。根据《中华人民共和国营业税暂行条例》及其实施细则及相关配套政策规定，某些服务行业因其营业额中外购项目所占比重较大而实行差额计税办法。具体包括：纳税人将承揽的运输业务分给其他单位或者个人的，以其取得的全部价款和价外费用扣除其支付给其他单位或者个人的运输费用后的余额为营业额；纳税人从事旅游业务的，以其取得的全部价款和价外费用扣除替旅游者支付给其他单位或者个人的住宿费、餐费、交通费、旅游景点门票和支付给其他接团旅游企业的旅游费后的余额为营业额；纳税人将建筑工程分包给其他单位的，以其取得的全部价

---

① 《中国税务年鉴2011》，中国税务出版社2011年11月版，第421～427页。

款和价外费用扣除其支付给其他单位的分包款后的余额为营业额；外汇、有价证券、期货等金融商品买卖业务，以卖出价减去买入价后的余额为营业额；劳务公司接受用工单位的委托，为其安排劳动力，凡用工单位将其应支付给劳动者的工资和为劳动者上交的社会保险以及住房公积金统一交给劳务公司代为发放或办理的，以劳务公司从用工单位收取的全部价款减去代收转付给劳动者的工资和为劳动者办理社会保险及住房公积金后的余额为营业额；从事广告代理业务的，以其全部收入减去支付给其他广告公司或广告发布者的广告发布费后的余额为营业额；从事物业管理的单位，以与物业管理有关的全部收入减去代业主支付的水、电、燃气以及代承租者支付的水、电、燃气、房屋租金的价款后的余额为营业额；单位和个人销售或转让其购置的不动产或受让的土地使用权，以全部收入减去不动产或土地使用权的购置或受让原价后的余额为营业额。

（3）起征点优惠政策。起征点是指对一定时期内营业额达不到规定标准的纳税人，免予征收营业税。根据《中华人民共和国营业税暂行条例实施细则》规定：营业税起征点的适用范围限于个人。按期纳税的，为月营业额1000～5000元；按次纳税的，为每次（日）营业额100元。为了贯彻落实国务院关于支持小型和微型企业发展的政策要求，2009年10月31日，财政部发布第65号令调高了营业税的起征点，按期纳税的，起征点的幅度提高为月营业额5000～20000元；按次纳税的营业税，提高为每次（日）营业额300～500元。

除此之外，财政部和国家税务总局根据宏观调控的需要，适时出台了一些营业税优惠政策。比如，依据财税［2006］47号文件规定，对国家邮政局及其所属邮政单位提供邮政普遍服务和特殊服务业务取得的收入免征营业税。依据财税［2011］92号文件规定，自2011年1月1日起至2012年12月31日，对科普单位的门票收入，以及县及县以上党政部门和科协开展的科普活动的门票收入免征营业税；对境外单位向境内科普单位转让科普影视作品播映权取得的收入免征营业税。依据财税［2011］119号文件规定，对动漫企业为开发动漫产品提供的动漫脚本编撰、形象设计、背景设计、动画设计、分镜、动画制作、摄制、描线、上色、画面合成、配音、配乐、音效合成、剪辑、字幕制作、压缩转码（面向网络动漫、手机动漫格式适配）劳务，以及动漫企业在境内转让动漫版权交易收入（包括动漫品牌、形象或内容的授权及再授权），减按3%税率征收营业税。依据财税〔2011〕24号文件规定，对中国邮政集团公司及其所属邮政企业为中国邮政速递物流股份有限公司及其子公司代办速递、物流、国际包裹、快递包裹以及礼仪业务等速递物流类业务取得的代理速递物流业务收入，自2010年6月1日至2013年5月31日免征营业税等。

2. 增值税优惠政策

增值税是以商品生产流通和劳务服务各环节的增值额为征税对象的一种流转税。税率分为三档：一般纳税人税率为17%；对特殊货物（粮食、食油；自来水、暖气、冷热水、煤气、石油液化气、天然气、沼气；图书、报刊；饲料、化肥、农药、农机；国务院规定的其他货物）的税率为13%；一般纳税人出口货物实行零税率。另外，对小规模纳税人增值税征收率为3%。针对服务业的增值税税收优惠政策主要有：①国家规定的科学研究机构和学校，直接用于科学研究、科学试验和教学的进口仪器、设备，免征增值税。②对高校后勤为高校师生提供的粮油、调味品、肉蛋等及食堂餐具免征增值税。③对经国务院批准成立的电影制片厂销售的电影拷贝收入免征增值税。④对非营利性医疗机构自产自用的制剂，免征增值税。对营利性医疗机构自产自用的制剂，自执业登记之日起3年内免征增值税。⑤高新技术产品的出口实行增值税零税率政策；增值税一般纳税人销售其自行开发生产的软件产品，按17%的法定税率征税后，实际税负超过3%的即征即退。

3. 所得税主要优惠政策

（1）高新技术企业税收优惠政策。2008年开始实施的《企业所得税法》第二十八条第二款规定，国家需要重点扶持的高新技术企业，减按15%的税率征收企业所得税。企业所得税法实施条例第九十三条明确规定了国家需要重点扶持的高新技术企业应满足的条件。2008年4月24日，科技部、财政部、国家税务总局印发了《高新技术企业认定管理办法》（以下简称《办法》），该《办法》明确了2008年1月1日以后企业申请高新技术税收的条件和程序，并公布了最新的《国家重点支持的高新技术领域》，对高新技术领域做了较大范围的调整。

（2）小型微利企业税收优惠政策。①降低所得税税率。现行企业所得税法规定，符合条件的小型微利企业，减按20%的税率征收企业所得税。关于小型微利企业的界定，《企业所得税法实施条例》第九十二条规定：工业企业，年度应纳税所得额不超过30万元，从业人数不超过100人，资产总额不超过3000万元；其他企业，年度应纳税所得额不超过30万元，从业人数不超过80人，资产总额不超过1000万元。为有效应对国际金融危机，扶持中小企业发展，《财政部、国家税务总局关于小型微利企业有关企业所得税政策的通知》（财税〔2009〕133号）规定，自2010年1月1日至2010年12月31日，对年应纳税所得额低于3万元（含3万元）的小型微利企业，其所得减按50%计入应纳税所得额，按20%的税率缴纳企业所得税。《财政部、国家税务总局关于继续实施小型微利企业有关企业所得税政策的通知》（财税〔2011〕4号）将针对小型微利企业的上述优惠政策延迟至2011年末。2011年11月29日发布的《财政部国家税务总局关于小型微利企业所得税优惠政策有关问题的通知》（财税〔2011〕117号）更加大了对小微企业的优惠力度，明确规定，自2012年1月1日至2015年12月31日，对年应纳税所得额低于6万元（含6万元）的小型微利企业，其所得减按50%计入应纳税所得额，按20%的税率缴纳企业所得税。②降低应税所得率。目前，我国企业所得税的征收方式分为查账征收和核定征收两种。其中，核定征收是指企业可以不设账簿或应设而未设账簿，不能准确核算成本费用支出或收入总额，不能向税务部门提供真实、准确、完整纳税资料等情形下，采用的一种征收方式。一般见于中小企业，尤其是数目众多的小微企业。核定征收又分为定额征收和核定应税所得率征收两种方法。采用应税所得率方式核定征收企业所得税的，应纳所得税额＝应税收入额×应税所得率×适用税率。其中，应税所得率是对核定征收企业所得税的企业计算其应纳税所得额时预先规定的比例，是企业应纳税的所得额占其经营收入的比例，其高低对企业税收负担有重要影响。2000年，国家税务总局制定的《核定征收企业所得税暂行办法》（国税发〔2000〕38号）规定各行业应税所得率分别为：工业、商业、交通运输业7%～20%，建筑、房地产开发业10%～20%，饮食服务业10%～

25%，娱乐业 20% ~40%，其他行业 10% ~30%。由于市场专业化程度不断提高，市场竞争越来越激烈，企业利润率不断降低，国税发［2000］38 号对行业的划分过于笼统，规定的应税所得率比例偏高，难以执行到位。因此，2008 年，国家税务总局印发了新的《企业所得税核定征收办法》（国税发［2008］30 号），该《办法》对行业类别进行了细分并对应税所得率进行了重新明确。多数行业的最高和最低应税所得率都有不同程度的降低，一定程度上支持了小型企业的发展。

4. 营业税改增值税的试点

从 2012 年开始选择部分现代服务业和交通运输业开始进行营业税改增值税的试点。2011 年 11 月 6 日，财政部、国家税务总局发布《营业税改征增值税试点方案》（财税［2011］110 号），明确了征税的范围、使用税率和计税依据。第一，试点地区先在交通运输业、部分现代服务业等生产性服务业开展试点，逐步推广至其他行业。条件成熟时，可选择部分行业在全国范围内进行全行业试点。第二，在现行增值税 17% 标准税率和 13% 低税率基础上，新增 11% 和 6% 两档低税率。租赁有形动产等适用 17% 税率，交通运输业、建筑业等适用 11% 税率，其他部分现代服务业适用 6% 税率。第三，交通运输业、建筑业、邮电通信业、现代服务业、文化体育业、销售不动产和转让无形资产，原则上适用增值税一般计税方法；金融保险业和生活性服务业，原则上适用增值税简易计税方法。第四，纳税人计税依据原则上为发生应税交易取得的全部收入。对一些存在大量代收转付或代垫资金的行业，其代收代垫金额可予以合理扣除。第五，服务贸易进口在国内环节征收增值税，出口实行零税率或免税制度。

依据《关于在上海市开展交通运输业和部分现代服务业营业税改征增值税试点的通知》（财税［2011］111 号）规定，从 2012 年 1 月 1 日起，在上海市的交通运输业和现代服务业开展营业税改征增值税试点。继上海之后，北京、深圳、江苏、天津、重庆等地也提出了增值税改革试点方案，依据《财政部 国家税务总局关于在北京等 8 省市开展交通运输业和部分现代服务业营业税改征增值税试点的通知》（财税［2012］71 号）规定，2012 年 7 月，将交通运输业和部分现代服务业营业税改征增值税试点范围，由上海市分批扩大至北京市、天津市、江苏省、安徽省、浙江省（含宁波市）、福建省（含厦门市）、湖北省、广东省（含深圳市）8个省（直辖市）。

增值税扩围改革将有助于消除目前对货物和劳务分别征收增值税与营业税所产生的重复征税问题，通过优化税制结构和减轻税收负担，为现代服务业发展提供良好的制度支持，有利于促进经济发展方式转变和经济结构调整。

三、我国现行税收政策在促进服务业发展方面的缺陷

（一）现行税收体制存在缺陷

1. 增值税征收范围过窄，重复征税加重了服务业的负担

增值税征税范围过窄，没有能涵盖服务业的大部分行业，营业税按流转环节征税、以收入全额为计税依据的基本计税方法造成了对服务业的普遍重复征税。1994年的税制改革我国选择了实行生产型增值税，虽然这种改革在当时顺应了我国经济和财政状况，在一定程度上保证财政收入的稳定增长。但是，生产型增值税存在重复征税的问题，而且不利于固定资产投资大的一些高新技术企业的发展。2009年，我国开始全面实行增值税转型改革，即将生产型增值税转为消费型增值税，这次改革，对一些工业企业减税效果很是明显，一些固定资产投资较大的企业税负降低了很多。但是由于增值税的覆盖面比较窄，无法覆盖服务业的绝大多数行业，增值税转型改革后服务业的税负相对升高了。依据现行增值税政策，服务业中除了批发和零售业、软件业等少数行业征收增值税外，其他服务行业都征收营业税。增值税的征税范围过小，就服务业而言会引发一些问题：第一，由于缴纳营业税的服务行业一般就其营业收入征税，不能进行购入货物和固定资产的抵扣，一些外购货物和固定资产投入较大的服务行业税收负担较征收增值税的生产行业重，比如购入固定资产和外购项目较多的物流业、交通运输业，其税负相对于征收增值税的行业来说比较重。第二，对服务业征收营业税不征增值税使得增值税环环抵扣的链条不完整，对于从服务企业购入服务的生产企业来说，这部分服务将不能获得增值税进项税抵扣，致使缴纳增值税的第二产业部门不愿意在外部购买服务，而更愿意由其内部提

供服务，因为在实行了消费型增值税后，如果工业企业在内部由企业自己提供服务，那么这部分服务所包括的增值税可以作为企业的进项税加以抵扣，然而如果其从外部购买同样的服务，服务部门的营业税无法抵扣，这使得自我提供服务的实际成本更低。由于这种相对价格差异的存在，对于服务外化产生抑制作用，使得第二产业部门减少了外部服务的投入，这将抑制我国生产性服务业的发展。第三，大多数服务行业均要缴纳营业税，而营业税对整个产出总额均征税，存在重复征税的问题。虽然营业税的税率比增值税要低很多，但是重复征税会对服务业的生产决策产生影响。第四，由于增值税征税范围过窄，导致了一些企业涉及增值税与营业税的混合销售问题，混合销售在一定程度上税收处理更加复杂，不仅加重了一些混合销售企业的税收负担，而且加大了税务机关的征管成本。

2. 营业税制设计不合理

依据 2008 年新修订的《营业税暂行条例》及其实施细则，目前营业税制度仍然存在一些阻碍服务业发展的问题，主要表现在：

（1）税目设置存在弊端。现行营业税按照行业设置 9 个税目，并对课税对象采用列举法，在列举范围内的课税对象属于营业税的课税范围，不在列举范围内的经营行为不征税。但随着社会经济的不断发展，一些服务行业会逐步消亡，另一些服务行业又会不断产生，营业税则无法将新生的服务行业纳入征税范围。如信息服务业、会展业、现代物流业等，使得原有的营业税税目已无法涵盖现代服务业的全部行业。此外，服务业在发展中还出现了一些综合性或一体化经营的服务行业，这些综合性服务行业会同时涉及不同的应税税目。如现代物流业，包括运输、仓储、配送、装卸、代理等多个环节，涉及不同的应税税目。按照现行营业税的规定，并没有设置"物流业"这一税目，而需要将物流业分别对应几个应税税目：运输、装卸、搬运劳务属于"交通运输业"税目；仓储、配送、代理劳务属于"服务业"税目；货物快递业务属于"邮电通信业"税目。税目交叉存在，各个环节的税率又各不相同。代理服务业也包括咨询、设计、评估、检测、认证、信息等不同应税税目。现行规定要求这些综合性的服务行业分别核算各个应税税目，不利于这些行业一体化经营的发展。

（2）税率设计未能充分地体现行业差别和行业内的服务档次差别。首先，现行营业税的一些税目与税率配置并不合理，未能很好地体现不同行业之间的差别，也未突出应鼓励的服务行业。例如，对于"服务业"这一税目来说，统一适用5%税率，服务业中包罗万象，不仅包括传统服务业，如饮食业、宾馆服务、美容美发等，也包括现代服务业，如科技研发服务、咨询、会展、法律、审计等。这些行业虽同属于"服务业"，但各自的营利水平并不相同，对它们实行统一税率，不利于个别行业的发展，会造成行业内的税负不公。其次，即使是同业之间也会因设备档次、服务水平及收费标准等因素而相差较大，却都适用5%的税率，忽略了不同经营者服务对象和营利水平的差别；又如"建筑业"无论是从事利润较高的房地产建筑还是微利的安装修缮业务，都适用3%的税率；饮食服务业中无论是本小利微的小菜馆还是高档豪华酒楼都适用5%的税率；等等，极不公平，也无法体现国家的消费政策和产业政策。再次，同业混征加重纳税人的额外负担，如物流企业的运输、配送、仓储、包装、代购、供应、信息等需按不同税目的税率（运输、配送按3%，其他按5%）向地税部门缴纳营业税，而独立采购与供应、销售，又需向国税部门缴纳增值税。

（3）计税依据的规定造成重复征税。增值税和营业税的计税依据都是销售额或营业额，但增值税只是对营业额或销售额中的增值部分征税。1994年税改后的营业税在部分税目的计税依据上借鉴了增值税按增值额进行计征的优点。例如，纳税人将承揽的运输业务分给其他单位或者个人的，以其取得的全部价款和价外费用扣除其支付给其他单位或者个人的运输费用后的余额为营业额；纳税人将建筑工程分包给其他单位的，以其取得的全部价款和价外费用扣除其支付给其他单位的分包款后的余额为营业额。除此之外，保险业、文化演出业、旅游业等若干项目中也有以余额作为计税依据的规定。这种做法消除了重复征税的弊端，其意义应该肯定。但这种计征方式并没有将所有适用的情况都包括进去，在一些行业仍存在重复征税的问题，增加了其税收负担。例如，在部分服务外包中外包企业不能将支付给承包方的营业额从计税依据中扣除，一些代理企业（货运、拆迁和商标代理企业）不能将支付给其他单位的一些费用进行扣除。

3. 地方税收体系不健全，税制结构不合理

1994 年进行的分税制改革将税收收入分为中央固定收入、地方固定收入和中央与地方共享收入。当时进行分税制改革是为强化中央的宏观调控能力，将一些收入贡献较高的主税种划为中央固定收入或者中央与地方的共享收入，留给地方的都是一些税源分散，难以征管的小税种。据统计，增值税、消费税、营业税、企业所得税和个人所得税这五个主体税种的税收收入占我国税收收入总量的近 90%，在这五个税种中，消费税属于中央的固定收入，增值税中央分享 75%、地方分享 25%，企业所得税和个人所得税中央分享 60%、地方分享 40%。营业税除铁道部、金融保险业缴纳的以外都是地方的固定收入，营业税是我国的第三大税种，以 2011 年为例，营业税收入占税收总收入的比重为 15.2%，① 地方政府税收收入在税收收入总量中仅占三分之一的比例。地方政府缺乏支撑其运行的稳定收入也制约了服务业的发展。首先，地方税收体系不完善不利于调动地方政府促进服务业发展的积极性。由于地方税收入过小，地方财政主要靠共享税收入或中央补助过日子，其独立性大大降低，不利于地方财政涵养税源的长远发展。现代服务业企业大多前期投入大、风险高，且大多是一些中小企业，地方税务机关管理难度大，且对地方税收收入贡献小，因此，导致地方政府发展现代服务业的积极性不高。另外，税收结构不合理也影响地方政策发展服务业的积极性。1994 年以后，我国地方税收以营业税、增值税和企业所得税为主，财产税占的比重比较小。我国的税收结构会诱导地方政府在招商引资中主要运用土地优惠等方式，引进生产企业，侧重于发展制造业，从而增加地方政府的财政收入。此外，地方税收自主权过小，税收减免权都集中在中央，使地方政府对本地经济发展的产业结构缺乏长远规划。

（二）服务业税负重于制造业，服务业内部税负不均衡

1. 服务业税负明显高于制造业

服务业主要征收营业税，营业税按行业不同分别适用不同的税率。服务

---

① 财政部税政司：《2011 年税收收入增长的结构性分析》，财政部网站 2012 年 2 月。

业中除了交通运输业、建筑业、邮电通信业、文化体育业适用税率为 3% 外，娱乐业为 5% ~20%，其他如饮食住宿、中介服务、保管仓储等众多服务业，以及转让无形资产和销售不动产的经营活动，适用税率为 5%。制造业主要征收增值税，增值税纳税人按规模大小分为一般纳税人和小规模纳税人，一般纳税人以销售额为计税依据，适用 17% 或 13% 的税率，并抵扣进项税；小规模纳税人计税依据为销售全额，适用 3% 的征收率，不抵扣进项税。这意味着制造业的增值税实际税负不超过 3%。因此，多数服务业企业的税收负担高于制造业企业 2% 以上。另外，服务业企业虽然有某些优惠，但优惠力度和范围远远不如第一、第二产业，造成第三产业税负明显重于第二产业。比如，1998~2008 年，第二、第三产业税收弹性平均值分别为 1.83 和 2.54，除个别年份外，第三产业的弹性系数多在 2.6~3.5 之间，说明第三产业税收增长相对于其产业生产总值增长的比率高于第二产业，税收增长迅猛。[①] 特别自 2009 年 1 月 1 日增值税转型改革完成后，这一矛盾更为突出。我国增值税由生产型增值税转为消费型增值税，使得制造业企业成本降低，税负下降带来了利润的相对增加，但服务业的税负近年来变化不大。此外。目前对于服务业提供出口的劳务，还没有任何退税的政策，境外劳务、金融保险等为境外提供的服务都不退税，这导致中国出口的服务在国际市场上缺乏竞争力。

2. 现代服务业税负偏高，不利于服务业内部结构的优化

现代服务业包括现代物流、集成电路、业务流程外包、文化创意产业支撑技术、技术咨询、工业设计等。现代服务业不仅税负偏重而且税负不公。如金融保险业与其他服务性行业相比，税率也偏高。与发达国家对现代服务业普遍实行较低的流转税负或零税负的做法相比，我国现代服务业的税负明显偏高。

（三）服务业税收优惠存在弊端

1. 缺乏系统的支持服务业发展的税收政策体系

目前，针对服务业已经有相当多的税收优惠，但这些税收优惠散见于各

---

① 姚凤民：《促进高端服务业发展的税收政策建议》，《税务研究》2010 年第 9 期。

个税种，各项政策之间缺乏协调配合，并未形成一个系统的政策体系。虽然国家已经越来越重视现代服务业的发展，"十一五"规划纲要明确了服务业发展的总体方向和基本思路，2008年3月13日国务院办公厅发布的《关于加快发展服务业若干政策措施的实施意见》也提出要进一步加大税收优惠政策支持力度，"十二五"规划纲要明确提出把推动服务业大发展作为产业结构优化升级的战略重点，营造有利于服务业发展的政策和体制环境，但至今还没有形成针对服务业发展的全国统一的税收政策体系，这影响了税收政策促进服务业发展的效果。同时，地方政府在制定服务业发展的税收政策时也主要考虑本地区经济发展的需要，各自为政，地区间的政策差异大。由于缺乏统一的支持服务业发展的税收政策体系，使得全国的服务业尤其是现代服务业未能全面快速发展。

2. 企业所得税优惠政策失衡

服务业尤其是现代服务业，既是环保低碳的清洁产业，同时也是带动经济发展、吸纳就业的新兴产业，更是我国在转变经济发展方式、调整产业结构过程中应大力扶持的产业。但现行企业所得税的税收优惠政策支持对象中却鲜见现代服务业，尤其是使用固定资产较少如金融业、文化业、保险业、旅游业、咨询信息服务业等的现代服务业。新企业所得税法税收优惠共计12条（从第二十五条至第三十六条），其中针对第一、第二产业的税收优惠有6条（第二十一、三十、三十一、三十二、三十三、三十四条），涉及现代服务业的只有普惠的第二十六条免税收入和第二十八条小型微利企业优惠。这对于一些风险较高、投入较大的新兴现代服务业难以取得显著效果，企业所得税优惠政策明显失衡。

3. 税收优惠形式比较单一，管理制度不完善

我国的税收优惠在手段和形式上主要是采取直接优惠，局限于税率优惠和定额减免这样一种事后利益的减免，而对加速折旧、投资抵免、加大费用列支等减少税基的事前利益优惠手段实施较少。这导致企业可能难以享受优惠的好处，减弱了税收优惠的效果。同时，我国尚未建立税收优惠分析与评估制度来有效掌握税收政策的真正实施效果，再加上审批与管理的脱节，使得我国税收优惠的管理处于缺位状态。

四、促进服务业发展税收政策的国际经验借鉴

（一）国外促进服务业发展的税收政策

随着世界经济由工业经济向服务经济的迅速转变，服务业逐渐取代制造业成为各国竞争力的关键所在，许多发达国家和新兴经济体政府制定了包括税收政策在内的一系列优惠措施，以发展本国服务业。

1. 美国促进服务业发展的税收政策

从20世纪90年代中期起，美国的服务业就已经取代了钢铁、汽车等工业产业，成为美国经济的主要支柱产业。美国对服务业的政策支持很广泛，税收优惠主要集中在信息技术产业、农业服务业、公益性服务行业、中小服务企业等领域。服务业税收优惠政策主要包括以下方面：

（1）R&D费用扣除的优惠。在美国，纳税人可以把与贸易、商业活动或高新技术有关的研究或试验支出，直接作为可扣除费用予以抵扣，而不作为资本支出。另外，根据美国《经济复兴税收法》规定，企业在R&D方面超过三年平均水平的开支增加额可享受25%的税收抵免，该项抵免可以向前结转3年，向后结转15年。[①]

（2）加速折旧。美国政府对私人高新技术企业R&D用的仪器设备实行加速折旧，规定的折旧年限为3年，这是所有设备中折旧年限最短的，[②] 以此来促进对高新技术产业的投资。

（3）减免税优惠。美国规定凡在特殊地区、经济贫困地区经营的公司，可申请享受工资抵免、债券筹资免税等投资优惠；[③] 科研机构作为非营利机构

---

① 张小锋：《国外现代服务业税收政策的主要做法及经验借鉴》，《商业经济》2010年第12期。

② 张景华：《促进服务业发展税收政策的国际经验与借鉴》，《涉外税务》2011年第4期。

③ 张景华：《促进服务业发展税收政策的国际经验与借鉴》，《涉外税务》2011年第4期。

可免征各项税收，电子商务享受免税待遇；对于非营利机构如教育、慈善组织，开展不以营利为目的的公益性社会活动，可以减免公司所得税、财产税等税收；对于贸易出口公司、国内企业国际销售公司、外国销售公司等，其合格的对外贸易收入可以享受低税率、部分减免、延缓纳税等税收优惠待遇；等等。①

（4）服务业亏损弥补的优惠。美国允许服务业净营业亏损可以向前结转两年，如果亏损还有剩余，还可以向后结转20年。②

除此之外，美国还允许私人或公司对非营利性慈善组织的慈善捐赠在所得税前扣除，以鼓励大家积极参与慈善公益事业；美国还对农业服务业给予税收优惠，还实施鼓励和规范房地产行业的税收政策等。

2. 韩国促进服务业发展的税收政策

韩国政府自21世纪以来，制定了一系列强化本国服务产业竞争力的政策措施，2003年提出实现服务业"高附加值化"的方针，2006年公布了《加强服务业竞争力推进计划》，2007年又制定了新的《增强服务业竞争力综合对策》，涉及改善服务业经营环境、培育有发展前景的服务业门类等方面。因此，十分注重税收政策对服务业的引导。对服务业的税收优惠政策主要包括以下方面：

（1）鼓励服务型企业创建的税收优惠。韩国允许服务企业自新建后首次赢利年度起享受6年减半征收法人税的优惠；5～10人以上创业企业自企业所得税发生的第一年起减免企业所得税50%，之后3年内按雇佣人数增加比例最高可享受100%的企业所得税减免优待。减轻企业负担费用。自2002年起扩大税收减免范围，对属于服务业的中小企业及创业型中小企业实行的税收减免由6个税种增加到18个税种，对中小企业实行的特别税额扣除由13个税种增加到24个税种。③

① 李平：《美国服务业财税政策及借鉴》，《涉外税务》2007年第10期。
② 张景华：《促进服务业发展税收政策的国际经验与借鉴》，《涉外税务》2011年第4期。
③ 张景华：《促进服务业发展税收政策的国际经验与借鉴》，《涉外税务》2011年第4期。

（2）逐步扩大对服务业的减免税范围。首先，对许多服务项目免征增值税。韩国对服务业实行的免征增值税的项目主要有：社会福利服务，包括医疗保健服务，总统令规定的教育服务；与文化有关的商品和劳务，包括书、报纸、公报、通信和广播、艺术作品、职业体育运动、图书馆、科技馆等；自来水、客运服务（空运、公交快递、出租车、特种汽车和特种船除外）；一些其他的商品和劳务，如邮票、印花税票、证书、彩票、学术、技术研究服务，另外还有金融保险服务，宗教、慈善、科学机构、政府部门和其他公益团体提供的商品和劳务等。其次，为加速现代服务业及服务外包业发展，韩国扩大税收减免范围，改善服务业与制造业之间的税收差别，取消对服务业发展不利的政策。从 2002 年起，韩国政府扩大服务业税收减免范围，对属服务业的中小企业及创业中小企业税收减免税种由 6 个增加至 18 个，对中小企业特别税额扣除由 13 个增至 24 个，并对 49 个业种扩大支持力度；对进驻产业园的服务业业种采取与制造业统一的地方税减免优惠，财产税及综合土地税在 5 年内减免 50%；服务业必需用地税率从 0.2% ~ 4% 调整到 0.2% ~ 1.6%。2007 年出台的《增强服务业竞争力综合对策》，加大了对服务业的税收扶持，将服务业临时投资减税期延长一年并扩大适用范围，对观光饭店以外宾为服务对象的营业附加税实行零税率，降低服务业办公不动产的交易税。对进驻产业园区的服务业采取与制造业统一的地方税减免优惠，财产税及综合土地税在 5 年内减免 50%；服务业必需用地税率从 0.2% ~ 4% 调整到 0.2% ~ 1.6%。[①]

（3）降低服务业风险的税收优惠。韩国还允许企业从应纳税所得额中提取未来投资准备金、风险基金和科研准备金。具体规定符合条件的中小企业在其年底资产价值为 20% 以内设立的投资准备金，可在税前扣除，对相应企业的技术和人力资源开发准备金也可按一定比例在税前扣除。对技术转让和风险投资的资本所得免征企业所得税。

（4）对文化娱乐给予税收优惠。韩国政府通过扩大企业"文化招待费"

---

① 张景华：《促进服务业发展税收政策的国际经验与借鉴》，《涉外税务》2011 年第 4 期。

的适用范围，即企业招待客户观看话剧、歌剧、展览会和体育比赛的费用满足一定条件的话可享受"追加费用"优惠，以振兴剧场文艺演出业。另外，韩国为加大娱乐产业的发展，自 2005 年起，对影视业、表演业等一些服务业实行 50%～100% 的企业所得税减免政策。

（5）促进人力资本投入的税收优惠。韩国对在国内服务的外国技术研发人员从其提供劳动之日起 5 年内的劳动所得，免征个人所得税。[①]

3. 新加坡促进服务业发展的税收政策

新加坡是东南亚最大的海港，也是国际金融中心和航空中心。商业、金融业、交通和通讯业都是其主要的经济部门，服务业就业人数占总就业人数的 75% 以上，批发与零售贸易、运输与仓储、信息与通讯服务、金融服务、商业服务等是新加坡重点发展的行业。新加坡采取的促进服务业发展的税收优惠政策主要是鼓励技术开发和金融业发展等方面。

（1）激励技术开发的税收优惠。一是对具有新技术开发性质的产业给予 5 至 15 年的免税期；二是对计算机软件和信息服务、农业技术服务，医药研究、试验室和检测服务等生产和服务公司用于研究和开发的支出允许加计扣除 100%。

（2）鼓励金融业发展的税收优惠。新加坡规定，金融等风险性较高的服务业在投资的最初 5～10 年完全减税，若连续三年亏损者，可获得 50% 的投资津贴。为促进国际金融业务，新加坡政府还对在新加坡进行的离岸金融业务的收入免征所得税。[②]

（3）吸引外资投入及鼓励服务业出口的税收优惠。新加坡为外国跨国公司在新加坡设立区域性营运总厂提供优惠，只征收 10% 的公司所得税，且为期 10 年，并对这类公司分配的股利免征所得税。另外，新加坡规定对服务贸易出口收益只征收 10% 的所得税。

（4）鼓励提高服务质量的税收优惠。对固定资产投资在 200 万新元以上

---

① 张景华：《促进服务业发展税收政策的国际经验与借鉴》，《涉外税务》2011 年第 4 期。

② 张小锋：《国外现代服务业税收政策的主要做法及经验借鉴》，《商业经济》2010 年第 12 期。

的服务业企业，或营业额在 100 万新元以上的咨询服务、技术指导服务等企业，所得税可减半。①

除此之外，新加坡实行自由港政策，对大部分货物免征关税，对中转货物提供减免仓储费和货物管理费等等。

（二）各国促进服务业发展税收政策的经验总结

1. 对服务业的税收优惠具有较强的针对性

各国促进服务业发展的税收政策并不是对整个服务业采取普惠的原则，而是具有针对性的。一是根据服务业发展的目标和方向来确定对某些行业的优惠力度，二是根据服务业中各个行业的不同特点采取不同形式的优惠。例如，金融业是新加坡经济发展的核心，再加上新加坡是自由港，为此，新加坡对金融业和进出口贸易给予了较大的税收减免优惠；美国的现代服务业已相当发达，税收政策的重点在于支持以信息通信技术产业为代表的高端现代服务业的发展。各国密切结合自身的发展战略和状况，制定具有本国特色的税收政策，提高了税收政策的实效性，较好地引导了服务业的发展。

2. 突出对服务业技术创新的税收支持

各国都认识到技术进步和创新是产业发展的动力，因此都采取了不同的税收政策促进服务业的技术创新。例如，在美国，纳税人可以把服务业的技术研发费用直接作为可扣除费用予以抵扣，而不作为资本支出；若当年研究与开发支出超过前 3 年的研究与开发支出平均值的，其增加部分给予 25% 的税收抵免，该项抵免可以向前结转 3 年，向后结转 15 年；美国高新技术产业研究开发使用仪器设备实行加速折旧。新加坡对具有新技术开发性质的产业给予 5～15 年的免税期；对计算机软件和信息服务、农业技术服务，医药研究、试验室和检测服务等生产和服务公司用于研究和开发的支出允许双倍扣除。韩国给予国外技术开发人员个人所得税减免。在制定这些税收优惠政策时，各国都更加注重产业引导和技术进步，尽管侧重点也略有不同，目标却

---

① 张景华：《促进服务业发展税收政策的国际经验与借鉴》，《涉外税务》2011 年第 4 期。

趋于一致，旨在鼓励研究开发，降低研究与开发成本，提高社会、企业人力资源开发和技术创新的积极性，全力推进服务业的技术进步。

3. 注重扶持中小服务企业

中小企业在服务业中占有较大比重，是国民经济的重要组成部分，但抵抗风险的能力较弱，税收政策大都体现了对其的优惠照顾。韩国对中小企业的税收减免多于大企业。美国所得税法对小型公司给予特殊的课税规定。如小型企业可以选择按公司所得税纳税或按合伙制企业纳税，后者不必缴纳公司所得税，股东股息收入缴纳个人所得税，从而避免重复征税。

4. 直接优惠与间接优惠相结合

从美国、韩国、新加坡这三个国家的税收政策上可以看出，税收优惠政策的制定灵活多样，根据服务业中各个行业的不同特点实施不同的优惠形式，既采用优惠税率、税收减免等直接优惠方式，也采用费用扣除、税收抵免、加速折旧、提取投资准备金和亏损结转等间接优惠方式，而且以间接优惠方式为主。例如，很多国家都会采用减免税政策对某些产业直接加以引导，这种直接税收优惠形式的最大特点是见效快、透明度高。在采用直接优惠的同时，可配合使用投资抵免、亏损结转等注重长期效果的间接优惠形式等，这些税收优惠政策使企业将原本应上缴的税金作为自己的资金使用，相当于从政府手中获得一笔无息贷款，从而起到鼓励服务企业增加科技开发投入、加快设备更新的作用。对服务业采取间接的着眼于长期的税收优惠形式，有利于服务业的可持续发展。

五、推进服务业发展的税收政策建议

（一）扩大增值税征收范围

扩大增值税征税范围，最终目标是取消营业税而代之以增值税。《中共中央关于制定国民经济和社会发展第十二个五年规划纲要》中提出，扩大增值税征收范围，相应调减营业税等税收。这就是说，服务业将逐步由征收营业税过渡到征收增值税。然而，增值税的实施需要有健全的会计核算体系、完备的增值税发票制度，因此将服务业纳入增值税的征收范围只能循序渐进，在不减少现有税种的基础上，首先将与生产密切相关的、资本有机构成较高的行业纳入增值税的征收范围。

服务业可以分为生产性服务业和生活服务业。生产性服务业主要是与制造业直接相关的配套服务业，是从制造业内部的生产服务部门独立发展起来的，如现代物流业、金融保险业、商业服务业等。这些行业提供的服务有利于制造业等生产型企业的发展，是现代工业发展的助推剂。因此，增值税"扩围"的第一步就是要将这些行业纳入其征收范围，成为增值税环环抵扣的其中一环，以减轻这些生产性服务业和与之相关的生产型企业的税收负担，从而促进生产性服务从工业部门分离，推进社会分工和经济发展。自2012年1月1日起增值税扩围试点已先后在上海、北京等地区的运输业、现代服务业开始进行，虽然建筑业、邮电通信业、金融保险业和生活性服务业不在试点范围，但《试点方案》对其适用税率、计税方法已经做出了原则性安排，可以预见，这些安排将在试点深化到一定阶段时得到应用，逐步将增值税的征收范围扩大到其他现代服务业已经是大势所趋。

（二）调整营业税政策

在增值税取代营业税不能在短期实现的情况下，营业税仍然是服务业的主要税种，调整营业税政策就是当务之急。

1. 合理设置税目

目前应尽快对营业税各税目的具体征收范围进行明确，并根据实际情况及时完善。首先，应对不规范的税目进行重新分类。随着经济的不断发展，有些现行的营业税税目已经不能正确反映经济活动，因此需要对这些划分不合理，不规范的税目进行重新分类。比较典型的是关于文化体育业和娱乐业这两个税目。这两个税目是营业税中既有区别又有联系的税目。现行营业税规定文化体育业的适用税率为3%，娱乐业的税率为5%～20%，纳税人经营娱乐业具体项目适用的税率，由省、自治区、直辖市人民政府在规定的幅度内决定。原属于娱乐业的台球和保龄球随着人们收入水平的提高，已经越来越大众化，其消费档次也在降低，本身行业的获利水平也较低，因此，这两个项目作为文化体育业应该更加合适。"转让无形资产"税目的征税范围也存在一定的问题。目前转让无形资产这一税目征税范围是根据当时的会计准则对无形资产的解释列举的。但是随着经济的不断发展，无形资产的种类越来越多，市场中也有越来越多的经济权益可以转让，这使得很多转让经济权益的行为没有被纳入征税的范围。如足球会员转会的转会费、矿业权转让费、隧道署名权、机动车辆号牌的转让费等。会计准则中的无形资产概念已经不能作为现在营业税税目的参考依据。因此，需要修订此税目，以"经济权益转让"取代原有的"转让无形资产"税目范围，并且随着经济的发展变化进行及时调整，以确保国家的利益不受损失。其次，删除或增加有关税目，并对划分不合理的税目重新归类。可以对一些已经发展成熟的现代服务业行业独立编目，如为发挥现代物流业一体化、规模化的效应，国家应单独设立"物流业"税目，对物流业中的运输、仓储、配送、装卸、代理等统一归入一个税目，适用统一税率。同时，由于现代服务业是一个动态发展的产业，有必要在营业税法中增设一个"其他经营行为"税目，以增强营业税制度对经济发展的适应性，用以调整将来出现的新的应税行业。最后，对现有部分行业的分类进行细化，为实行差别税率奠定基础。

2. 调整营业税税率

营业税税率的调整应当结合产业政策和消费政策，并考虑行业的差别来制定不同的税率，以营造公平的营业税政策环境。建议将税法中的服务业行业分类重新细化界定，对属于新兴和高端的现代服务业范畴的行业，如现代物流、信息技术服务业和文化创意产业等，实行较低的税率；而对于国家要限制发展的产业，应采取较高的营业税税率。第一，应适当提高一些高档消费行为的税率，比如，高级美容、桑拿、按摩等行业可以比照化妆品的消费税率提高到30%。同时，目前娱乐业的一些行业的营利水平也不尽相同，可据此适当提高税率的上下限，可以从目前的5%～20%适当提高到10%～40%。第二，可以适当降低国家支持和鼓励发展的现代服务业和新型服务业的税率，其中最突出的是应该降低金融业、现代物流业、家庭服务业的营业税率。第三，随着经济的不断发展，人们的收入水平、消费水平也在不断提高，虽然是同样的服务行业，比如传统的餐饮业、旅店业、洗浴、理发、照相等行业，但是其提供的服务档次却是不一样的，因此各个部门的获利能力也是不尽相同的，在制定税率的时候应该综合考虑这些因素，分为"高档"与"低档"不同的消费活动，从而对其采用不同的税率进行调节。

3. 将部分行业营业税调整为差额计税

首先，应该调整一些服务外包、代理行业等的计税依据。在企业的一些外包服务中，外包企业不能将已经支付给承包方的营业额从计税依据中扣除，还有如拆迁、货运、保险和商标等一些代理企业不能把其已经支付给其他单位的一些必要费用扣除，造成重复征税。可借鉴目前我国一些地方政府的相关政策，适当将这些经营活动按差额征税，比如，上海市出台了《营业税差额征税管理办法》，从 2010 年 9 月 1 日起，上海市范围内负有营业税纳税义务的单位和个人，按差额方式确定计税营业额，试点涵盖了交通运输业、建筑业、金融保险业、邮电通信业等行业以及无形资产和不动产等项目；在江苏等省的地方规定中，货运、拆迁、保险和商标代理企业的营业税计税依据可以扣除支付给其他企业的费用，可以借鉴这些省份的经验，将这些行业的差额征税推广到全国。其次，针对一些生产经营活动中增值税抵扣链条断裂的问题，可允许一些生产性服务业将在外部购买的服务中包含的税收进行抵扣。差额计税在消除重复征税弊端的同时，在一定程度上降低了企业的经营成本，可以有效地促进我国生产服务业的发展。

4. 逐步实现服务贸易出口免征营业税

由于我国对服务业中的大部分行业征收营业税，从而导致服务贸易出口企业无法享受出口退税政策，存在国际重复征税问题，加重了服务贸易出口企业的负担，不利于其国际竞争力的提高。2009 年国务院同意将北京、天津、上海、重庆等 20 个城市确定为中国服务外包示范城市，明确对这 20 个城市中技术先进型服务企业离岸服务外包业务收入免征营业税。这一措施无疑对鼓励技术先进型服务企业发展服务贸易具有积极作用，但我们也看到这只是选择性的政策，难以涉及所有服务贸易出口企业。为促进我国服务贸易的发展，应该将这一优惠措施的受益范围进一步扩大，逐步实现对服务贸易出口免征营业税。另外，我国出口退税政策只涉及增值税和消费税，不包括为商品出口所提供服务的营业税，商品出口未实现彻底退税，这既影响了商品的出口，又影响了商品出口企业对服务的需求。因此，出口退免税政策不仅应包括出口商品的增值税和消费税，出口服务的营业税，还应包括为出口商品提供服务的营业税。

（三）调整服务业税收优惠政策

1. 税收优惠政策应突出重点，具有明确的政策导向

税收优惠政策的制定要突出重点，具有针对性，不能搞普惠制。根据"十二五"规划纲要提出的服务业发展的主要目标，服务业税收优惠政策的重点应该放在有利于服务业总体规模的增长、结构的优化、公共服务均等化程度的提高以及服务业竞争力的增强上，最终构建起完善的加快服务业发展的税收优惠政策体系。第一，对于公共服务业，要区分基础公共服务业和准公共服务业来制定税收优惠。例如，针对现有教育、医疗、科技、文化以及社会福利方面的非营利组织享有的免税等优惠被滥用的状况，有必要完善对非营利组织享受税收优惠待遇的认定。第二，加大对生产性服务业的税收优惠力度。应该切实落实国家已出台的扶持现代物流业、科技服务业、软件产业、会展业、代理业、金融业和新办服务业等方面的税收优惠政策，加大优惠的力度。具体来看，可以比照现有生产企业在科技研发费用扣除等方面的具体优惠做法，赋予生产性服务业更多的优惠。第三，加大对实行自主创新、节能减排、资源节约利用等服务业企业的税收优惠力度，鼓励技术服务、节能服务、环保服务等服务行业的发展。第四，制定和实施有关社会服务业、农村服务业、家庭服务业方面的税收优惠政策。同时，还应该扶持外向型服务业，发展服务贸易，对承接国际服务外包企业给予税收优惠。

需要注意的是，在对现代服务业进行重点扶持的同时对传统服务业的优惠也不放松。虽然现代服务业代表着服务业发展的方向，能够促进经济实现新的增长，但传统服务业在吸纳劳动力就业，缓解就业压力方面发挥着巨大的作用。

2. 取消现行的某些服务业优惠政策

商业化的殡葬服务、利润率极高的医疗美容、贵族学校，按照现行税法这些服务都是免营业税和所得税的，这些服务业优惠政策已不合时宜，应该

取消。豪华墓地现象已引起普遍争议，针对殡葬服务业引入市场经营机制的情况，对其墓地销售和转让行为，应重新明确纳入营业税和所得税征收范围。医疗美容、贵族学校的服务业并非普通消费者能够享受，也应纳入税收调节的范围。

3. 利用多种优惠形式促进服务业发展

应该在充分发挥直接优惠手段作用的同时，加大间接优惠手段的运用，从税后调节环节向税前调节环节转变。一是以间接优惠作为税收优惠的主要方式。间接优惠的方式有缩短折旧年限、延长减税免税期限、采用灵活多样的跨期结转等方法，进一步强化间接减免税的作用。二是税收优惠应更加注重过程的减免。现行的减免税优惠措施更多地体现在对企业已形成的经营结果进行年度减免，而现代服务性企业在创业初期的投资及经营风险较大，可将税收优惠的措施更多地设置在企业投资研发的环节或过程中，这样处理可以有效地降低企业在创业初期的投资及经营风险，从而吸引更多的投资行为。

（四）完善我国地方税税收体系

首先，确立地方税收主体税。改变现在地方政府收入主要来源于营业税、增值税的现状，使财产税成为地方收入来源的主体税种，以减少税收体制对地方政府行为的影响。其次，赋予地方政府必要的税收管理权限。理顺中央和地方政府的税收管理权，以法律形式明确地方各级政府的征税权，地方政府在税目税率上的调整权、税种开征停征权以及减免税权等方面的机动权力。对于税源普遍、税基不易产生区域流动的税种如车船税、房产税、城建税等，除税收立法权归中央外，其他权限都可下放给地方，便于各地因地制宜，促进本地经济发展。对税源零星分散、纳税环节不易控制、征收成本大的税种，其税收立法权、解释权和开征停征权都可下放到省级地方政府。这样在制定相对统一的鼓励现代服务业发展的财税政策的同时，有利于调动地方的积极性，因地制宜地处理好税收问题，促进区域间税收负担和利益的合理分配，使服务业在全国有梯度、有层次的发展。

第四章　激励高新技术产业发展的税收政策

高新技术产业对推动产业结构升级、提高劳动生产率和经济效益具有不可替代的作用，在经济高度国际化的今天，高技术产业已经成为国际经济和科技竞争的重要阵地。胡锦涛同志在2012年7月召开的全国科技大会上发表重要讲话强调，大力实施科教兴国战略和人才强国战略，坚持自主创新、重点跨越、支撑发展、引领未来的指导方针，充分发挥科技在转变经济发展方式和调整经济结构中的支撑引领作用。党的十八大报告指出："实施创新趋动发展战略。科技创新是提高社会生产力和综合国力的战略支撑，必须摆在国家发展全局的核心位置。"加快高新技术产业的发展是"十二五"时期转变经济发展方式的重要内容。由于税收政策自身的规范性、有效性，在世界各国扶持和引导高新技术产业发展的政策工具中占有重要地位。然而，我国现行高新技术产业税收政策是零星和分散的，没有系统完整的设计，制约了对高新技术产业的激励作用。因此，应借鉴世界各国高新技术产业税收优惠政策的实践经验，完善我国高新技术产业税收优惠政策，促进我国高新技术产业的快速发展。

一、高新技术产业的界定及税收激励的理论基础

（一）高新技术产业的界定

1. 高新技术产业的定义

对于高新技术产业不同的国家的定义有所不同，具有代表性的是美国商务部和日本通产省对高新技术产业的定义，满足以下条件之一的智力密集型

产业部门；研究开发经费超过其价值增加额 10% 以上的产业部门；高科技人员超过其职工总数 10% 以上的产业部门。

简单而言，高新技术产业是在高新技术研究、开发、推广、应用的基础上形成产业部门，代表了世界经济发展的方向。当然，随着经济的发展、技术的进步，高新技术产业的内涵也会相应发生变化。

2. 高新技术产业与战略新兴产业

依据《"十二五"国家战略性新兴产业发展规划》，战略性新兴产业是以重大技术突破和重大发展需求为基础，对经济社会全局和长远发展具有重大引领带动作用，知识技术密集、物质资源消耗少、成长潜力大、综合效益好的产业。

战略性新兴产业和高新技术产业都有科学技术含量高的特点。高新技术产业除了高技术性外注重高效益性；而战略新兴产业除了高技术性外更加突出战略性和全局性，既要对国家当前经济社会发展起到支撑作用，也要引领国家未来经济发展的方向。从其范围来看，高新技术产业很宽泛，涵盖了战略性新兴产业的领域，而战略性新兴产业只是高新技术产业的一部分，可以说战略新兴产业是对社会经济发展及国家安全有重大影响的高新技术产业。而且战略性新兴产业领域的确定很具体，针对性强。依据《国务院关于加快培育和发展战略性新兴产业的决定》（国发〔2010〕32 号）规定，我国目前战略新兴产业的重点产业领域包括：节能环保产业、新一代信息技术产业、生物产业、高端装备制造产业、新能源产业、新材料产业和新能源汽车产业七大产业。

3. 我国对于高新技术企业的认定标准

高新技术企业是知识密集、技术密集的企业。是在国家重点支持的高新技术领域内，持续进行研究开发与技术成果转化，形成企业核心自主知识产权，并以此为基础开展经营活动，在中国境内（不包括港、澳、台地区）注册一年以上的居民企业。

根据科技部、财政部和国家税务总局 2008 年 4 月联合颁布的《高新技术企业认定管理办法》（国科发火〔2008〕172 号）规定，高新技术企业认定的一般标准是：

（1）在中国境内（不含港、澳、台地区）注册的企业，近三年内通过自主研发、受让、受赠、并购等方式，或通过 5 年以上的独占许可方式，对其主要产品（服务）的核心技术拥有自主知识产权。

（2）产品（服务）属于《国家重点支持的高新技术领域》规定的范围。

（3）具有大学专科以上学历的科技人员占企业当年职工总数的 30% 以上，其中研发人员占企业当年职工总数的 10% 以上。

（4）企业为获得科学技术（不包括人文、社会科学）新知识，创造性运用科学技术新知识，或实质性改进技术、产品（服务）而持续进行了研究开发活动，且近三个会计年度的研究开发费用总额占销售收入总额的比例符合如下要求：①最近一年销售收入小于 5000 万元的企业，比例不低于 6%；②最近一年销售收入在 5000 万元至 20000 万元的企业，比例不低于 4%；③最近一年销售收入在 20000 万元以上的企业，比例不低于 3%。其中，企业在中国境内发生的研究开发费用总额占全部研究开发费用总额的比例不低于60%。企业注册成立时间不足三年的，按实际经营年限计算。

（5）高新技术产品（服务）收入占企业当年总收入的 60% 以上。

（6）企业研究开发组织管理水平、科技成果转化能力、自主知识产权数量、销售与总资产成长性等指标符合《高新技术企业认定管理工作指引》的要求。

上述认定条件体现的突出特点：第一，以企业自主研发和创新能力为核心，拥有自主知识产权是被认定为高新技术企业的核心条件；第二，取消地域界限，不分区内区外，对全国高新技术企业实行统一认定，共同享受国家税收优惠政策，体现了由区域政策向产业政策的转移；第三，用《国家重点支持的高新技术领域》指导认定工作，避免了《高新技术产品目录》的局限性。

目前，我国国家重点支持的高新技术领域包括电子信息技术、生物与新医药技术、航空航天技术、新材料技术、高技术服务业、新能源及节能技术、资源与环境技术、高新技术改造传统产业等八大领域。

（二）政府扶持高新技术产业的理论依据

高技术产业最大的特点是研究开发投入高，研究开发人员比重大，自主创新能力是直接关系高新技术产业成长和发展的核心资源。技术创新的性质以及高新技术企业的特点决定了政府应该对高新技术产业予以扶持。

1. 技术创新属于准公共产品

西方经济学把社会产品分为公共产品和私人产品，公共产品按其性质又可分为纯公共产品和准公共产品。纯公共产品是在消费过程中具有非竞争性和非排他性的产品，是任何一个人对该产品的消费都不减少他人对其进行同样消费的物品与劳务。非竞争性决定了公共产品消费的边际成本为零，非排他性会导致"搭便车"问题的产生。纯公共产品应该由政府提供，通过征税分摊费用。准公共产品是指具有有限的非竞争性或有限的非排他性的公共产品，它介于纯公共产品和私人产品之间。对于准公共产品的供给，在理论上应采取政府和市场共同分担的原则。

技术创新本质上是一种准公共产品，具有非竞争性和一定程度的非排他性以及效用的不可分割性。

（1）技术创新具有非竞争性。研发的技术产品一旦被发明出来，更多的人享有技术创新带来的好处并不会增加它的成本，那么这些人消费的边际成本相当于零。技术创新的边际成本为零，从而使技术创新的获得具有非竞争性的特点。

（2）技术创新具有不完全的排他性。首先，企业研发的技术成果很难据为己有，新技术和新工艺的应用会使在这一领域内的其他企业和厂商也进行模仿，从而出现不创新的企业可以免费获得信息的"搭便车"现象。在技术创新的成果公开以后，技术扩散开来，将不再是研发企业所独占。其次，很多国家都通过相关法律对技术创新进行了保护，能够使技术创新能在一定时间内具有排他性，但这种排他性是不完全的，从而使技术创新具有不完全的排他性。而且，技术创新的寿命往往要大于知识产权的保护年限，那些超过保护年限的技术创新就会为其他企业所共享，从而使这种知识产品具有共同收益或联合消费的特点，最终使技术创新具有效用的不可分割性。

2. 技术创新具有正外部效应

技术创新从企业的角度可以看成是一项纯粹的私人活动,其目的是为了实现企业利润的最大化,但是技术创新的成果却会产生溢出效应。

技术创新正的外部效应表现为:新技术和新工艺的使用在给研发企业带来高收益的同时会促进这一领域内相关技术水平的提高,整个社会的技术水平和创新能力也因此而提高,这样就产生了利益的部分溢出。这部分利益外溢通过市场机制是很难得到补偿的,技术创新产品的价格相对于传统产品并没有能够体现其增长的价值。技术创新产品的知识溢出后,没有给创新企业以补偿,技术创新活动的私人收益率远低于社会收益率,而预期收益回报率的降低将会明显抑制创新主体进行技术创新投资的意愿。为了防止其他企业共享自己的研发成果,很多企业都选择了不进行技术研发和人才培养。为了使企业有动力进行创新,则必须在企业和全社会这两者之间保持平衡,使创新的私人收益率与社会收益率趋于一致。此时需要政府介入企业的技术创新。政府可以通过各种政策的实施,降低企业技术创新的成本,提高技术创新者的收益率,刺激企业对技术创新投入的积极性,使技术创新的投入达到社会理想水平。

3. 技术创新存在信息不对称的现象

技术创新过程中存在的信息不对称,导致了筹资的困难和创新成果的低效转化。一方面,在企业进行技术创新的过程中,往往需要支付大量的研究与开发费用,这就需要向外部筹集资金,基于技术创新的保密性,外部投资者通常会要求企业公布关于该技术研究的保密信息,以评估投资价值。这时,创新主体就陷入两难的境地,公开则可能导致信息外泄,不公开则陷入资金的困境。然而,技术创新本身需要保密,如果创新成果得不到保护,开发企业的技术成果就难免被其他生产厂商模仿,这就是说在技术创新活动的实施者与资金的提供者之间存在着信息不对称。另一方面,从创新成果转让的角度进行分析。创新成果具有复杂性和独占性,使得受让方对成果的认知可能并不清楚,而只能依靠转让方的解释,即创新成果的转让方与受让方之间存在信息的不对称性,这种不对称会造成转让效率的低下。这些都是市场不能解决的问题,只有政府发挥"看得见的手"的作用,保证市场的透明化,使双方都易于得到较充分的信息,以便他们做出正确的选择。

4. 高新技术产业具有高风险性

高新技术产业是集高风险和高收益于一身的，而市场本身难以为其提供分担风险的有效机制。首先，高新技术往往代表着当今世界科技的前沿，这也意味着其技术正处于研究发展阶段，能否获得成功或在多大程度上获得成功具有很大的不确定性。据统计，即使是在发达国家，技术创新项目的80%左右在进入市场之前即告夭折。其次，研发企业投入了较高的研发资金和人力资本，研发也取得了成功，也不能确定自己的研发成果能够带来多少利益，即市场前景难以确定。再次，技术寿命具有不确定性。由于新技术产品变化迅速、周期短，因此极易被更新的技术产品代替，而且替代时间难以确定。最后，由于科研和技术开发的成本一般较高，企业向金融机构贷款时，债权人可能认为企业用于研发的这部分债务风险较高，在缺少抵押担保的情况下，债权人不愿意借钱给企业。企业本身的偿债风险也会上升，企业也不愿意承担较高的债务风险，所以筹集研发资金困难使得企业不愿去进行创新活动，中小企业在这方面的困难更为突出。

因此，在市场经济条件下，企业是自主创新的主体，政府应该介入技术创新，运用财税政策来纠正市场失灵。可以通过适当的激励创新投资企业的税收优惠，如投资抵免、纳税扣除、优惠的个人所得税等手段，对创新企业应得的收益（或承担的成本）进行补偿，从而激励企业创新。

（三）税收激励高新技术产业的作用机理

1. 通过税收激励政策降低创新活动的风险

创新活动充满了一系列的不确定性，具有高风险性特征。技术创新投资的高风险性表现在多个方面：企业在投入大量的人力、财力、物力进行技术创新的同时，并不知道这种技术创新能否成功；即使技术创新成功了，也会因技术方面的激烈竞争而造成技术价值的无形损失，难以估量技术创新能够带来多大的收益；等等。不确定性就使得创新型企业与传统企业相比处于劣势地位。国家可以制定税收优惠措施，通过减轻创新型企业的税收负担，使创新企业在税收负担上较传统企业明显处于优势，减弱技术创新的不确定性。这种激励机制的实质其实是政府以税式支出的形式分担创新型企业的部分投资风险，从而激发其创新活力。

2. 通过税收激励提高技术创新的预期收益

技术创新活动的高风险性要求具有高的回报率，激励高新技术企业从事技术创新活动的前提，是该技术创新活动能够获得期望的收益率。

税收本质上是一种费用，和办公费、业务招待费等一样是企业为取得净利润所付出的代价。降低创新活动和高新技术企业的税负自然会降低成本，增加收益。政府对科技投入的要素提供税收优惠，从而降低技术创新投入成本，包括科技研究设备成本、资金、人工成本等；政府对技术创新成果收入的减税或免税等激励措施，一定程度会提高技术创新的预期收入。税收政策通过对需要激励对象的优惠措施，改变技术创新的收益预期，从而影响企业技术创新投入决策，促进企业技术进步。

3. 通过税收激励政策增加技术创新的资金供给

企业技术创新活动是一项复杂的系统工程，资金是该系统工程存在下去的必不可少的物质基础。同时技术创新活动的高风险性，还需要企业有足够资金支持以应对风险，防止由于创新活动失败而使整个企业陷入困境。所以，资金能力是影响企业技术创新的重要因素，资金保障是企业创新活动得以持续和成功的关键。

企业技术创新的资金可以通过银行信贷、债券和股票等外部筹资，还可以通过留存收益来内部筹资。税收优惠对企业外部融资的影响是间接的，通过对外部资金供给者的激励，改变其风险投资的预期收益率，从而为技术创新企业创造有利的融资环境。企业的内部资金主要来自于经营活动产生的现金净流量，经营活动产生的现金净流量等于税后利润加折旧及无形资产摊销等非付现成本。通过减免税增加了企业的税后利润、通过加速折旧、缩短无形资产摊销年限增加了非付现成本，这些税收激励方式的运用增加了企业的经营现金流量，为企业技术创新投入现金的积累提供了保障。

4. 通过税收激励影响人力资本供给和需求

人才是科学技术知识的拥有者和创造者、是影响企业技术创新能力的关键因素。在企业创新活动中起关键作用的是参与创新的各层次的人才创新能力，只有人力资本的积累才会实现技术的飞跃。

税收政策从人力资本的供需两个方面影响企业技术创新人力资本的投入：首先，税收激励对人力资本需求产生影响。政府的税收激励激发企业投资于人力资本的动机，直接增加企业的人力资本投资能力。例如，对企业人力资本投资给予一定比例的税前扣除会促进企业的人力资本投资。其次，税收激励对人力资本供给产生影响。税收对个人人力资本投资的影响是通过税收对个人的人力资本投资的收益实施征税来实现的。税收直接影响着个人的可支配收入，对从事技术创新的科学研究人员实施税收激励，提高个人对人力资本投资的效用，有助于增加社会创新人力资本的供给。

二、我国高新技术产业发展现状

（一）我国高新技术产业发展取得的成效

我国高新技术产业起步于 20 世纪 50 年代，由政府制定高新技术发展任务并划拨研究资金，重点发展关系到国防安全的尖端技术。到 80 年代后期，我国开始重新认识和规划高新技术产业，建立起在自主研发的基础上，利用各种国际资源，实行开放性的合作发展模式，并在全国范围内建设高新技术开发区，鼓励高新技术企业的发展。20 世纪 90 年代，随着市场经济的发展，高新技术产业也进入全新的发展时期，开始以市场导向为主，出现大量多元所有制的高新企业，规范化的体系形成雏形。特别是 21 世纪以来，我国高新技术产业快速发展，取得突出成效，科研成果转化的速度和形式在不断增多，产业规模不断地扩大，对国民经济的推动作用日益显著。

1. 我国高新技术产业规模迅速扩大，成为拉动国民经济增长的重要力量

首先，高新技术产业产值逐年增长。如表 4—1 所示，我国高新技术产业的产值由 2000 年的 10411.5 亿元增加到 2010 年的 74708.9 亿元。除 2009 年外，年增长率都在 20% 以上。其次，高新技术产业在国民经济构成中所占比例显著提高，有力地促进了经济结构调整。我国高新技术产业产值在国内生产总值中所占比重由 10.5% 上升到 18.6%，成为我国经济发展中最有活力的部分。计算机、通讯、生物医药、新材料等高新技术产业迅速成长，大大提

高了我国产业技术层次。最后，高新技术产业的利税大幅增长，由 2000 年的 1033.4 亿元增长到 2010 年的 6753.1 亿元，后者是前者的 6 倍多。2011 年全国高新技术产业工业总产值超过 10 万亿元，工业增加值占同期全国第二产业增加值比重达 12.4%，再创历史新高。[①]

表 4—1　我国新技术产业基本情况

年份 / 项目	2000	2005	2008	2009	2010
高技术企业数（个）	9758	17527	25817	27218	28189
年均从业人员（万人）	390	663	945	958	1092
当年总产值（亿元）	10411.5	34367.1	57087.4	60430.5	74708.9
产值占国内生产总值的比重	10.5%	18.6%	18.18%	17.7%	18.6%
主营业务收入（亿元）	10033.7	33921.8	55728.9	59566.7	74482.8
利润（亿元）	673.5	1423.2	2725.1	3278.5	4879.7
利税（亿元）	1033.4	2089.6	4023.9	4660.3	6753.1
出口交货值（亿元）	3388.4	17636.0	31503.9	29435.3	37001.6
R&D 机构数（个）	1379	1619	2534	2845	3184
R&D 经费（亿元）	111.0	362.5	655.2	774.0	967.8
有效发明专利数	1443	6658	23915	31830	50166
固定资产投资额（亿元）	563.0	2144.0	4169.2	4882.2	6944.7

资料来源：历年《中国统计年鉴》。

2. 培育了一大批充满活力的高新技术企业

随着高新技术产业的发展，成长起一批知名的高新技术大企业，为我国经济发展注入了强大活力。如表 4—1 所示，2000～2010 年，我国高新技术企业由 9758 个增长到 28189 个，2011 年全国 88 家高新区上报统计的高新技术企业总计 5.96 万家。[②] 仅据国家高新区的统计，2000 年高新区内年产值上亿

---

① 《2011 年我国高新技术产业产值突破 10 万亿元》，《科技日报》网络版 2012 年 4 月 1 日。

② 《2011 年我国高新技术产业产值突破 10 万亿元》，《科技日报》网络版 2012 年 4 月 1 日。

元的企业还只有 7 家，到 2010 年已增加到 1539 家；另外，高新技术企业的从业人员由 390 万人增长到 1092 万人。

3. 高新技术产业的不断壮大，提高了我国产品的国际竞争力

最近十年，我国的高新技术产品进出口贸易得到了较快发展，进出口总额从 2001 年的 1105.6 亿美元，增加到了 2010 年的 9050.8 亿美元，增长了 8 倍多。据此测算，高新技术产品在我国外贸中的比重已从 2001 年的 21.7% 提高到 2010 年的 30.4%。[①] 高新技术产品已成为带动外贸发展的重要力量。

4. 高新技术产业发展基地日趋壮大

20 世纪 90 年代初开始建设的国家高新技术产业开发区，已经成为我国经济发展中的亮点。从 1991 年第一批"国家高新区"正式建立，经过 20 年的发展，国家高新区的数量已经达到 88 个，在全国形成了合理的布局。2012 年国家计划再升级 16 家省级高新区，如果升级工作顺利完成，我国国家级高新区总数将破百。据科技部资料显示，2011 年，88 家国家高新区，实现营业总收入 13.16 亿元，工业总产值 10.49 亿元，工业增加值 2.74 亿元，净利润 7672 亿元，出口总额 3000 亿美元，上缴税额 6613 亿元。其中，工业增加值占同期全国第二产业增加值的比重达到 12.4%，再创历史新高。高新区的经济发展速度超过第二产业总体的发展速度。[②] 从 1991～2011 年，国家高新区营业总收入年平均增长 45%，实现了经济的持续强劲增长。[③]

5. 初步形成功能较为完善的科技服务体系

截至 2011 年底，全国共有孵化器 900 多家，其中国家级孵化器 388 家；国家大学科技园 86 家；全国已成立技术交易服务机构 2 万余家，常设技术交易市场近 200 家，国家技术转移示范机构 202 家；全国生产力促进中心总数 2000 多家，其中国家级示范生产力促进中心 241 家；火炬计划特色产业基地

---

① 《我国高新技术产品进出口额十年增八倍占外贸比重升至三成》，《人民日报》2011 年 5 月 4 日。

② 高敬、黄艳：《科技部：计划升级 16 家高新区 国家级总数有望破百》，新华网 2012 年 4 月 2 日。

③ 舒晶晶：《我国 88 个国家高新区去年生产总值占全国 GDP8.8%》，人民网 2012 年 7 月 4 日。

284 家、火炬计划软件产业基地 38 家、科技兴贸创新基地 58 家、创业投资机构 700 多家，已经初步形成了符合中国国情的、功能较为完善的科技服务体系，为推动我国科技与经济的紧密结合发挥了重要作用。[1]

（二）我国高新技术产业发展过程中存在的主要问题

1. 自主创新能力不强

国内大多数高新技术企业仍以技术引进为主，具有国内外领先技术水平和自主知识产权的高新技术产品不多，相当一部分企业从事着产品的简单加工和组装生产，处于整个产业链的低端环节。从整体上讲我们的高新技术产业或者企业的发展正处在一个比较初级的阶段。据统计，目前全国规模以上企业开展科技研发活动的仅占 25%，研究开发支出占企业销售收入的比重仅为 0.56%，大中型企业为 0.76%，高新技术企业平均为 2%；只有万分之三的企业拥有自主知识产权。这说明，我国企业研发机构少，研发投入强度低，创新能力明显不足。[2]

2. 高新技术人才的缺乏与人才流失严重

我国高新技术企业的技术人员构成比为 40%，这低于发达国家 60% ~ 70% 的比例。在我国人才缺乏的同时，人才流失现象也相当严重。目前高新技术企业的人才正处于高速流动中，且具有一定的普遍性，其流动率早已超出了合理的范围。由于有限的科技人才外流，使我国不得不重复投入教育和科技经费培养人才或花高薪聘请发达国家的人才，从而造成人才培养—流失—缺乏—培养的恶性循环。

3. 高新技术产业发展的地区差异巨大

从产业的地区分布看，高技术产业呈现很高的地理集中度。东部地区高技术产业占比达到 85.4%，几乎是中西部地区的 6 倍。长三角、珠三角、环渤海地区是高技术产业的主要集中地，三个区域产值占全国的 81.9%。其中

---

[1]　陈磊、陈瑜：《科技日报：盘点 2011 年中国科技新进展新成就》，中国科技网 2012 年 3 月 3 日。

[2]　周嘉诚：《高新技术企业认定政策呈现新特点》，《中国高新技术企业》2012 年第 1 期。

广东、江苏两省产值所占比重，达到全国产值的一半。①

三、国外促进高新技术产业发展的税收政策

（一）国外激励高新技术产业发展的主要税收政策

为了促进高技术产业自主创新能力的提升，世界各国针对高技术产业予以税收政策扶持，特别是一些发达国家，对高新技术企业的优惠力度很大。目前，国际上对高新技术产业实施优惠政策的税种主要是企业所得税、增值税与个人所得税三种。发达国家都将企业所得税作为对高新技术产业优惠的重点。

1. 鼓励创办高新技术企业的优惠政策

许多国家对高新技术企业特别是新创办的中小高新技术企业给予低税率和减免税优惠。首先，许多国家对高新技术企业规定了低于基本税率的所得税率。英国从2000年财政年度开始，对于高技术企业征收的所得税是欧盟国家中最优惠的，对年利润低于30万英镑的公司税税率为20%，年利润高于30万英镑的公司税税率为20%～30%。② 其次，对新设立的高新技术企业给予减免税优惠。韩国对于从事高技术的中小企业，在创业的前5年减半征收企业所得税，并给予50%的财产税和综合土地税减免，其创业法人登记的资产和创业两年内获取的事业不动产给予75%的所得税减免；还对拥有尖端技术的外国高科技企业给予税收减免。③ 德国规定对在落后地区新建的中小企业可以免征营业税5年，对新建的中小企业的动产投资，免征50%的所得税。法国对新建中小企业可免3年的所得税，在老工业区兴办公司可免征3年的地方税、公司税和所得税。印度从事科技研发活动的公司，自确认之日起5年

---

① 王利政：《我国高新技术产业发展的现状与问题》，《学习时报》2011年8月8日。

② 徐鹿、王艳玲：《高技术产业自主创新税收优惠政策国际比较》，《会计之友》2012第2期上。

③ 徐鹿、王艳玲：《高技术产业自主创新税收优惠政策国际比较》，《会计之友》2012第2期上。

内减征所得税，企业采用本国技术或在欧盟、美国及日本取得的专利技术而设计制造的产品，3 年内免征商品税。①

2. 鼓励企业增加研究开发费的优惠政策

高技术企业的生命力在于技术创新，而企业的技术创新通常表现为：研究发明→开发设计→试制生产→商品销售的系统过程，其中，研发阶段是风险最大的。国际上许多国家对研发费用的税前扣除给予优惠。以美国而言，高技术产业研究开发费用的扣除方式有两种选择：一是正常资本化，采取类似折旧的办法逐年扣除，扣除年限一般不少于 5 年，用于软件的费用可缩短到 3 年；二是在 R&D 费用发生当年作一次性扣除。作为鼓励措施，企业 R&D 费用按规定办法计算新增部分，其 20% 可直接冲减应纳所得税额。若企业当年没有赢利，或没有应纳所得税额，则允许的减免税额和 R&D 费用扣除可往前追溯 3 年，往后结转 7 年，其中费用扣除最长可顺延 15 年。② 日本中小企业的研究开发费用按6% 抵免所得税。如果当年研究开发费用的增加部分超过过去年度的最高水平，则可按增加部分的 20% 抵免税金（这一比例目前调整至 25%）。③ 法国规定，研究开发费用一般可在税前一次性扣除，并且凡是研究与开发投资比上年增加的企业，经批准可以免缴相当于研究与开发投资增值额的 50% 的企业所得税。④ 英国对中小企业的研发支出实行 150% 的税款扣减，对大企业研发支出可全额税前扣除。

3. 鼓励企业采用先进技术设备的优惠政策

先进设备往往代表高端技术，许多国家通过设备投资抵税、加速折旧等优惠政策鼓励企业采用先进技术设备。以美国为例，企业用于技术更新改造的设备投资可按其投资额的 10% 抵免当年应缴所得税，而企业购买其他的资

① 上海市国家税务局课题组：《促进高新技术产业发展税收政策的国际比较》，《涉外税务》2010 年第 7 期。

② 孟庆启：《美国高新技术产业税收优惠政策及对我国的启示》，《税务研究》2003 年第 7 期。

③ 徐鹿、王艳玲：《高技术产业自主创新税收优惠政策国际比较》，《会计之友》2012 第 2 期上。

④ 林颖：《高技术产业自主创新税收优惠政策国际比较》，《科技创业月刊》2007 年第 8 期。

本设备，法定使用年限须在 5 年以上，才可享受 10% 的抵免率。① 另外，针对高技术产业研究开发用设备的折旧年限，美国税法规定实行加速折旧，折旧期限定为 3 年，是所有设备年限中最短的。英国为鼓励中小企业投资高新技术，税收政策规定，对创办高新技术企业者，其投资额的 60% 可以免税。日本对高技术产业中用于研究开发的设备实行短期折旧制度，总资产超过 10 亿日元的高科技公司，用于研究开发活动所购买的固定资产，除进行正常折旧外，在第一年可根据购置成本按规定的特别折旧率实行折旧，加提的特别折旧率最高可达到 55%。② 韩国对高技术企业用于技术研发的试验设备，可按投资金额的 5% 抵免税金，或按购置价款的 50% 实行加速折旧。③ 此外，加拿大、德国、西班牙、新加坡等国也有相关的优惠政策。

4. 提高高新技术企业风险承受能力的优惠政策

高新技术企业的技术创新具有高风险的特征，为提高高新技术企业的风险承受能力，国际上有许多国家允许企业提取技术开发准备金，并允许企业从应纳税所得额中抵扣。如日本《电子计算机购置损失准备制度》中规定，日本计算机生产厂商可从销售额中提取 10% 作为准备金，以弥补发生的损失；韩国规定企业为解决技术开发和创新的资金需要，可按收入总额的 3%（技术密集型产业 4%，生产资料产业 5%）提取技术开发准备金，用于高新技术的研发。④ 印度税法规定，凡符合条件的企业，其实现利润可扣减 20% 作为投资保证金。新加坡税法则规定对某些经过批准的企业，可将应纳税所得额的 20% 作为科研开发准备金。⑤ 研究准备金作为税式支出的一种形式，为企业研

---

① 林颖：《高技术产业自主创新税收优惠政策国际比较》，《科技创业月刊》2007 年第 8 期。

② 徐鹿、王艳玲：《高技术产业自主创新税收优惠政策国际比较》，《会计之友》2012 第 2 期上。

③ 林颖：《高技术产业自主创新税收优惠政策国际比较》，《科技创业月刊》2007 年第 8 期。

④ 林颖：《高技术产业自主创新税收优惠政策国际比较》，《科技创业月刊》2007 年第 8 期。

⑤ 福建省国家税务局课题组：《促进我国高新技术产业发展的税收政策研究》，《发展研究》2008 年第 11 期。

发活动提供了一定的资金保障，鼓励企业增加科技投入。

（二）国外高新技术产业税收激励的经验总结

1. 税收优惠的法律层次高

很多国家都有一系列支持科技创新的税收激励政策法规，以美国和日本最为典型。1981 年 1 月 31 日，里根总统签署了《经济复兴税法》，美国的高技术产业开始得到税收优惠政策的支持，《小企业投资法案》、《加强小企业研究发展法》、《小企业技术创新发展法》、《联邦技术转移法》、《技术扩散法》、《21 世纪纳米技术研究和开发法》等法案中都体现出对高新技术产业的税收优惠。日本在 1967 年颁布了《增加试验研究经费的纳税减征法案》，并在1985 年先后制定了《促进基础技术开发税制》和《关于加强中小企业技术基础的税制》；韩国制定了《技术开发促进法》、《税收减免控制法》和《研究开发经费税收抵免制度》等。这种以法律形式来体现的税收政策更具有权威性、稳定性和执法的刚性，为科技创新奠定了坚实的法律基础。

2. 事前扶持和事后激励并用并以事前扶持为主

高新技术企业从创办到成熟大体可以分为：初创期、成长期和成熟期，企业的技术创新通常表现为研究发明、开发设计、试制生产和商品销售四个阶段。而投资风险却呈逐级下降的态势，高新技术企业的初创期和一项技术创新的研发阶段风险最高。从美、日、韩、新加坡等国的实践看，它们把鼓励高技术产业发展的重点都放在了企业的初创期和高新技术项目的研究与开发阶段。事前扶持突出地表现为政府与企业共担风险，支持形式上看，主要有允许研究开发支出税前一次性扣除、加计扣除、设备投资抵税、当期不足抵免可转回或延后若干年。事后激励表现为对技术转让收入实行减免税，实际上是对技术研发成果的优惠。事前扶持与事后鼓励并用、以事前扶持为主，是发达国家促进高新技术产业发展的税收优惠政策的成功经验之一。

3. 以间接优惠为主的多种优惠方式并存

各国促进高新技术产业发展的税收优惠政策主要以所得税为主，通常采取以间接优惠为主、直接优惠为辅的政策体系。其间接性税收优惠政策主要包括采用加速折旧、投资抵免、费用扣除和提取科研开发准备金等。加速折旧作为税式支出的一种形式实质上是政府给予高新技术企业的无息贷款，是世界上众多国家为鼓励技术进步而广泛采取的税收优惠措施且优惠力度很大，美国、日本、德国等国家都对高技术产业规定了折旧率远高于传统产业的加速折旧政策。投资抵免的运用也相当广泛，美国、日本、韩国、德国、加拿大等国家都实行特别优惠的投资抵免政策。

4. 对高科技企业的税收扶持与对高科技人才的税收激励相结合

科技竞争实际上就是人才的竞争，发达国家普遍重视对高科技人才的税收激励。以韩国为例，1998年6月出台的《外国投资促进法》规定，在韩国设立外国投资公司，从事高科技的外国科技人员，可以享有10年的韩国公司税和个人所得税减免（自开业起7年内全免，随后的3年内免50%）；同时，个人转让或租赁专利、技术秘诀或新工艺所获收入，可减免个人所得税，转让给本国人所得的收入，全额免征，转让给外国人所得的收入，减征50%的税金。①

5. 对中小科技企业给予特别的税收优惠

中小型高科技企业是处于创建阶段和成长阶段的高科技企业，而且中小企业也是技术创新的主力军，目前已有越来越多的国家重视科技型中小企业的发展，并制定出相应的税收扶持政策。美国对高新技术企业尤其是新兴企业都提供税收优惠，一般通过对小型企业税收优惠的方式来实现。② 美国的小型科技企业可将与贸易或商业活动有关的研究、实验支出直接作为费用在所得税前扣除，而不必作为计提折旧的资本性支出。③ 英国对创办高新技术企业者，其投资额的60%可以免税；日本对中小企业为促进科技进步的投资可按投资额的7%抵免所得税额；④ 德国在落后地区新建的中小企业可以免缴营业

① 林颖：《高技术产业自主创新税收优惠政策国际比较》，《科技创业月刊》2007年第8期。
② 孟庆启：《美国高新技术产业税收优惠政策及对我国的启示》，《税务研究》2003年第7期。
③ 曾康华：《当代西方税收理论与税制改革研究》，中国税务出版社2011年4月版，第351页。
④ 林颖：《高技术产业自主创新税收优惠政策国际比较》，《科技创业月刊》2007年第8期。

税5年，对新建的中小企业的动产投资，免征50%所得税；[1] 规定中小型高技术企业的研究开发投入中属于资本性支出的部分，可按100%的折扣率扣除，符合要求的经常性支出，可按150%的折扣率抵扣当年的应纳税所得额。韩国对于从事高技术的中小企业，在创业的前5年减半征收企业所得税，并给予50%的财产税和综合土地税减免。[2] 此外，法国、新加坡等国家也给予中小企业特别的税收优惠。中小科技企业面临的不确定性更多，融资困难，加大对中小科技企业的税收优惠，有利于其成长壮大。

四、我国现行的高新技术产业税收激励政策及其弊端

（一）高新技术产业优惠政策体系

1. 流转税优惠政策

（1）增值税即征即退政策。为进一步支持软件产业和集成电路产业的发展，2000年6月24日，国务院印发了《关于鼓励软件产业和集成电路产业发展若干政策的通知》（国发［2000］18号），明确了对软件产品和集成电路的税收优惠政策：计算机软件产品是指记载有计算机程序及其有关文档的存储介质（包括软盘、硬盘、光盘等），经过国家版权局注册登记，在销售时一并转让著作权、所有权的计算机软件征收营业税，不征收增值税。自2000年6月24日起至2010年底以前，对增值税一般纳税人销售其自行开发生产的软件产品，按17%的法定税率征收增值税后，对其增值税实际税负超过3%的部分实行即征即退政策；自2000年6月24日起至2010年底以前，对增值税一般纳税人销售其自行生产的集成电路产品（含单晶硅片），按17%的法定税率征收增值税后，对其增值税实际税负超过6%的部分实行即征即退政策。2011年1月28日，国务院印发了《进一步鼓励软件产业和集成电路产业发展

---

[1] 上海市国家税务局课题组：《促进高新技术产业发展税收政策的国际比较》，《涉外税务》2010年第7期。

[2] 徐鹿、王艳玲：《高技术产业自主创新税收优惠政策国际比较》，《会计之友》2012年第2期上。

若干政策的通知》（国发〔2011〕4号），明确继续实施软件增值税优惠政策。同时，《财政部、国家税务总局关于扶持动漫产业发展增值税营业税政策的通知》（财税〔2011〕119号）规定，自2011年1月1日至2012年12月31日，对属于增值税一般纳税人的动漫企业销售其自主开发生产的动漫软件，按17%的税率征收增值税后，对其增值税实际税负超过3%的部分，实行即征即退政策。

（2）进口免税及退税政策。①一般企业（包括外商投资企业和外国企业以及内资企业），直接用于科学研究，科学试验和教学的进口仪器、设备免征增值税。②从1998年1月1日起，我国对于国家鼓励的投资项目，对企业（包括外商投资企业和外国企业）为生产《国家高新技术产品目录》的产品而进口所需的自用设备及按照合同随设备进口的技术及配套件、备件，除按照国发〔1997〕37号文件规定的《国内投资项目不予免税的进口商品目录》所列商品外，免征关税和进口环节增值税；对企业（包括外商投资企业、外国企业）引进属于《国家高新技术产品目录》所列的先进技术，按合同规定向境外支付的软件费，免征关税和进口环节增值税。③对列入科技部、外经贸部《中国高新技术商品出口目录》的产品，凡出口退税率未达到征税率的，经国家税务总局核准，产品出口后，可按征税率及现行出口退税管理规定办理出口退税。④依据财税〔2011〕119号文件规定，动漫软件出口免征增值税。

（3）营业税优惠政策。①对技术服务业的免税政策。对单位和个人（包括外商投资企业、外商投资设立的研究开发中心、外国企业和外籍个人）从事技术转让、技术开发业务和与之相关的技术咨询、技术服务业务取得的收入，免征营业税。②对动漫产业的减税政策。依据财税〔2011〕119号文件规定，自2011年1月1日至2012年12月31日，对动漫企业为开发动漫产品提供的动漫脚本编撰、形象设计、背景设计、动画设计、分镜、动画制作、摄制、描线、上色、画面合成、配音、配乐、音效合成、剪辑、字幕制作、压缩转码（面向网络动漫、手机动漫格式适配）劳务，以及动漫企业在境内转让动漫版权交易收入（包括动漫品牌、形象或内容的授权及再授权），减按3%税率征收营业税。

2. 企业所得税的优惠政策

根据现行的《企业所得税法》，国家对高新技术产业的税收优惠政策主要包括以下内容。

（1）对高新技术企业实行优惠税率。现行《企业所得税法》及其实施条例规定，国家需要重点扶持的高新技术企业，减按15%的税率征收企业所得税。对国家需要重点扶持的高新技术企业实行15%的优惠税率，不再作地域限制，在全国范围都适用。另外，根据《国务院关于经济特区和上海浦东新区新设立高新技术企业实行过渡性税收优惠的通知》（国发〔2007〕40号）规定，对经济特区和上海浦东新区内在2008年1月1日（含）之后完成登记注册的国家需要重点扶持的高新技术企业，在经济特区和上海浦东新区内取得的所得，自取得第一笔生产经营收入所属纳税年度起予以"两免三减半"的过渡性税收优惠政策。

（2）研究开发费加计扣除的优惠。《企业所得税法》第三十条第一款规定，企业为开发新技术、新产品、新工艺发生的研究开发费用可以在计算应纳税所得额时加计扣除，即企业为开发新技术、新产品、新工艺发生的研究开发费用，未形成无形资产计入当期损益的，在按照规定据实扣除的基础上，按照研究开发费用的50%加计扣除；形成无形资产的，按照无形资产成本的150%摊销。

（3）对环境保护、节能节水项目的"三免三减半"优惠。《企业所得税法》第二十七条第三款规定，企业从事符合条件的环境保护、节能节水项目的所得，可以免征、减征企业所得税；《企业所得税法实施条例》第八十八条对具体减免办法予以明确，即企业从事符合条件的环境保护、节能节水项目的所得，自项目取得第一笔生产经营收入所属纳税年度起，第一年至第三年免征企业所得税，第四年至第六年减半征收企业所得税。

（4）对技术转让所得的定额免征、减征政策。《企业所得税法》第二十七条第四款规定，符合条件的技术转让所得，可以免征、减征企业所得税。《企业所得税法实施条例》第九十条对具体减免办法做了明确规定，即一个纳税年度内，居民企业技术转让所得不超过500万元的部分，免征企业所得税；超过500万元的部分，减半征收企业所得税。

（5）对创业投资的抵扣优惠。《企业所得税法》第三十一条及其实施条例第九十七条规定，创业投资企业采取股权投资方式投资于未上市的中小高新技术企业 2 年以上的，可以按照其投资额的 70% 在股权持有满 2 年的当年抵扣该创业企业的应纳税所得额；当年不足抵扣的，可以在以后纳税年度结转抵扣。

（6）固定资产加速折旧优惠。《企业所得税法》第三十二条规定，企业的固定资产由于技术进步等原因，确需加速折旧的，可以缩短折旧年限或者采取加速折旧的方法。《企业所得税法实施条例》第九十八条对具体折旧方法做了明确规定，即采取缩短折旧年限方法的，最低折旧年限不得低于税法规定折旧年限的 60%；采取加速折旧方法的，可以采取双倍余额递减法或者年数总和法。

（7）购置专用设备税额抵免优惠政策。《企业所得税法》第三十四条及其实施条例第一百条规定，企业购置并实际使用《环境保护专用设备企业所得税优惠目录》、《节能节水专用设备企业所得税优惠目录》和《安全生产专用设备企业所得税优惠目录》规定的环境保护、节能节水、安全生产等专用设备的，该专用设备的投资额的 10% 可以从企业当年的应纳税额中抵免；当年不足抵免的，可以在以后 5 个纳税年度结转抵免。

（8）支持软件企业发展的优惠政策。2008 年，财政部、国家税务总局《关于企业所得税若干优惠政策的通知》（财税〔2008〕1 号）明确规定：我国境内新办软件生产企业经认定后，自获利年度起，第一年和第二年免征企业所得税，第三年至第五年减半征收企业所得税；国家规划布局内的重点软件生产企业，如当年未享受免税优惠的，减按 10% 的税率征收企业所得税；软件生产企业的职工培训费用，可按实际发生额在计算应纳税所得额时扣除；企事业单位购进软件，凡符合固定资产或无形资产确认条件的，可以按照固定资产或无形资产进行核算，经主管税务机关核准，其折旧或摊销年限可以适当缩短，最短可为两年。2012 年 4 月，为了进一步鼓励软件产业和集成电路产业的发展，财政部、国家税务总局出台了《关于进一步鼓励软件产业和集成电路产业发展企业所得税政策的通知》（财税〔2012〕27 号），重新明确了对软件生产企业的所得税优惠政策，即我国境内新办的符合条件的软件企业，经认定后，在 2017 年 12 月 31 日前自获利年度起计算优惠期，第一年至第二年免征企业所得税，第三年至第五年按照 25% 的法定税率减半征收企业所得税，并享受至期满为止；国家规划布局内的重点软件企业，如当年未享受免税优惠的，可减按 10% 的税率征收企业所得税；符合条件的软件企业按照财税〔2011〕100 号文件规定取得的即征即退增值税款，由企业专项用于软件产品研发和扩大再生产并单独进行核算，可以作为不征税收入，在计算应纳税所得额时从收入总额中减除；符合条件的软件企业职工培训费用，应单独进行核算并按实际发生额在计算应纳税所得额时扣除；企业外购的软件，凡符合固定资产或无形资产确认条件的，可以按照固定资产或无形资产进行核算，其折旧或摊销年限可以适当缩短，最短可为两年（含两年）。

（9）鼓励集成电路产业发展的优惠政策。2008 年，财政部、国家税务总局《关于企业所得税若干优惠政策的通知》（财税〔2008〕1 号）明确规定：集成电路设计企业视同软件企业，享受软件企业的有关企业所得税政策；集成电路生产企业的生产性设备，经主管税务机关核准，其折旧年限可以适当缩短，最短可为 3 年；投资额超过 80 亿元人民币或集成电路线宽小于 0.25 微米的集成电路生产企业，可以减按 15% 的税率缴纳企业所得税，其中，经营期在 15 年以上的，从开始获利的年度起，第一年至第五年免征企业所得税，第六年至第十年减半征收企业所得税；生产线宽小于 0.8 微米（含）集成电路产品的生产企业，经认定后，自获利年度起，第一年和第二年免征企业所得税，第三年至第五年减半征收企业所得税。2012 年 4 月，为了进一步鼓励软件产业和集成电路产业的发展，财政部、国家税务总局出台了《关于进一步鼓励软件产业和集成电路产业发展企业所得税政策的通知》（财税〔2012〕27 号），重新明确了对集成电路产业的所得税优惠政策，即集成电路线宽小于 0.8 微米（含）的集成电路生产企业，经认定后，在 2017 年 12 月 31 日前自获利年度起计算优惠期，第一年至第二年免征企业所得税，第三年至第五年按照 25% 的法定税率减半征收企业所得税，并享受至期满为止；集成电路线宽小于 0.25 微米或投资额超过 80 亿元的集成电路生产企业，经认定后，减按 15% 的税率征收企业所得税，其中经营期在 15 年以上的，在 2017 年 12 月 31 日前自获利年度起计算优惠期，第一年至第五年免征企业所得税，第六年至第十年按照 25% 的法定税率减半征收企业所得税,并享受至期满为止;我国境内新办的集成电路设计企业,经认定后,在 2017 年 12 月 31 日前自获利年度起计算优惠期,第一年至第二年免征企业所得税,第三年至第五年按照 25% 的法定税率减半征收企业所得税,并享受至期满为止;国家规划布局内的集成电路设计企业,如当年未享受免税优惠的,可减按 10% 的税率征收企业所得税;集成电路设计企业的职工培训费用,应单独进行核算并按实际发生额在计算应纳税所得额时扣除;集成电路生产企业的生产设备,其折旧年限可以适当缩短,最短可为 3 年(含 3 年)。

(10)支持动漫产业的优惠政策。《财政部 国家税务总局关于扶持动漫产业发展有关税收政策问题的通知》(财税〔2009〕65 号)规定,经认定的动漫企业自主开发、生产动漫产品,可申请享受国家现行鼓励软件产业发展的所得税优惠政策。

3. 个人所得税的优惠政策

(1)省级人民政府、国务院部委、中国人民解放军军以上单位以及外国组织颁发的科学、教育、技术、文化、卫生、体育、环境保护等方面的奖金及规定的政府津贴免征个人所得税。

(2)对中国科学院院士的院士津贴,对中国科学院、中国工程院资深院士津贴,对特聘教授奖金,对省级人民政府、国务院部委、中国人民解放军军以上单位以及外国组织、国际组织颁发给科技人员的科学、技术成果奖金,免征个人所得税。

(3)根据《国家税务总局关于促进科技成果转化有关个人所得税问题的通知》(国税发〔1999〕125 号)规定,科研机构、高等学校转化职务科技成果以股份或出资比例等股权形式给予科技人员个人奖励,暂不征收个人所得税。

(二)高新技术产业税收激励政策存在的问题

1. 税收政策的法律层次低且缺乏系统性

第一,迄今为止,我国没有专门针对高新技术企业的法律,现行税收优惠政策虽然不少,但大多以零散的补充规定或通知的形式散见于现行税制的各个税种中，上升到法律层次的很少，缺乏权威性。在适用效力上有其局限性，在实际执行中也往往受到来自各方面的冲击和干扰。第二，税收优惠政策没有按照高新技术发展过程进行系统规划。现行各类优惠政策虽然包括了各类科研机构、各项科技项目引进、研究开发、推广应用、转化和转让的各个阶段，但每一项优惠政策都是针对单一环节、单一问题、单一取向而独立存在的，有些税收法规因临时性需要而仓促出台并没有从科技开发项目所要经历的完整循环或运行趋势形成环环相扣、相互衔接的扶持体系，缺乏系统规划，不具有系统性和规范性。第三，我国税收立法权高度集中，不能因地制宜地制定地方科技税收优惠。这不仅不利于地方科技和经济发展，而且不利于地方税体系的构建和分税制的实施和完善。

2. 对高新技术企业的税收优惠重结果而不重过程

技术研究开发阶段周期长、投资大、风险大，理应是税收激励的重点环节，但是，目前我国税收优惠政策的重点都集中在高新技术产业的生产、销售两个环节，对技术研究开发阶段，税收激励措施较少，这实际上是针对结果的优惠，而对创新的过程并不给予优惠。无论是对技术转让收入、技术咨询收入、技术服务收入、技术培训收入免征营业税还是所得税的减免政策，都只是对已形成科技实力的高新技术企业以及已享有科研成果的技术性收入实行优惠，对技术落后、急需进行技术更新的企业以及正在进行科技开发的活动缺少鼓励措施。使企业只关心科技成果的应用，而不注重对科技开发的投入，[1] 不利于提高企业自主创新能力。

3. 增值税制度对高新技术产业的优惠不足

（1）即征即退政策适用的范围小。目前即征即退的优惠政策只适用于软件产业、集成电路产业和动漫产业，对企业销售的退免税优惠政策也只限于鼓励企业出口。增值税对高新技术产业的优惠政策覆盖面窄，环节单一，优惠力度小。

（2）增值税的征税范围对高新技术企业不利。依据现行税法规定，销售

---

① 孟庆启：《美国高新技术产业税收优惠政策及对我国的启示》，《税务研究》2003年第7期。

无形资产属于营业税的征收范围,高新技术企业购入专利权和非专利技术等等无形资产不属于增值税抵扣范围。而高新技术企业产品成本结构中,直接材料所占比例不断下降,研究开发费用、技术转让费用的投入比例远远高于其他企业,这就加重了高新技术企业的税负,挫伤了企业进行技术开发和新产品研发的积极性。

(3)一般纳税人的认定标准高,对中小高新技术企业不利。依据现行的增值税条例,以销售规模和会计核算是否健全双重标准认定增值税一般纳税义务人,大量的中小科技企业享受不到购入材料和机器设备抵扣进项税的优惠。

4.直接优惠为主的所得税政策制约了对高新技术产业的激励效果

国内外对高新技术企业的税收优惠是以所得税为主体的,直接优惠和间接优惠各有特点。直接优惠透明度高、激励性强,但其受益对象具有局限性,主要是那些已经和能够获得技术开发收益的企业,对于那些正在进行技术创新的企业来说则可能享受不到这一优惠。间接优惠主要表现为对企业税基的减免,强调的是事前的调整。我国目前在科技税收政策的优惠方式上却偏重于直接优惠,较少运用加速折旧、投资抵免等间接优惠方式,对高新技术产业的税收优惠限于低税率和税额的定期减免,强调的是事后的利益让渡,事后优惠对于引导企业事前进行技术改革和科研开发的作用较弱。

(1)加速折旧运用范围小。高新技术产业与传统产业的重要区别之一,就是高新技术企业一般都有大量的、技术水平较高的生产设备,越是具有较高科技含量的固定资产,其无形损耗的风险越大,折旧速度也就越快,更新周期往往也就越短。因此发达国家高新技术企业的固定资产普遍采用加速折旧法,且折旧时间很短。而我国目前对可以缩短折旧年限或者加速折旧的固定资产仅限于由于技术进步,产品更新换代较快以及常年处于强震动、高腐蚀状态的固定资产,且最低折旧年限不得低于规定折旧年限的60%。和大多数国家的设备折旧期相比时间偏长,直接影响高新技术企业的设备更新能力。

(2)设备投资抵税的优惠范围小。高新技术企业设备投资大、风险高,为鼓励高新技术企业使用先进技术设备,发达国家普遍给予高新技术企业设备投资抵免所得税的优惠政策。美国、英国、韩国、德国、新加坡等国设备投资抵税的政策都很优惠，其中，英国对小企业投资额的 60% 可以免税。而我国现行的投资抵免政策只限于环境保护、节能节水、安全生产等专用设备，该类专用设备投资额的 10% 可以从企业当年的应纳税额中抵免。相比较而言，我国投资抵税的优惠范围偏小，幅度也不大。

（3）对税前扣除费用的优惠不足。首先，R&D 费用加计扣除的优惠幅度不大。依据现行的《企业所得税法》，按照实际支出加计 50% 扣除即按照 150% 扣除，但和一些经合组织成员国相比，激励力度仍不大，如澳大利亚除按 R&D 总额 125% 扣除外，还对 R&D 费用增量 175% 扣除费用；匈牙利鼓励企业与公共研究机构合作，最高按 400% 扣除。① 其次，没有对高新技术企业职工教育费的扣除给予特别优惠，只有集成电路、软件生产企业的职工教育经费支出可全额列支，至于其他企业的职工教育经费支出不超过工资总额 2.5% 的部分准予扣除，超过部分准予结转以后纳税年度扣除。而英、法、美、澳大利亚、比利时、挪威、瑞典、荷兰、韩国、日本等许多国家的企业的职工教育培训费当年可以全额扣除，有的如奥地利在全额扣除基础上还可按 20% 加计扣除，荷兰按 20% ~40% 加计扣除。② 相比较而言，我国的优惠力度明显不够。

5. 缺乏对科技人员的个人所得税优惠

（1）现行的个人所得税对高新技术人员的优惠不足。个人所得税法仅对省级人民政府、国务院部委、中国人民解放军（军）以上单位及外国组织、国际组织颁发的科学、教育、技术、文化、卫生、体育、环境保护等方面的奖金及规定的政府津贴免征个人所得税，而对省级以下政府及企业颁发的重大成就奖、科技进步奖仍征收个人所得税，不利于激发企业科技人员的创新精神。

（2）对高科技人才的技术成果转让缺乏税收优惠。对高科技人才的创造发明、成果转让收益没有个人所得税优惠政策，不利于调动科技人才的创新积极性，不利于高新技术企业引进和稳定科技人才。

（3）对个人向高新技术企业的投资所得缺乏税收优惠。个人投资高新技

---

① 吴晓辉、程华：《国外 R&D 税收激励研究现状及思考》，《科技进步与对策》2005 年第 11 期。

② 吴晓辉、程华：《国外 R&D 税收激励研究现状及思考》，《科技进步与对策》2005 年第 11 期。

术企业获取的所得（如股息、利息和个人分得的利润）没有所得税方面的优惠措施，并且企业所得税和个人所得税的课征形成了双重课税。

（4）对高科技人才没有税前扣除费用的优惠。个人所得税没有考虑高科技人才教育投资成本大的情况，没有实行税前扣除的优惠，致使居民对高层次的教育投入成本难以得到补偿。这在一定程度上影响了个人投资高新技术产业的积极性，从而阻碍了高新科技产业的发展。

五、完善高新技术产业税收激励政策的建议

（一）健全与高新技术产业有关的税收法律体系

1. 加快科技税收立法，提高法律层次

我国现行科技税收法律的层次较低、权威性差，难以发挥税收的调节作用。因此，应加快有关科技税收方面的立法步伐，提高科技税收法律的权威性。目前，应对一些已经相对成熟的条例、法规通过必要的程序使之上升到法律层次，并创造条件尽快对科技税收优惠实施单独立法，既可以克服由于经常修改而造成税法不够稳定的缺陷，也能在一定程度上提升有关科技税收的法律效力。从长远角度考虑，国家应制定完善促进高技术产业发展的全面性的法律——《促进高新技术产业发展基本法》，并根据这一法律的要求，对目前零星散布在国务院、财政部、国家税务总局的各种通知、规定中的具体税收优惠政策进行归纳梳理，结合当前国家产业政策和经济结构和所有制结构调整的新形势，对科技税收政策实施单独立法，在法律中明确规定优惠的目标、原则、方式及其具体措施、范围、审批程序等内容，消除现行法规之间矛盾、重复、庞杂与混乱的弊端，加强科技税收优惠的规范性、透明性和整体性。[①] 另外，随着经济形势的发展，应赋予地方一定限度的税收立法权，使科技税收优惠政策与中央和地方的发展战略紧密结合，中央可以集中对基

---

① 梁燕君：《国外加快高新技术产业发展的优惠政策及其借鉴》，《国际经贸论坛》2007 年第 2 期。

础科学、国家重点技术开发及主导性产业给予税收支持，地方则对有利于地方经济发展，效益较为明显的技术开发项目予以扶持，进一步明确管理权限的划分，以提高行政效率。

2. 系统设计高新技术产业税收优惠政策

首先，税收优惠政策应与国家产业政策密切配合。坚持"有所为，有所不为"的原则，突出政策重点，减少"撒胡椒面"式的盲目性。对哪些产业给予税收优惠政策，必须同国家的高新技术产业发展规划相一致，与不同时期国家优先鼓励发展的高新技术项目相联系，严格按照国家的产业规划与序列，将有限的税收优惠运用到亟须发展的行业与领域，特别是科技制高点领域，尽量发挥有限税收政策资源的最大效能。

其次，根据经济发展情况不断调整其科技税收优惠政策。高新技术产业是一个动态的概念，高新技术产业发展更新迅速、淘汰率高，其相应地要求税收政策在推动高新技术产业发展进程中必须适时调整。因此，在科技税收立法上应考虑建立税收优惠政策的介入、调适、退出机制。税收优惠具有特殊的政策导向性，必须紧扣整个国家的经济发展战略和经济政策目标，一旦这些情况发生变化，国家所提供的税收优惠也相应调整，不能搞原则不明确或者一成不变的税收优惠。对某些技术已显落后、市场前景趋淡的行业和项目税收优惠应退出，以集中有限的税收政策资源于真正具有优势与前景的高新技术领域，形成层次分明、重点突出、整体协调的多元化的税收扶持政策体系。

（二）税收激励高新技术产业的政策取向

1. 由事后激励转为事前扶持为主

将对高新技术企业税收优惠的重点由取得竞争优势的成熟期企业转向初创期的企业；将对技术创新项目税收优惠的重心由直接生产销售环节向研究开发环节转变；把对高新技术产业的税收优惠重点从以企业为主体转向重大技术项目。

2. 由直接优惠为主转为间接优惠为主

实行以直接优惠与间接优惠相结合，以间接优惠为主的税收激励政策。间接优惠具有较好的政策引导性，有利于形成"政策引导市场，市场引导企业"的有效优惠机制，也有利于体现公平竞争。借鉴国外经验，我国对高新技术产业的税收优惠方式也应做出调整，不能仅以降低税率、定期减免税为主要优惠方式，而应广泛采用间接优惠办法。

3. 加大对中小科技企业的税收优惠力度

中小企业是推动经济增长的主要力量、推进技术创新的主力军，也是扩大就业的主渠道。在发达国家的工业化和信息化的进程中，税收政策对中小企业的发展起了极其重要的作用，我国应该借鉴发达国家的经验，对小中科技企业给予特别的税收优惠。针对中小科技企业融资困境，给予向中小企业贷款的金融机构营业税和所得税的优惠；针对中小科技企业风险大、寿命短的特点，给予向中小科技企业进行风险投资的机构以所得税优惠；等等。

4. 重视对高科技人员的税收激励

企业的竞争从某个角度上说是人才的竞争，这在高新技术企业表现得尤为突出。拥有丰富专业知识和创新力的科技人才是高新技术企业的核心资源，也是推进科技进步和高新技术产业发展的根本。对科技人员个人纳税的优惠有利于调动其投身技术创新的积极性。因此，应针对现行科技税收政策中对人力资本激励措施存在的缺陷与不足，完善与高新技术企业发展相适应的税收优惠措施。

（三）基于激励高新技术企业完善税收优惠政策

1. 改革完善增值税制度

（1）扩大增值税征税范围。在总结上海等地区增值税扩围试点经验的基础上，逐步扩大营业税改增值税的试点，将与商品生产流通密切相关的在社会再生产中不可或缺的交通运输、建筑安装、销售不动产、转让无形资产、仓储业、租赁业等行业纳入增值税征收范围，并允许抵扣包括无形资产在内的所有进项税额。既可以保证增值税抵扣链条的完整性，也可以降低高新技术企业产品成本，激发企业技术创新的积极性。

（2）扩大先征后退和免征增值税的范围。对企业研制属于国家产业政策重点开发的高技术含量、高市场占有率、高附加值、高创汇且对全国经济发展有重要影响的新产品，其缴纳的增值税，可根据不同情况给予 3 年或 5 年先征后返的照顾。另外，对高附加值的技术产品，应提高出口退税率，对有些产品甚至可以考虑退税率高于征税率。

（3）降低一般纳税人认定标准。目前对一般纳税人的认定标准使得一部分拥有独到技术和创新能力的创业者被排除在一般纳税人之外。应降低一般纳税人门槛，对于增值税纳税人应不论经营规模，只要会计核算健全即认定为一般纳税人。这样有利于扶持小型高科技企业度过艰难的创业初期，有利于将先进技术转化为生产力，有利于促进高科技产业的发展。

2. 完善所得税优惠政策

（1）对高新技术企业固定资产普遍实行加速折旧。针对高新技术设备更新快、无形损耗大的特点，给予高新技术企业更多的折旧优惠。对于按《高新技术企业认定管理办法》认定的高新企业，其使用的先进设备以及为研究开发活动购置的生产设备或建筑物，实施加速折旧，并借鉴美、英等国的经验在正常折旧的基础上给予特别折旧，即在折旧资产使用的第一年允许按一定比例特别折旧扣除。另外，应简化对加速折旧的审批与实际操作方面的手续，大幅度缩短折旧年限，提高折旧率，并允许不扣除残值，以加快高新技术企业的设备更新速度，促进高新技术企业技术进步。

（2）扩大设备投资抵税的范围。建议增设专门鼓励高新技术企业的抵免政策。对于高新技术企业购置并用于更新改造的所有设备，允许企业按再投资额的一定比例从应纳税额中抵缴所得税，提高企业再投资的积极性。

（3）扩大税前扣除项目优惠。为减轻高科技产业的税收负担，应该给予高科技企业所得税前扣除的优惠。高新技术企业的职工教育费可以与软件企业一样在税前据实扣除；提高宣传广告费等允许税前扣除比例；对委托非关联科研机构和高等学校的研究开发费用，按照企业自行研发费用标准按150%扣除，对于产、学、研合作的研发费用给予更大比例的扣除。

（4）在高新技术企业建立风险准备金制度。允许高新技术企业按企业销售额的一定比例提取准备金，以防范企业在开发和应用高新技术过程中的风险。准许高新技术企业按照销售或营业收入的一定比例设立各种准备金，如风险准备金、技术开发准备金、新产品试制准备金以及亏损准备金等，用于研究开发、技术更新等方面，并将这些准备金在所得税前据实扣除。这些税收优惠措施均允许亏损或微利企业在规定年限内向前或向后结转，以充分体现"科教兴国"的战略方针，增强企业抵御风险的能力。

3. 增强对高科技人才的个人所得税优惠

（1）对个人通过技术成果转让和技术服务取得的收入应给予减税或免税的优惠，对高科技人才在技术成果和技术服务方面的收入可比照稿酬所得，按应纳所得税额减征 30%。

（2）科技人员从事研究与开发活动做出特殊成绩或贡献所获得的各类奖金及特殊津贴免征个人所得税。对于高科技人才取得的技术奖励应给予一定的减税优惠。

（3）适当调高高科技人才工资薪金所得的费用扣除标准或规定达到标准的高科技人才工资薪金所得的加计扣除费用，对高科技人才以股权形式取得的奖励以及因此取得的股利所得免征个人所得税。

（4）对于在我国工作达到一定年限的外国专家给予个人所得税优惠。

（四）加强高新技术产业税收优惠的管理，防止税收优惠滥用

1. 建立相关部门合作与协调的长效机制

按照《高新技术企业认定管理办法》和配套文件《高新技术企业认定管理工作指引》的相关规定，科技主管部门、财政部门和税务部门应建立合作与协调的长效机制，做好高新技术企业的认定和监管工作。省级科技主管部门与同级财政、税务部门共同进行高新技术企业认定工作，保证认定企业与享受政策同步进行。通过公示公告、投诉处理、日常检查等措施加强过程监管，接受社会监督，充分体现公开、公平、公正的原则。

2. 税务部门要严格执法，防止科技税收优惠滥用

税务部门必须加强高新技术产业税收优惠的日常管理，以防止税收优惠的滥用给国家带来损失和造成经济秩序混乱。在对高新技术产业税收优惠管理的具体工作中，应严格依法办税，按照高新技术产业税收优惠政策规定的优惠幅度进行合理优惠，杜绝人为降低或抬高优惠幅度。另外，加大对滥用科技税收优惠单位和个人的惩处力度，给高新技术产业发展提供一个公平、有效的税收环境。

第五章　促进房地产业健康发展的税收政策

随着经济的发展与改革开放的深入，特别是城镇住房制度改革推行以来，以住宅为主的房地产市场不断发展，对拉动经济增长和提高人民生活水平发挥了重要作用，房地产业已经成为了国民经济的支柱产业。然而，在房地产业迅猛发展、房地产市场火爆的同时，我国房地产市场也存在着一些隐患，投机行为助推了价格的疯长。房地产业健康发展是当前面临的重要课题，为促进房地产业的健康发展，国家出台了一系列包括税收政策在内的调控措施，也取得了一定的成效。但是，我国的房地产税收政策还存在许多弊端，基于房地产健康发展的需要，应该在借鉴国外先进经验的基础上，改革完善我国现行的房地产税制度。

一、房地产业及税收调控的理论分析

（一）房地产业健康发展的基本内涵

房地产业是指从事房地产投资、开发、经营、管理、服务的一系列经济活动的总称。本书从房地产税的角度来研究房地产业的发展，因此主要分析房地产业发展过程中的房地产保有环节，不包括建筑业，将其限定为第三产业。

改革开放以来，随着我国经济快速发展，房地产业得到了前所未有的长足发展，特别是自21世纪以来，房地产业的高速发展为我国经济的持续高增长提供了重要动力。然而，有些地方政府为了片面追求经济增长和财政增收，过度开发房地产，忽视长期规划和科学管理，致使房地产市场出现了很多问题，主要表现为房地产发展与经济、社会、自然三者之间的非均衡和不可持续，在产业结构、行业规模、市场价格方面与总体经济水平和自然环境的不协调。在这种背景下，2008年12月20日，发布了《国务院办公厅关于促进房地产市场健康发展的若干意见》（国办发〔2008〕131号）。近几年国家也出台了一系列旨在促进房地产业健康发展的调控措施。但是，对于我国各城市房地产市场发展是否健康尚没有明确结论。

房地产业的健康发展应是房地产与社会、自然三者均衡、可持续的发展，其内涵特征为高效率、低泡沫、可持续三方面。

1. 高效率

高效率是指资源配置的高效率，即帕累托效率，是指资源分配的一种状态，即在不使任何人境况变坏的情况下，不可能再使某些人的处境变好。效率是市场经济的核心问题，我国进行社会主义市场经济体制改革的根本目的在于依靠市场机制的完善来实现资源配置的高效率。改革开放以来，中国经济的高速增长主要是资源投入型的粗放式增长。这种增长是以高污染、高能耗、低效率为代价的。房地产业作为国民经济的支柱产业，涉及资源投入、能源消耗等各个方面，是这种粗放式增长的代表。房地产业若要健康发展，就要求其由高污染、高能耗、低效率的粗放式增长转变为低污染、低能耗、高效率的资源节约型增长。

2. 低泡沫

资产的市场泡沫，简单而言，就是其价格高于价值，且是实体经济难以解释的严重背离。

房地产泡沫一般是指由于土地的稀缺、房地产商品的供需矛盾、金融机构的贷款偏好、过度投机等因素引起的房地产价格脱离市场基础的持续上涨，也就是土地和房屋价格极高，与其使用价值（市场基础价值）不相符，严重背离的过程和状态，形成一种表面的虚假繁荣。在泡沫膨胀期间，大量的资金集聚房地产行业，投机活动猖獗。房地产泡沫过度膨胀的后果是预期的逆转、高空置率和价格的暴跌，即泡沫破裂。一旦泡沫破裂，投资者和开发商的资产开始贬值，银行的资产也同时遭到贬值，于是银行紧缩贷款，促使需求进一步不足，价格持续下跌，从而造成恶性循环。泡沫破裂不仅导致经济和社会结构的失衡，还极易带来金融危机、生产和消费危机及政治和社会危机。因此，低泡沫是房地产市场健康发展的前提条件。

3. 可持续

目前普遍采用的可持续发展的定义是挪威前首相布伦特兰夫人给出的：既满足当代人的需求，又不对后代人满足自身需求的能力构成危害的发展。房地产业的可持续发展，就是既要满足当代人对房地产的各种需求，又要合理利用土地资源、保护生态环境、为后代人的生产生活创造必要的空间条件，具体体现为房地产经济与环境的可持续发展、房地产经济的发展与社会的可持续发展。

改革开放以来，房地产业随着经济的高速发展和政府的政策引导而迅猛发展。而近年来，地方政府过分依赖房地产开发所提供的财政收入来源，在房地产开发中存在大量短期行为，对生态环境造成了极大的破坏。由于违背了经济、社会、环境可持续发展的客观规律，致使房地产开发失控、发展无序及总量性、结构性供求失衡；房屋的设计、布局不合理，科技含量低，造成了资源的极大浪费和环境的严重恶化，影响着房地产业的后续发展。因此，在走可持续发展之路已经成为国际社会共识的今天，作为国民经济的先导性和基础性产业的房地产业也必须走可持续发展的道路。

（二）我国房地产业发展现状

1. 房地产业规模扩张迅速

我国真正意义上的房地产业是在我国经济体制改革的背景下应运而生的，新中国成立后至20世纪80年代，我国开始实行以土地使用有偿化为核心的土地产权制度改革和住宅自由化的住房制度改革，房地产业的发展由此开始。进入20世纪90年代，房地产业的重要性日益彰显，随着1998年下半年福利分房被停止，1999年房地产市场从集团消费彻底转向个人消费，中国房地产业正式进入高速发展的新时期。由表5—1可见，1999年全国完成房地产开发投资4103.20亿元，占社会固定资产投资总额的13.74%，这是我国房地产业高速发展的起点。2000～2011年，全国房地产开发投资除2009年同比增长16.15%，其余各年增长均在20%以上，尤其是2003年、2007年和2010年增长幅度分别达到30.23%、30.20%和33.20%，远高于我国国内生产总值的增长速度；1999～2011年，我国房地产开发投资占固定资产投资的比重由13.74%增长到2011年的19.85%，房地产业投资比例和绝对量都有了较大的提高。

表5—1 1999～2011年房地产开发投资额增长情况

单位：亿元

年份	固定资产投资总额	国内生产总值	国内生产总值增长率（按当年价计算）（%）	房地产开发投资	房地产开发投资增长率（%）	房地产开发投资占投资总额比重（%）
1999	29854.7	89677.1	5.3	4103.20	13.53	13.74
2000	32917.7	99214.6	10.63	4984.15	21.47	15.14
2001	37213.5	109655.2	10.52	6344.11	27.29	17.05
2002	43499.9	120332.7	9.74	7790.92	22.81	17.91
2003	55566.6	135822.8	12.87	10153.80	30.23	18.27
2004	70477.4	159878.3	17.71	13158.25	29.59	18.67
2005	88773.6	184937.4	15.67	15909.25	20.91	17.92
2006	109998.2	216314.4	16.97	19422.92	22.09	17.66
2007	137323.9	265810.3	22.88	25288.84	30.20	18.42
2008	172828.4	314045.4	18.15	31203.19	23.39	18.05
2009	224598.8	340902.8	8.55	36241.81	16.15	16.14
2010	278121.9	401202.0	17.69	48259.40	33.20	17.35
2011	311022.0	471564.0	15.54	61740.00	27.9	19.85

资料来源：《中国统计年鉴2011》，中国统计出版社2011年9月版；2011年数据来自《2011年国民经济和社会发展统计公报》。

与房地产建设规模不断扩大的现状相适应，房地产销售规模也在持续增长。以2010年为例，我国商品房销售面积104765万平方米，是1998年12185万平方米的8.6倍；商品房销售额达到52721.24亿元，是1998年2513.30亿元的近21倍。[①] 强劲的房地产市场需求，成为带动我国房地产行业

———

① 《中国统计年鉴2011》，中国统计出版社2011年9月版，第197页。

发展的动力。

2. 房地产业对国民经济的贡献突出

（1）房地产业成为拉动国民经济的支柱产业。自 20 世纪 90 年代末以来，我国房地产投资额和增加值的平均增长率达到 15% 以上，高于国民经济的平均增长率。近十几年，我国国内生产总值每年增加 8～11 个百分点，其中有 1～2 个百分点是房地产业做出的贡献。房地产投资约占我国城镇固定资产投资的 20%，是国内生产总值增长的直接推动力。2003 年 8 月 12 日发布的《国务院关于促进房地产市场持续健康发展的通知》（国发〔2003〕18 号）中指出："房地产业关联度高，带动力强，已经成为国民经济的支柱产业。"

（2）房产业也是我国税收收入的重要来源。近十年来，随着房地产业的高速增长给国家贡献了大量的税收收入。以 2010 年为例，当年对营业税收入贡献最大的五大行业依次是：房地产业，金融业，租赁和商务服务业，建筑业，信息传输、计算机服务和软件业。2010 年全国税收收入 77394.44 亿元。其中，房地产业税收收入总额 6855.49 亿元，占当年全部税收收入总额的 8.86%。另据统计，2010 年，全国房产税和城镇土地使用税收入分别为 894.06 亿元和 1004.01 亿元，占当年中国税收总额 77394.44 亿元的比重分别为 1.16% 和 1.30%，占当年中国地方税总额 29459.86 亿元的比重分别为 3.03% 和 3.41%。[①]

（3）房产业也吸纳了大量的劳动力。据国家统计局的统计，我国房地产业的法人单位数由 1999 年的 4.41 万个发展到 2010 年的 28.47 万个，后者是前者的 6.46 倍；房地产开发企业数由 1999 年的 25762 个发展到 2010 年的 85218 个，后者是前者的 3.3 倍；房地产业的从业人员由 1999 年的 88.03 万人增加到 2010 年的 209.11 万人，后者是前者的 2.38 倍。[②] 房地产业的发展不仅使其自身吸纳了大量就业人员，还因为其行业的高关联度促进了相关行业的发展，从而带动了其他行业，也吸纳了大量就业人员。

（4）房地产业的发展使居民住房条件显著改善。城镇居民的人均住宅建

---

① 《中国税务年鉴 2011》，中国税务出版社 2011 年 11 月版，第 400～421 页。
② 《中国统计年鉴 2011》，中国统计出版社 2011 年 11 月版，第 24、188～190 页。

筑面积 2002 年为 24.5 平方米，到 2010 增长到 31.6 平方米；农村人均居住面积由 2001 年的 25.7 平方米增长到 2010 年的 34.1 平方米，达到国际上中等偏上水平。[1]

除此之外，房地产业的发展也带动了金融业、建筑、建材等行业的发展。

3. 房地产价格增长过快，市场存在泡沫

房价的过快增长，已经使越来越多的人买不起房，中央政府多次出台房地产调整政策。尽管近几年我国少数一线城市的房价有所下降，但是我国房价仍然很高，将房价与我国居民的人均收入相比，更凸显出房价的虚高。从表5—2 可以看出，自 1999 年以来我国的商品房平均销售价格一直呈上升的趋势，除 1999 年房价受政府大量推出的经济适用房和 2008 年受金融危机影响价格略有下降外，其他年份商品房的价格都保持上涨态势，平均售价由 1999 年的每平方米 2053 元上升到 2010 年的 5032 元。其中，涨幅最大的为 2009 年，全国商品房价从 2008 年的 3800 元/平方米上涨到 4681 元/平方米，同比增长达到 23.18%，成为 12 年来房价的最大增幅。一线城市的房价更是涨幅惊人，2000 年到 2010 年北京市的商品房平均销售价格从 4919 元/平方米上涨到 17882 元/平方米，后者是前者的 3.64 倍；上海市的商品房平均销售价格从 3565 元/平方米上涨到 14464 元/平方米，后者是前者的 4.06 倍。

表5—2　1999~2010 年商品房平均销售价格及房价收入比

年份	商品房平均销售价格（元/平方米）	城镇人均住房建筑面积（平方米）	城镇人均可支配收入（元）	房价收入比（倍）
1999	2053	19.4	5854.0	6.8
2000	2112	20.3	6280.0	6.83
2001	2170	20.8	6859.6	6.58
2002	2250	24.5	7702.8	7.16
2003	2359	25.3	8472.2	7.04
2004	2778	26.4	9421.6	7.78
2005	3168	27.8	10493.0	8.39

[1]　《中国统计年鉴 2011》，中国统计出版社 2011 年 9 月版，第 364 页。

续表

年份	商品房平均销售价格（元/平方米）	城镇人均住房建筑面积（平方米）	城镇人均可支配收入（元）	房价收入比（倍）
2006	3367	28.5	11759.5	8.16
2007	3864	30.1	13785.8	8.44
2008	3800	30.6	15780.8	7.37
2009	4681	31.3	17174.7	8.53
2010	5032	31.6	19109.4	8.32

资料来源：《中国统计年鉴 2011》，中国统计出版社 2011 年版。1999～2001 年的"城镇人均住房建筑面积"来自于 2003 年统计年鉴。

房价收入比是商品住房价格与居民家庭平均年收入的比值，当该指标持续增长时，说明房地产价格的上涨是超过居民实际支付能力的上涨。如果房价收入比一直处于上升状态，则房地产市场存在泡沫的可能性就越大。目前国际上公认的合理的房价收入比应该为 3～6 倍，世界银行专家的说法为 4～6 倍，最高不宜超过 7 倍。从表 5—2 中数据可以看到，1999～2010 年我国房价收入比的范围为 6.58～8.53。已经全部超过 6 倍，而且从 2002 年开始，已经超过 7 这个最高警戒线，2009 年最高达到了 8.53。可见，我国房地产价格已经超过一般城镇人口的支付能力，尤其在一线城市房价收入比会更高，导致一般城镇居民买不起房。伴随对我国高房价的是高空置率，高房价以及高空置率说明我国房地产市场存在泡沫，尤其是大的城市泡沫会更严重。

4. 房地产市场供给结构不合理

2006 年以来，我国房地产市场出现局部过热，房地产市场供应结构不合理。突出表现在别墅、高档公寓等高档住宅供应过多，而中低价位住宅特别是经济适用房供应数量大幅下降，难以满足普通民众的住房需求。如表 5—3 所示，别墅、高档公寓新开工面积自 1999 年以来呈上升趋势，2006 年达到最高，在整个住宅投资中所占比重由 1999 年的 6.77% 上升到 10.60%；与此同时，经济适用房投资在住宅投资中所占的比重不断下降，由 1999 年的 16.56% 下降到 2010 年 3.14%，下降了 12.42 个百分点，每年下降的幅度超过一个百分点。这种错位直接导致了商品房空置规模快速扩大。2010 年以来，我国加大了保障房的建设，住房结构有所改善，但是，经济适用房和别墅、高档公寓配比仍不合理，经济适用房的建设力度不够，房地产市场供给结构不合理。

表5—3　按用途分房地产开发投资额

单位：亿元

年份	住宅投资总额	别墅、高档公寓		经济适用房	
		投资额	占比（%）	投资额	占比（%）
1999	2638.48	178.62	6.77	437.02	16.56
2001	4216.68	369.92	8.77	599.65	14.22
2003	6776.69	632.99	9.34	621.98	9.18
2005	10860.93	1049.41	9.66	519.18	4.78
2006	13638.41	1445.00	10.60	696.84	5.11
2007	18005.42	1807.12	10.04	820.93	4.56
2008	22440.87	2032.31	9.06	970.91	4.33
2009	25613.69	2073.34	8.09	1134.08	4.43
2010	34026.23	2829.81	8.32	1069.17	3.14

资料来源：《中国统计年鉴2011》，中国统计出版社2011年版。

（三）税收调控房地产市场的理论基础

1. 市场失灵论

市场失灵是指市场机制本身无法解决或解决不好的缺陷或问题，即如果完全依靠市场机制的作用，就无法或不能充分实现社会资源的最佳配置和社会福利的最佳状态。不完全竞争是市场失灵的原因之一，在现实世界中垄断的市场结构广泛存在，厂商在市场结构中拥有决定市场价格的权力，由此产生的结果是市场价格超过实际边际成本，出现了过高的价格和过低的产量，没有使资源得到有效的配置，即社会经济处于次帕累托状态。房地产的特殊属性导致房地产市场不可避免地出现市场失灵的现象。第一，从供给方面来分析，土地市场的政府垄断和住房市场的开发商垄断造成房地产市场的供给相对不足，这就导致了房地产供给主体间的不充分竞争；第二，土地使用权的垄断和房地产开发需巨额资金的投入都阻碍了资本、劳动力等资源的自由流通；第三，供求双方掌握的信息并不对称，无论是在房产交易的一级市场还是二级市场，消费者对于房地产开发企业、楼盘信息和房地产中介情况的了解不充分，房地产市场的卖方比买方掌握的信息多，使消费者在交易中处于不利地位。

2. 外部效应论

外部效应可分为外部正效应和外部负效应。由于房地产与周围环境不可分割地联系在一起，一定区域内的房地产项目之间相互影响。首先，随着政府公共设施的建设，会促使房地产价格大幅上涨。如奥运场馆城的落成直接导致周围房地产项目身价大增，表现出较强的正外部性。根据投资外部经济效益的观点，由于这种正向外部效应可以给这些土地的所有者、占有者或使用者带来土地投资利用上的节约，或产生超额的利用收益。由于政府公共投资的资金来源主要是纳税人交纳的税金，为保证城市基础设施资金的良性循环，保证公益型房地产有充足的供应，同时也为了体现社会公平原则，因公共投资效应外溢而获得的私人土地增值收益应当有一部分为公共主体所吸收，吸收的形式一般采用房地产税收手段。另外，对于房地产外部不经济现象，比如土地的工业利用当中存在着大量的环境破坏现象，应该借助于土地税收政策，促使施加负外部效应的厂商为其造成的损害承担适当的经济补偿责任，以此改进资源配置效率。

3. 利益支付论

利益支付论是指由于政府为房地产所有者提供了财产权利的安全保护，包括国内治安、消防等保护和国防安全保护等，从而保证了房地产产权能够顺利地为其所有者带来经济利益及其他相关利益，作为受益者，房地产产权所有者理应为这种产权支付一定的报酬。从这个意义上讲，房地产税代表了房地产持有者对于从政府那里获得的利益的一种支付。在实践中，许多国家都将房地产税当做地方政府的主体税种，以此为地方政府公共支出筹集资金，这可以说是利益支付论的体现。

二、我国房地产税制的历史与现状

（一）我国房地产税收制度的历史演进

在不同的经济形态和经济发展的不同时期，我国房地产税收政策随着国家税收政策的变化在不断进行着调整。主要分为以下几个时期：

1. 1949～1983 年的房地产税

新中国成立之初，为了适应全国政治上统一、经济上迅速恢复和发展，政务院颁布了《全国税收实施要则》，规定全国除农业税外，统一实行 14 个税种，在 14 种税中包括工商业税、房产税、地产税、契税等房地产税收，同年 6 月国家调整税收，决定暂不开征遗产税；其后，房产税和地产税合并为城市房地产税，进而颁布了《城市房地产税暂行条例》。1953 年、1958 年我国适应当时计划经济体制的要求，两次对税制进行改革、简化，但房地产税制没有变革。只是随着社会主义改造的完成，从 1962 年起，有些地方契税处于停滞状态。1973 年，在"文化大革命"这一特定的历史时期，我国进行了空前的税制简化，对国内企业征收的房地产税合并到工商税中，从而使该税的征收范围缩小，对房地产管理部门、有房产的个人和外侨征收。

2. 1984～1993 年的房地产税

1984 年 10 月，国家对国营企业实行第二步"利改税"和改革工商税制时决定对房地产分别征收。20 世纪 80 年代中后期，适应计划经济向有计划的商品经济转变的要求，需要通过包括房地产税在内的多种税收调节经济和配合财政体制改革。1986 年 9 月 15 日和 1988 年 9 月 27 日，国务院先后发布《中华人民共和国房产税暂行条例》和《中华人民共和国城镇土地使用税暂行条例》，分别自 1986 年 10 月 1 日和 1988 年 11 月 1 日起施行。上述条例仅适用于国营企业、集体企业、私营企业等内资企业和中国公民，不适用于外商投资企业、外国企业和外国公民。外商投资企业、外国企业和外国公民继续按照 1951 年 8 月 8 日政务院公布的《城市房地产税暂行条例》缴纳城市房地产税，外商投资企业和外国企业继续按照各地依法制定的办法缴纳土地使用费而非土地使用税。

20 世纪 80 年代中期是我国经济发展和城乡居民生活水平提高比较快的一个时期，这一时期企业发展、城乡建设加速发展。结果，耕地被大量占用，为了控制耕地被占用，1987 年 4 月国务院颁布了《中华人民共和国耕地占用税条例》。

20 世纪 90 年代初，我国房地产业处于发展的初期，国家对房地产行业实施以扶持为主的产业政策。1992 年 6 月，《中共中央国务院关于加快发展第三产业的决定》中把房地产业列入"投资少，收效快，效益好，就业容量大与国民经济和人民生活关系密切相关的重点行业"，此后，房地产业被列为国民经济的重要支柱产业来扶持发展。1992 年到 1993 年，首先在我国沿海，后来发展到全国的房地产投机，形成全国的土地投机和房地产交易过分频繁的状况，给国民经济带来不良影响。

3. 1994 年以来的房地产税

1994 年，我国新一轮的税制改革对房产税的计税依据和课税范围进行了修改，为了控制土地投机，调节土地增值收益的分配，增加了一个新的房地产税种——土地增值税，1993 年 12 月国务院颁布了《中华人民共和国土地增值税暂行条例》，彰显了政府打击房地产投机交易的政策意图。另外，新税制统一了内资企业所得税，对转让房地产的所得和其他所得按 33% 的税率征税，以实现各类所有制房地产内资企业的公平竞争。改革个人所得税，对财产租赁所得、财产转让所得等征税。改革营业税，对转让土地使用权、销售建筑物及其他土地附着物的，以转让收入为计税依据，按 5% 的税率征税。

2006 年 12 月 31 日，国务院公布《关于修改〈中华人民共和国城镇土地使用税暂行条例〉的决定》和修改以后的《中华人民共和国城镇土地使用税暂行条例》，自 2007 年 1 月 1 日起施行。此条例修改的主要内容如下：一是扩大了纳税人的范围，开始对外商投资企业和外国企业征税；二是大幅度地提高了税额标准（每平方米应税土地的最低税额标准从每年 0.2 元提高到 0.6 元，最高税额标准则从每年 10 元提高到 30 元）。

2007年3月16日通过的《中华人民共和国企业所得税法》统一了内外资企业所得税，将《外商投资企业和外国企业所得税法》和《企业所得税暂行条例》合并，自2008年1月1日起施行。两税合并后，对转让房地产的所得统一按25%的比例税率征税，不再区分内、外资企业纳税人。

2008年12月31日，国务院决定从2009年1月1日起废止《城市房地产税暂行条例》，按照《中华人民共和国房产税暂行条例》对外商投资企业、外国企业和外国人征收房产税。取消城市房地产税，有利于深化税制改革，完善社会主义市场经济体制；有利于公平税负，创造和谐的税收环境；有利于税收征管，强化依法治税。

（二）我国现行房地产税制体系

我国现行税制中，涉及房地产的税种主要有10个，即营业税、城市维护建设税、房产税、城镇土地使用税、土地增值税、契税、耕地占有税、印花税、企业所得税、个人所得税。

1. 按征税环节划分的房地产税收

现行的房地产税收按征税环节可以划分为房地产开发环节的税收、房地产转让环节的税收和房地产保有环节的税收三类。具体构成如表5—4所示。

表5—4　按征税环节划分的房地产税制体系

征税环节	税种	计税依据	税率
房地产开发环节	契税	土地使用权成交价格	3%～5%
	耕地占用税	占用耕地面积	5～50（元/平方米）
	印花税	土地、建筑等合同价	0.05%、0.03%
	房产税	房产余值	1.2%
	城镇土地使用税	占用土地面积	0.6～30（元/平方米）
	营业税	房屋预售收入	5%
	城市维护建设税	营业税额	7%、5%、1%
	企业所得税	应纳税所得额	25%

续表

征税环节	税种	计税依据	税率
房地产转让环节	营业税	房地产转让收入	5%
	城市维护建设税	营业税额	7%、5%、1%
	印花税	房地产等合同价	0.05%
	土地增值税	增值额	30%~60%
	企业所得税	应纳税所得额	25%
	个人所得税	个人住房转让所得	20%
房地产保有环节	营业税	房屋租金收入	5%
	城市维护建设税	营业税额	7%、5%、1%
	房产税	房产余值、租金收入	1.2%、12%
	城镇土地使用税	占用土地面积	0.5~10元/平方米
	企业所得税	应纳税所得额	25%

2. 按课税对象划分的房地产税

房地产税按课税对象可以划分为房地产财产税、房地产收益税、房地产资源税、房地产流转税、房地产行为目的税等五类。

(1) 房地产财产税。房地产财产税包括房产税和城镇土地使用税。房产税是以房屋为征税对象，按房屋的计税余值或租金收入为计税依据，向产权所有人征收的一种财产税。房产税是房地产税收体系中唯一在房屋保有环节征收的一种税。长期以来，中国房产税只对城市、县城、建制镇和工矿区范围内经营用的房产征税，各地对居住用房均采取免税政策。城镇土地使用税是国家按使用土地的等级和数量，对城镇（城市、县城、建制镇、工矿区）范围内的土地使用单位和个人征收的一种税赋。城镇土地使用税的计税依据是纳税人实际占用的土地面积，包括房地产企业的房地产开发用地。城镇土地使用税实行定额税率，按年计算，分期缴纳，纳税期限由省级人民政府决定，纳税地点是土地所在地的税务机关。

(2) 房地产收益税。房地产收益税包括土地增值税、企业所得税和个人所得税。土地增值税是对转让国有土地使用权及地上建筑物并取得收入的单位和个人，以其增值额为计税依据，适用四级超率累进税率计征。企业所得税主要是对房地产开发企业的应纳税所得额计征，按照25%的税率计算征收。个人所得税主要是对个人转让土地使用权和不动产取得的收益征税，即按照取得的转让收入减除房屋原值、转让过程中缴纳的税金及有关合理费用后的所得，按20%的比例税率计算征收。

（3）房地产资源税。房地产资源税包括耕地占用税和城市维护建设税。耕地占用税是对占用耕地建房或用于其他非农业生产建设的单位和个人征收，在占用耕地时按实际占用面积计算，一次性征收；城市维护建设税和教育费附加以纳税人实际缴纳的增值税、消费税、营业税税额为计税依据按一定比例计征。

（4）房地产流转税。房地产流转税是指营业税，营业税是对销售不动产的单位和个人，就其所取得的营业额征收的一种税。

（5）房地产行为目的税。房地产行为目的税类包括契税、印花税。契税是以所有权发生转移变动的不动产为征税对象，向产权承受人按照土地、房屋购置价格的一定比例进行征收的一种税；印花税是对转让土地使用权、销售不动产时签订的合同征收的税。

（三）政府为稳定房价采取的税收调控措施

1. 2005年的"旧国八条"

2005年5月9日，国务院办公厅转发了建设部、发改委、财政部、税务总局等七部门《关于做好稳定住房价格工作的意见》（国办发〔2005〕26号，简称"旧国八条"），要求调整住房转让环节营业税政策，严格税收征管。明确规定自2005年6月1日起，对个人购买住房不足两年转手交易的，销售时按其取得的售房收入全额征收营业税；个人购买普通住房超过两年（含两年）转手交易的，销售时免征营业税；对个人购买非普通住房超过两年（含两年）转手交易的，销售时按其售房收入减去购买房屋的价款后的差额征收营业税。同时，要求各地严格界定现行住房税收优惠政策的适用范围，加强税收征收管理。对不符合享受优惠政策标准的住房，一律不得给予税收优惠。

2. 2006～2009 年的调控政策

2006 年在房价暴涨的背景下国家出台了一系列调控房地产市场的税收政策。2006 年宏观调控的主要特征是以调整房地产产品结构为主。

2006 年 5 月 24 日经国务院同意，国务院办公厅转发建设部等九部委联合制定的《关于调整住房供应结构稳定住房价格的意见》（国办发〔2006〕37号，又称"十五条"），要求进一步发挥税收政策的调节作用，调整住房转让环节营业税。明确规定为进一步抑制投机和投资性购房需求，从 2006 年 6 月 1 日起，对购买住房不足 5 年转手交易的，销售时按其取得的售房收入全额征收营业税；个人购买普通住房超过 5 年（含 5 年）转手交易的，销售时免征营业税；个人购买非普通住房超过 5 年（含 5 年）转手交易的，销售时按其售房收入减去购买房屋的价款后的差额征收营业税。

2006 年 7 月 18 日，《国家税务总局关于个人住房转让所得征收个人所得税有关问题的通知》（国税发〔2006〕108 号）发布，明确了个人转让二手房时必须强制征收个人所得税。规定了个人转让住房所得税的征税对象和征收方法，同时对家庭自住用房的转让和住房投资、投机行为区分对待，明确了有关住房转让个人所得税的优惠政策，并指出对个人转让自用 5 年以上，并且是家庭唯一生活用房取得的所得，免征个人所得税。2006 年 12 月 28 日，国家税务总局发布了《关于房地产开发企业土地增值税清算管理有关问题的通知》（国税发〔2006〕187 号），要求以国家有关部门审批的房地产开发项目为单位进行土地增值税清算，对于分期开发的项目，以分期项目为单位清算，以发挥土地增值税对房地产开发企业的调节作用。从 2007 年 2 月 1 日起全面清算土地增值税，但由于金融危机爆发，政府开始救市，这一调控措施最后不了了之。

2008 年，面对突如其来的国际金融危机，房地产市场价格依然坚挺，但销售量却持续走低，整个市场陷入有价无市的局面，不少中小企业由于资金链条断裂，走向破产边缘。因此，2008 下半年，中央及地方政府连续出台了多项鼓励住房消费、活跃房地产市场的调控政策，以拉动经济增长。

2008 年 10 月 22 日，财政部、国家税务总局下发的《关于调整房地产交易环节税收政策的通知》（财税〔2008〕137 号）规定：自 2008 年 11 月 1 日起，对个人首次购买 90 平方米及以下普通住房的，契税税率暂统一下调到 1%；对个人销售或购买住房暂免征收印花税；对个人销售住房暂免征收土地增值税。2008 年 12 月 20 日，国务院办公厅发布《关于促进房地产市场健康发展的若干意见》。为贯彻《关于促进房地产市场健康发展的若干意见》精神，2008 年 12 月 29 日，财政部、国家税务总局联合下发《关于个人住房转让营业税政策的通知》（财税［2008］174 号），规定，自 2009 年 1 月 1 日至 12 月 31 日，个人将购买不足两年的非普通住房对外销售的，全额征收营业税；个人将购买超过两年（含两年）的非普通住房或者不足两年的普通住房对外销售的，按照其销售收入减去购买房屋的价款后的差额征收营业税；个人将购买超过两年（含两年）的普通住房对外销售的，免征营业税。可以看出，2008 年在国际金融危机时期实施的房地产调控政策对房地产特别是普通住宅的消费是鼓励的。

2009 年上半年，国家促进房地产发展的政策措施仍在继续，但到下半年，房地产价格却出现了爆发性上涨的局面且上涨势头不可抵挡。面对房价的再次暴涨，中央政府于 2009 年 12 月重新启动房地产税收调控政策。2009 年 12 月 22 日，《财政部、国家税务总局关于调整个人住房转让营业税政策的通知》（以下简称《通知》）（财税［2009］157 号）出台，明确规定自 2010 年 1 月 1 日起，个人将购买不足 5 年的非普通住房对外销售的，全额征收营业税；个人将购买超过 5 年（含 5 年）的非普通住房或者不足 5 年的普通住房对外销售的，按照其销售收入减去购买房屋的价款后的差额征收营业税；个人将购买超过 5 年（含 5 年）的普通住房对外销售的，免征营业税。这意味着房地产市场消费的促进政策开始转为抑制政策，目的在于遏制通过炒房获利的市场投机行为，促进房地产市场的健康长远发展。

3. 2010 年的"国办十一条"和"国十条"

为了抑制房价的过快上涨，促进房地产市场健康平稳发展，2010 年 1 月 7 日，国务院办公厅出台了《关于促进房地产市场平稳健康发展的通知》（以下简称《通知》）（国办发［2010］4 号，简称"国办十一条"），要求合理引导住房消费抑制投资投机性购房需求，继续实施差别化的住房税收政策，严格执行国家有关个人购买普通住房与非普通住房、首次购房与非首次购房的差别化税收政策。但该《通知》在房价非理性上涨的势头面前，力量异常微弱。

2010 年 4 月 17 日，国务院出台了《关于坚决遏制部分城市房价过快上涨的通知》（国发〔2010〕10 号，简称"国十条"），明确要坚决抑制不合理住房需求，发挥税收政策对住房消费和房地产收益的调节作用。要求财政部、税务总局加快研究制定引导个人合理住房消费和调节个人房产收益的税收政策，税务部门严格按照税法和有关政策规定认真做好土地增值税的征收管理工作，对定价过高、涨幅过快的房地产开发项目进行重点清算和稽查。为了落实"国十条"，财政部、国家税务总局制定了以下相关配套政策。

（1）契税政策。《财政部、国家税务总局、住房和城乡建设部关于调整房地产交易环节契税个人所得税优惠政策的通知》（财税〔2010〕94 号）明确规定：对个人购买普通住房，且该住房属于家庭唯一住房的，减半征收契税；对个人购买 90 平方米及以下普通住房，且该住房属于家庭唯一住房的，减按 1% 税率征收契税。个人购买的普通住房不符合优惠条件的，一律不得享受优惠。

（2）个人所得税政策。财税〔2010〕94 号明确规定：自 2010 年 10 月 1 日起，对出售自有住房并在 1 年内重新购房的纳税人不再减免个人所得税。

（3）土地增值税政策。依据《国家税务总局关于加强土地增值税征管工作的通知》（国税发〔2010〕53 号）规定，各地要全面加强土地增值税征管工作，加强土地增值税清算，强化税收调节作用。一是要科学合理制定预征率，加强土地增值税预征工作，规定除保障性住房外，东部地区省份预征率不得低于 2%，中部和东北地区省份不得低于 1.5%，西部地区省份不得低于 1%；二是要深入贯彻《土地增值税清算管理规程》，提高清算工作水平；三是要规范核定征收，堵塞税收征管漏洞，核定征收率原则上不得低于 5%。同时，财政部、国家税务总局着手开展房产税改革试点、存量房评估试点工作。

4. 2011 年更加严厉的住房转让政策及上海、重庆的房产税试点

2011 年执行严格的房价调控政策，这其中最重要的包括更加严厉的住房转让政策和上海、重庆的房产税改革试点。

为了促进房地产市场健康发展，2011 年 1 月 27 日，财政部、国家税务总

局发布了《关于调整个人住房转让营业税政策的通知》（财税［2011］12号）。通知规定：从当日起个人将购买不足5年的住房对外销售的，全额征收营业税；个人将购买超过5年（含5年）的非普通住房对外销售的，按照其销售收入减去购买房屋的价款后的差额征收营业税；个人将购买超过5年（含5年）的普通住房对外销售的，免征营业税。财税［2011］12号文件相比财税［2009］157号文件主要变化是：个人将购买不足5年的住房对外销售，不再区分普通住宅和非普通住宅，均要全额征收营业税，调控政策更趋严厉。

2011年1月27日，根据国务院常务会议的决定，国务院同意个别城市开展房产税试点工作，上海市、重庆市人民政府分别印发了《上海市开展对部分个人住房征收房产税试点的暂行办法》和《重庆市人民政府关于进行对部分个人住房征收房产税改革试点的暂行办法》，自1月28日起实施。上海市、重庆市两地同时推出房产税试点方案，彰显我国完善财产税制度的导向，以及平抑房价、推动房地产市场健康发展的决心。

试点范围内个人住房在保有环节课税是这次试点方案的核心内容。两地方案基本课税要点如下：

（1）上海方案课税要点。上海房产税试点2011年1月28日正式开始。征税对象是居民家庭新购第二套及以上住房和非上海居民家庭的新购住房，即对本市居民和非本市居民住房确定的征税对象有所不同，对本市居民，以家庭为单位，征税对象包括在本市新购的超过一套的住房；对非本市居民，只要是新购住房，均属于征税对象。房产税适用税率按全年商品住宅成交均价实行差别比例税率，税率分别为0.6%和0.4%，房屋市场价值越高、人均面积越大的房屋，最终缴纳房产税的税率就越高。在税收减免方面，居民家庭在本市新购且属于该居民家庭第二套及以上住房的，合并计算家庭全部住房面积人均不超过60平方米的，其新购的住房暂免征房地产税；人均超60平方米的，对属新购住房超出部分的面积，按规定计算征收房产税。税基是暂按应税住房市场交易价格的70%计算缴纳。

（2）重庆方案课税要点。重庆房产税试点模式的思路是限制对高端住房的消费，抑制投资性需求和奢侈性需求。具体做法如下：根据个人住宅的套数或者面积划定不同的档次，分别适用不同的税率。按照这个标准，个人拥有的房产套数越多，面积越大，相应房产税税率就越高。重庆方案将征税对象划分为三类，即个人拥有的独栋商品住宅、个人新购的高档住房（高档住房指建筑面积交易单价达到住房成交建筑面积均价两倍及以上的住房）、在重庆市同时无户籍、无企业、无工作的个人新购的第二套（含第二套）以上的普通住房，全部独栋商品房征收房产税。房产税的适用税率在 0.5% ~ 1.2% 之间，其中，独栋商品住宅和高档住房成交均价 3 倍以下的住房，税率为 0.5%；3 倍至 4 倍的，税率为 1%；4 倍以上的税率为 1.2%；在重庆市同时无户籍、无企业、无工作的个人新购第二套以上的普通住房，税率为 0.5%。免税面积以家庭为单位，一个家庭只能对一套应税住房扣除免税面积。对个人拥有的独栋别墅，无论是新购的还是原有的，按不足 180 平方米的部分确定免征额；对新购的高档住房，按不足 100 平方米的部分确定免征额；在重庆市同时无户籍、无企业、无工作的个人的应税住房均不扣除免税面积。另外，在重庆房产税试点中，如果一人或一户拥有四套及以上住宅，将直接被征收房产税，并直接课以惩罚性的累进税率。应税住房的计税价值为房产交易价，条件成熟时以房产评估值作为计税依据。

三、我国房地产税收政策存在的问题

（一）立法层次低，税权划分不合理

目前，我国涉及的十个房地产税种，除了《中华人民共和国个人所得税法》与《企业所得税法》为全国人大通过的法律以外，其他都以国务院颁布"暂行条例"的形式出现，缺乏应有的严肃性。另外，中国名义上将房地产税作为地方税，但是所有房地产税的立法权都集中在中央，而且各个税种的征税对象、纳税人、计税依据、税率、减免税等税制基本要素的调整权也绝大部分集中在中央，从而不利于地方因地制宜地通过房地产税增加财政收入和调节经济，也不利于房地产税的完善。① 中央统得过死，既不利于调动地方积

---

① 刘佐：《谈中国房地产税的改革方向》，《地方财政研究》2010 年第 7 期。

极性，也不利于分税制财税体制的客观要求。

（二）征税范围过于狭窄

现行房产税、土地使用税排除了农村所在地的土地、房屋，仅限于对城市、县城、建制镇、工矿区的房屋、土地征税，征税范围过窄，税基偏小，在一定程度上限制了税收调控作用的发挥。同时，房产税的免征范围较宽，主要表现在：除了国家机关、军队、政府财政拨款的事业单位等用房外，还包括了个人所有非营业用的房产，实际只局限于对城市、县城、建制镇、工矿区的工矿、金融、商业等经营性企事业单位自用及各种租用的房产征税，广大农村的企业和规模庞大的城市居民住房不在征税范围之内。应当看到，经过改革开放30余年的发展，我国当前的制度安排和经济结构与相关条例当初制定时相比已经发生了深刻的变化。农村城市化程度不断提高，一些地区已具备了城市的功能，尤其在经济发达地区的农村，房产规模急剧扩大，经营用房快速膨胀，完全可以纳入征税范围，作为国家税收的稳定税源。而随着中国事业机构管理体制的改革，不属于提供社会公共产品的事业单位将逐步实现市场化和企业化，由于其性质已属于企业，因此它必须承担纳税义务。对于住宅，中国的住房制度改革使得居民住房的商品化程度有了很大提高，对居民自用住房不加区别的完全免税，不仅使国家放弃了调节居民收入分配的重要手段，还违背了税收的利益支付论。

（三）计税依据不科学

在计税依据方面，我国现行房地产税最大的弊端是房地产的增值收益基本未计入税基。依据现行税法规定，我国现行房产税的计征方式分为按房产计税价值征税的从价计征和按房产租金收入征税的从租计征。从价计征的房产税依照房产原值一次减除10%~30%后的余值乘以1.2%的税率计算缴纳。这种折余价值依据的是历史成本，并不反映房产的市场价值。从租计征的房产税是以房产的租金收入乘以12%的税率计算缴纳，房屋的租金一般是根据租赁市场的行情予以确认。因此，与按历史成本计税的从价计征相比，从租计征的税负明显高于前者。我国现行城镇土地使用税是以纳税人实际占用的土地面积为计税依据，实行从量课征方式。这种课征方式使税额不能随课税对象价值的上升而增加，不能发挥调节土地级差收入的作用，也无法对土地闲置现象和土地投机行为起到应有的调节作用。对于其他的房地产税种，土地增值税的税基是房地产增值收益总额，耕地占用税的税基是纳税人占用耕地的面积，契税的税基大体相当于土地和房产的交易总金额。

房产税和城镇土地使用税是房地产税中征税面最广的两种税，但这两种税的计税依据均未体现房地产的时间价值和土地的级差收益，房地产税收收入无法随着房地产的增值而增加，不能达到税收政策目标。而且我国现阶段土地的批租期限是 40 ~ 70 年不等，相当于政府一次性收取几十年的土地资源税收，而房地产商将这些税费全部转移到成本中，导致房地产成本中土地成本占了较大的比重。

（四）税负分布不均衡，扭曲房地产市场的健康发展

从计税环节来看，世界上大多数国家的房产税主要集中在房地产保有环节，在房地产开发经营环节征税相对较少。而我国恰恰相反，即在房地产的流通交易环节设置了主要税种，而在房地产保有期间设计的税种非常少，且免税范围大，开发和流通环节的税负太重，而保有环节的税负过轻。

1. 在保有环节涉及的税种少、税负轻

依据现行税法规定，在保有环节对经营性房地产和非经营性房地产区别对待。首先，对非经营性房地产，如果自用是免税的，如果个人将其出租，则应交纳营业税、房产税、个人所得税、印花税、城市维护建设税和教育费附加等，同时涉及土地使用税。出租房屋营业税、房产税和个人所得税的法定税率分别为 5%、12% 和 20%，而对个人出租房屋减按 3%、4% 和 10% 征收。其次，对经营性房地产，如果自用应交纳房产税、土地使用税；如果出租，则交纳营业税、房产税、企业所得税、土地使用税、印花税、城市维护建设税和教育费附加等。可见，无论是经营性房地产还是非经营性房地产，只要是自有自用，其税负是相当轻的。

2. 开发经营环节涉及的税种较多、税负也较重

房地产开发企业在土地征收、开发建设和房地产的销售环节的税费负担

沉重。在土地征用的过程中,须交纳耕地占用税、契税、城镇土地使用税;在开发建设的过程中,须承担开发项目施工企业和装饰工程施工企业交纳的营业税、企业所得税、印花税、城市维护建设税和教育费附加;在销售转让环节,须交纳销售不动产营业税、土地增值税、企业所得税、印花税、城市维护建设税和教育费附加等。此外,开发经营环节中,企业须向发改委、建设局、规划局、环保局、房产管理局、物价局、审图办、人民防空办等部门交纳名目繁多的各种费用,使得我国地价及税、费三大项成本超过了房地产总成本的 50% ,[①]远远高于国内其他行业和国外同行业(发达国家一般在20%左右)。

我国房地产税的"轻保有,重流通"也可以从房产税收入的来源予以佐证。在全部房地产税收收入中,来自于以房地产为课税对象的税收收入合计占房地产税收收入的比重不足 10% ,而来自于房地产经营、交易环节的税收收入合计占房地产税收收入的比值在 90% 以上。总的来看,房地产转让环节税负偏重,不利于促进房地产交易的扩大;房地产持有、使用环节税负偏轻,不利于促进房地产资源的合理利用。[②]

(五)税费种类繁多且租、税、费混乱

目前我国与房地产直接有关的税种有 10 种,收费项目就更加繁杂。我国目前的房地产税费体系中租、税、费混杂现象严重。第一,以税代租。城镇土地使用税作为土地有偿使用的一项措施,税项中含有租的因素,征税混淆了税收与地租的界限。第二,以费挤税。目前,我国涉及房地产业的各种收费项目名目繁多,且费项总数远多于税项总数。如地方政府在房地产开发过程中所征收的费用,除了土地出让金和市政配套费外,还要收蓝图审查费、绿化费、墙改费、施工放线费、规划设计费、环保评估费、室内空气检测费等。据初步统计,我国现阶段涉及房地产的税种有 10 项之多,涉及房地产的

---

① 安体富、王海勇:《短期政策调整:着力发挥税收对房地产需求调控作用》,《经济研究参考》2006 年第 58 期。

② 刘佐:《谈中国房地产税的改革方向》,《地方财政研究》2010 年第 7 期。

收费多达 50 项，两者共计 60 项。据抽样调查部分项目的税费，占到房地产价格的 30%～40%。[①] 名目繁多的收费一方面导致房地产的高成本和高价格，严重扭曲了房地产商品的真实价值，直接加重了消费者的负担；另一方面也抑制了税收杠杆对房地产市场的调节作用。

（六）税制本身欠公平

2007 年 1 月 1 日起，新修订的《城镇土地使用税暂行条例》将征收范围扩大到外商投资企业和外国企业；2008 年 1 月 1 日开始实施的《企业所得税法》将企业取得的房地产开发经营所得统一征收 25% 的企业所得税；自 2008 年 1 月 1 日起施行的新修订的《中华人民共和国耕地占用税暂行条例》适用于内外资企业；2009 年 1 月 1 日起，《城市房地产税暂行条例》已经废止，内外资统一适用《房产税暂行条例》。上述改革，消除了因纳税人国籍不同适用不同税种的问题。但在现行房地产税制中，其他方面税负不公的问题仍然存在。

1. 因所处区域不同而税负不同

我国的房产税和城镇土地使用税的课税范围均为城市、县城、建制镇和工矿区，而处在这些区域之外的房产和土地则不需纳税。目前，许多企业都坐落于房产税和城镇土地使用税课税范围之外的乡村区域，其与坐落于城镇的企业在对公共品的享受方面并没有本质区别，却不需承担房产税和城镇土地使用税的纳税义务。这使得房产税和城镇土地使用税课税范围规定失当。而且，随着城乡经济发展，城乡界线难以划分与界定，在实际操作上造成困难。

2. 因经济行为不同而税负不同

现行房产税规定，企业自用的房产按照房产原值扣除 10%～30% 后的房产余值每年按 1.2% 的税率计征，而出租房产则按照租金收入的 12% 计征。这种规定导致了两种税负不公状况的产生：一是处于城市繁华地段的老房产，

---

① 《一套房子征 60 多种税费 代表呼吁政府让利于民》，《广州日报》2010 年 3 月 8 日。

由于其建造较早，因此账面原值较低，但由于其所处地段较好，若出租则租金往往很高，此时出租房产会较自用房产承担更多的房产税。二是处于稍偏远地段的新房产，由于其造价较高，而租金较低，此时自用房产会较出租房产承担更多的房产税。因此，现行房产税的规定常常导致同一房产仅仅由于自用或出租的经济行为不同而承担不同的税收负担。

3. 房地产税收优惠政策导向性不强

首先，大部分优惠政策是针对存量房地产提出的，忽视了对新增房地产的品种结构、建筑区域、使用建材等的引导。其次，优惠标准较为模糊。在我国房产被分为经济适用房、商品房、高档住宅、别墅等几个类型，它们是确定是否给予税收优惠的重要标准。但由于各地的实际情况不同，在确定具体标准时，随意性较大，从而给政府的"寻租"行为提供了条件，也影响了现有税收优惠政策的实施效果。

（七）我国房产税试点存在的主要问题

1. 房产税征收对象不合理，税基较窄

首先，两市试点方案的征税对象主要是增量房，制约了对房地产市场的调控作用。上海只针对增量房，存量房即使是高档别墅也不征税；重庆方案对存量房只触及个人拥有的独栋商品房。财政部财政科学研究所所长贾康认为，房产税的推广只有推向存量房，才会起到真效果；社科院财贸所所长高培勇认为，房产税改革的难点就在于能否对存量房而非增量房征税，这才是房产税改革试点中真正的制高点。[1] 其次，房产税主要涉及的是房产等建筑物，而很少涉及对土地的价值评估和计税，使房产税不能调节土地资源的集约利用。最后，房产税试点主要针对高端住房和多套住房征税，而对居民的一般住房大都是免税或征税很少，导致房产税的税基较窄，很难发挥房产税对整个房地产市场的调节作用。

2. 房产税计税依据和税率不合理，未体现税负公平原则

房产税主要是按房屋套数和面积大小来征税，税率也是随着房屋套数和

---

[1] 《房产税何时面向存量房》，《城市住宅》2012 年第 2 期。

面积大小变化，而忽略了房屋的实际市场价值这一核心内容，虽然在一定程度上抑制了房地产投机行为，降低了房价上涨预期，但是也注定房产税试点只能是临时性政策，待到房价下降以后，房产税也将名存实亡。

3. 房产税的税收优惠覆盖面太广，影响调控效果

房产税只对个别高端住宅和多套房屋征收重税，除了对低收入群体采取免税优惠措施以外，对一般家庭住宅基本免税或者征税很少，很容易造成房产税的普惠制，对纳税人的激励作用并不大，无法体现政府的房产税政策导向，使得其难以发挥税收的调节作用。

4. 征管方式有待改进

房产税的税收征管方式不科学，征管模式很难适应住房结构的变化。房产税的计税依据主要是房屋套数和人均住房面积，而这些变量变化幅度较大，同时对房地产市场价值的评估工作做得不到位，使征管模式很难适应住房结构的变化，不利于评估数据的更新和分析，加大了税收评估工作量和税收征管成本。

另外，房产税没有合理地反映新旧住房之间的税负差异，没有将旧有房屋已缴纳的税负合理地反映到试点税种的税收征管中来。

四、促进房地产业健康发展的税收政策选择

（一）房地产税改革的基本原则

1. 调控房地产市场与完善地方税体系相结合的原则

改革完善房地产税，首先应该对房地产税进行准确定位，不单纯就房地产税而论房地产税，不单纯就税收而论税收，而是将房地产税改革置身于国家与财税发展改革的大局来看待与把握房地产税。[①] 作为财产税的核心税种和举足轻重的直接税税种，在一定意义上说，征收房地产税首先考虑的不是房

---

① 邓力平、王智烜：《房地产税改革：公共财政与发展财政统一的思考》，《财政研究》2011 年第 12 期。

地产调控，而是为全局的改革配套。地方税作为一个体系，其中稳定的收入支柱应首推房地产税。凡实行分税制的国家和地区，房地产税收基本上都划归地方政府，构成地方政府财政收入的主要来源，这一点在美国表现得最为突出。一般来说，房地产税收要占地方政府财政收入的50%～80%。房地产税可以使地方政府的内在形成一种物质利益的合理引导：地方政府只要专心致志优化投资环境，提升本地公共服务水平，其财源就可以随着政府职能的履行越来越壮大。这种以市场经济为导向的机制，可以使房地产税充分发挥出正面效应，支撑整个配套改革。同时，房地产税成为地方税体系的支柱，使省以下分税制由不能够落实变成可以落实，使地方政府短期行为得到制度性校正，有利于引导地方政府走可持续发展之路。[①]

2. "宽税基、简税制、低税率"原则

所谓"宽税基"是指征税基础相当大，除对慈善、宗教、公共机构的不动产实行免征外，其余的不动产均要纳入到房产税的征管范围。"简税制"则是指有关房产税的税收种类比较少，税种设置简单，可以逐步将现行的房产税、城镇土地使用税、耕地占用税、契税和房地产方面的某些合理的、具有税收性质的政府收费合并为统一的、与各国普遍开征的房地产税基本一致的房地产税，将城市维护建设税和印花税并入增值税、消费税、营业税、企业所得税、个人所得税和房地产税，将土地增值税并入企业所得税、个人所得税和房地产税，并取消房地产方面的不合理的政府收费。[②] 这样可以有效避免因繁琐而导致的重复征税，同时也可以控制税收征管成本，提高征税效率。"低税率"就是指主体税种的税率较低，总体税负水平也较低。如德国的不动产税率为1%、日本的不动产标准税率为1.4%、美国纽约的房地产税平均在0.85%～4.77%之间。但由于坚持了"宽税基"的原则，即使在较低的税率水平下，地方政府也能获得充足的税收收入，为地方财政提供保障。

3. "重保有、轻流通"的原则

西方各国对房地产保有环节的征税都非常重视，而且规定了较高的税率，

① 贾康：《房地产调控与房地产税》，《理论导报》2011年第2期。
② 刘佐：《谈中国房地产税的改革方向》，《地方税务研究》2010年第7期。

对于房地产权属转让环节的税收则不太关注，这样既能够有效避免房屋所有者将房屋空置或对房屋的低效率利用、遏制房地产开发商大肆"圈地"并占有房屋"待价而沽"进行投机，又能够促使房地产交易活动活跃起来、进一步推动房地产二级市场的大力发展，最终刺激土地的经济供给。

4. 因地制宜、循序渐进的原则

房地产税改革对征管环境、信息化水平以及税务机关的征管能力要求很高，在改革初期制度的设计不可能尽善尽美，要从实际出发、循序渐进。首先，结合我国财产登记资料信息化建设落后的客观实际，可以尝试先重点对少数高价值房产征税，逐步扩大征税范围，发挥房地产税对整个房地产业的调节作用。其次，可以考虑先从大城市起步，取得经验以后在中小城市推广；也可以考虑选择一些大、中、小城市同时试点，取得经验以后在同类城市推广。

（二）基于房地产业健康发展设计房地产税

1. 房地产税纳税人

房地产税是财产税性质的赋税，课税对象应包括企业和个人所拥有的全部房地产。而从理论上讲，房地产税应当向房地产产权人征收，但在目前的情况之下，明晰产权关系尚有相当大的困难。因此，在实际征管过程中，为了保证房地产税的收缴入库，只能根据不同情况确定纳税人；全民所有或集体所有产权性质的，以实际经营管理单位为纳税人；共有产权性质的，以共有人为纳税人；产权关系不明确的，以代管人或实际使用人为纳税人。

同时，纳税人的确定还应细分为居民和非居民。凡是本国居民在境外拥有的建筑物和土地也应缴纳房地产税，同时可比照所得税采取税收抵免方法来避免重复征税。对于居民和非居民概念，自然人可比照个人所得税的居民概念；法人可比照企业所得税的居民概念，以总机构所在地判断。

2. 房地产税征税范围

各国或地区的房地产税在征税范围上大多具有以下一些共同点：一是在房地产征税环节上"重保有轻流转"；二是对房产和土地合起来征收，以两者的市场价值之和作为税基适用统一的税制；三是实行宽税基。根据国外开征房地产税的经验，并结合我国的现实状况，房地产税应该确定为对房地产（既包括土地，也包括房产）的所有者和占有者进行征收。而我国现行的房地产税制对土地、房产以及所有者、占有者都分别有相应的税种和收费项目。按照"宽税基、简税制"的税制改革原则，有必要简化、合并这些保有环节的税种，开征统一规范的房地产税。另外，设计房地产税的征税范围应尽可能地将所有地区、所有纳税人的房地产都包括进来，在原有征税范围的基础上还应在以下三个方面扩大范围：由城镇（包括郊区）扩大到农村、由非住宅类房地产扩大到住宅类房地产、由生产经营性企业扩大到个人或家庭。

3. 计税依据

房地产税计税依据在国际上有两种选择：一是从量计征，好处是简便，但明显有失公平；二是从现价计征，则需对房产进行全面评估，税收会随着土地和房产价格的升值而相应增加，比较公平，征收管理上也能统一，但对居民财产评估和信息、资料的登记和录入等信息化的工作量很大。从长远看，从价计征更为公平合理，更能符合我国房地产税改革的目的。因此，为了能够准确真实地反映房地产税基和纳税人的实际负担能力，体现公平税负、合理负担的原则，我国房地产税应该建立在房地产市场价值的基础上，以房地产的评估价值作为计税依据。

4. 房地产税税率

从开征房地产税的国家来看，税率一般有两种选择：一是比例税率，计征方便，但不利于发挥对富人财产的调节作用；二是累进税率，通常选择超额累进税率，其特点是有利于发挥房地产税的调节作用，但设计和计征较为复杂。房地产税改革的初期，宜选择现行采用的比例税率，随着房地产估价制度的逐步建立、房地产登记制度不断完善以及相关信息体系建设的不断成熟，可再调整为累进税率。

房地产税作为对企业和居民个人房地产的征税，尤其是对个人所拥有的房地产征税，不仅要考虑房地产税本身的税负问题，还要结合个人所得税、增值税、消费税、营业税等实际上最终也由居民个人承担的整体税负状况。房地产税的税率可以根据不同地区、不同类型的房地产分别设计，由各地在规定的幅度以内掌握，如中小城市房地产的适用税率可以适当从低，大城市房地产的适用税率可以适当从高；普通住宅的适用税率可以适当从低，高档住宅和生产、经营用房地产的适用税率可以适当从高，豪华住宅和高尔夫球场之类还可以适当加成征税。[①]

（三）调整部分现有房地产税种

1. 取消土地增值税

土地增值税是国家为了应对当时经济过热的局面同时也为了增加财政收入而设置的，以此调节房地产投资的高额回报。随着房地产市场的不断规范化发展，该制度本身的弊端不断暴露，计征繁琐，征收阻力大，征收效果差。因此，国家规定，从2008年11月1日起，对个人销售住房暂免征收土地增值税。至于取消土地增值税后产生的税收流失，可借鉴国外的做法，把土地增值所得并入一般所得计征所得税。其实，从世界各国和地区情况来看，课征土地增值税的国家和地区并不多见，各国在与土地增值税的课征有关的土地估价登记资料、人员配备及制定切实可行的原则、方法方面都遇到很多困难。美国也一直没能开征土地增值税。目前只有意大利、韩国、中国及中国台湾地区开征土地增值税，且实施时间也较长。

2. 取消城镇土地使用税

我国已建立国有土地有偿使用制度，即国家保有土地所有权，而将土地使用权有偿出让给土地使用人。也就是说，土地使用者在取得使用权时已向土地所有者支付土地出让金。从法理学的角度讲，土地使用权属于地上权的一种，地上权人有偿取得地权时，须向土地所有人按期支付约定地租（土地出让金）。从经济学的角度讲，土地出让金是土地所有权在经济上的体现，是土地使用权的市场价格。既然以出让方式取得土地使用权时已交纳了土地出让金（地租），就不应再次缴纳地租性质的城镇土地使用税。[②]

3. 开征土地闲置税

为了促进土地合理利用，根据我国《土地管理法》的规定，建设用地闲

① 刘佐：《谈中国房地产税的改革方向》，《地方财政研究》2010年第7期。

② 安体富、王海勇：《长期战略选择——重构房地产健康发展的租税制度》，《经济研究参考》2006年第59期。

置的处置结果是国有土地使用权被收回。开征土地闲置税，直接对浪费土地的行为加以处罚，相比于简单的收回权利而言，这种经济手段更有效。把闲置的、未加以利用的土地作为课税对象，由闲置土地的实际所有人缴纳税款。土地闲置税可根据土地闲置时间的长短设置不同的税率，对于闲置时间长的，相应地税率也要提高，督促权利人合理高效地利用土地，避免资源的浪费。

（四）完善房地产税征收的配套措施

1. 完善房地产产权的清理和登记制度

房地产税作为财产税的一种，从理论上讲应当向房屋的产权人征收，产权不明晰会导致纳税人的难以确定。而我国目前住房类型多样化，既有廉租房、经济适用房、普通商品房，又有大型豪华别墅；既有城镇住房，又有农村住房。更重要的是，我国的房产目前存在多种产权形式，既有具有完全产权的商品房，又有不具有完全产权的经济适用房，还有小产权房和城中村房产。产权形式混乱是开征房地产的难点之一。

（1）进行房地产权清理。我国房地产权多元化，有的房屋在房地产登记管理部门有登记，而对于村镇集体出售的小产权房、军队出售的军产房等在房地产管理部门是没有登记的，对此税务部门无法进行监管和征税。将这类房产排除在房地产税征税范围之外，又不符合公平原则。因此，相关的政府部门应出台相关的法规，对其进行清理和规范，明晰产权，将其纳入房地产管理部门的统一监管范围和房产税的征税范围。

（2）完善房地产权登记制度。第一，统一房地产登记机关。我国房地产登记机关不统一是我国房地产登记制度的一大缺陷。在我国大部分城市或地区实行房地分管的管理体制，在此体制下房管部门负责房屋的登记发证及其他管理，土地部门负责土地的登记发证及相应的管理工作，造成了房、地登记档案分散，破坏了房地产登记信息的完整性，更为严重的是这种格局大大地增加了房地产交易的风险。因此，应统一相关部门的职权，结束房屋、土地管理部门同时颁发土地使用权证书的局面，将房屋登记职权和土地登记职权统一归还给土地管理部门。第二，登记机构实行统一的登记程序，统一的登记信息，保证房地产交易既快捷又安全，以维护权利人的合法权益。与此同时，要加强房地产登记人员的专业化、技术化培训，建构一支高素质，高效率的房地产登记队伍。[①] 第三，对当事人的登记申请要进行有限的实质性审查，如登记部门只对申请人的部分资料和行为进行实质性审查，包括对登记部门颁发的证书、相关资料的核实，对当事人交易及登记申请的意愿和程序的有效性审查等。而对合同契约上的签字、身份证明、结婚证明、申请人是否与其身份证明相符等仅进行形式上的检查即可。[②]

2. 健全房地产估价制度

依据房产税的原理以及世界上大多数国家的做法，房地产税的计税依据应该是房地产的市场价值，我国一旦开征房产税，对房地产评估将是面临的一大难题。我国缺少单独的不动产税基评估部门，开征房产税后，由谁来承担评估、复议等责任都不明确；另外，我国具备资质的房地产评估人员缺乏。从国外财产课税的实践来看，保证财产评估的公正和效率是关系到财产税"生死存亡"的大问题。我国必须尽快建立和完善房地产估价制度。一是尽快解决不动产评估的立法问题；二是税务机关设立房地产评估的专门机构，并对评估制度进行科学细致的规定；三是做好评估人员的人才准备。[③]

3. 实现部门协作和信息共享

在网络信息日益发达的今天，利用先进的计算机技术为税收的征收管理服务，是税收征管的必然趋势，发达国家大多重视部门协作和信息共享，销售不动产必须到规定的登记部门进行登记，税务部门可以从登记部门取得信息。同时，法律规定，雇主、银行必须将其拥有的信息告知税务机关。这种由法律规定的财产登记制度和信息共享制度为税收的征收管理提供了一个很好的基础。我国个人信息体系不健全，社会信息化网络化程度不高是我国开征房产税的又一难点。房产税涉及面广，要求房产、建设、物管、街道等机构信息联网，协同工作，但目前来看，地税部门还没有办法及时了解房产登记资料及变动情况，尤其是个人拥有的房产，还依赖于逐户人工丈量、测算，

---

① 黎鑫：《论我国房地产登记制度的完善》，《成都行政学院学报》2009 年第 5 期。

② 郑智化：《房地产产权登记制度改革的探索》，《房地产行政管理》2005 年第 8 期。

③ 胡曼军：《我国房产税改革面临的主要问题及解决方案》，《财税纵横》2012 年第 1 期。

摸税源、定税款。①应在充分利用政府各个职能部门办公信息系统的基础上，逐步实现各管理部门之间的信息共享，提高税源监控水平。我国应建立以税务机关为中心，房地产管理部门、户籍管理部门、工商行政管理部门、银行、企业等相关部门联网的数据信息中心，提高对税源的有效监控能力和水平。

① 陈文雅：《房产税征管之困》，《经济观察报》2011年2月15日。

第六章　扶持中小企业发展的税收政策

中小企业在促进经济增长、提供就业机会、推动技术创新、优化资源配置和调整产业结构，维护社会稳定等方面起着不可替代的作用，对中小企业进行政策扶持是世界各国的普遍做法。促进中小企业平稳健康发展也是我国的一贯做法，为此，国家出台了一系列法律、政策措施。2003 年国家出台实施了《中小企业促进法》。2005 年国务院出台了《关于鼓励支持和引导个体私营等非公有制经济发展的若干意见》。为应对国际金融危机，2009 年国务院出台了《关于进一步促进中小企业发展的若干意见》。针对后金融危机时期我国中小企业特别是小微企业经营压力大、成本上升、融资困难和税费偏重等问题，2012 年 4 月 19 日，《国务院关于进一步支持小型微型企业健康发展的意见》（国发〔2012〕14 号）发布，支持中小企业发展的政策环境更加宽松。与此同时，我国出台了一系列针对中小企业的税收优惠政策，取得了一定的效果。但现行税制对中小企业还存在一定的限制与歧视，加上非税负担重等，都影响了中小企业的持续发展。因此，应该借鉴国际经验完善税收优惠政策，给予中小企业特别是小微企业更有力的政策扶持，使其稳定发展。

一、中小企业在国民经济中的地位及面临的困境

（一）中小企业的界定及划分标准

对于中小企业的界定，目前世界各国（地区）所设定的参照系标准各不相同，但是，各国一般从质和量两个方面对中小企业进行定义。质的指标主要包括企业组织形式、融资方式及所处行业等，量的指标则主要包括雇员人

数、实收资本、资产总值等。美国国会 2001 年修订的《美国小企业法》将小企业的界定标准定为雇员人数不超过 500 人。

依据我国《中小企业促进法》规定，中小企业是指在中华人民共和国境内依法设立的有利于满足社会需要，增加就业，符合国家产业政策，生产经营规模属于中小型的各种所有制和各种形式的企业。

长期以来，我国将中小企业分为中型企业和小型企业。在 2011 年 6 月 18 日之前，对于中小企业的划分标准一直沿用 2003 年发布的《中小企业标准暂行规定》。工业和信息化部、国家统计局、发展改革委、财政部于 2011 年 6 月 18 日发布实施的《中小企业划型标准规定》（工信部联企业〔2011〕300 号），首次增加了"微型企业"这一企业类型。由此，我国的中小企业划分为中型、小型、微型三种类型，具体标准根据企业从业人员、营业收入、资产总额等指标，结合行业特点制定。不同行业中小企业的具体界定标准如表 6—1 所示。

表 6—1　中小微型企业划型标准

单位：万元

序号	行业	类型	从业人数（人）	资产总额	营业收入	划型关系
1	农、林、牧、渔业	中型			500～20000 以下	
		小型			50～500 以下	
		微型			50 以下	
2	工业	中型	300～1000 以下		2000～40000 以下	两者同时满足
		小型	20～300 以下		300～2000 以下	
		微型	20 以下		300 以下	两者满足其一
3	建筑业	中型		5000～80000	6000～80000 以下	两者同时满足
		小型		300～5000	300～6000 以下	两者同时满足
		微型		300 以下	300 以下	两者满足其一
4	批发业	中型	20～200 以下		5000～40000 以下	两者同时满足
		小型	5～20 以下		1000～5000 以下	两者同时满足
		微型	5 以下		1000 以下	两者满足其一

续表

序号	行业	类型	从业人数（人）	资产总额	营业收入	划型关系
5	零售业	中型	50～300 以下		500～20000 以下	两者同时满足
		小型	10～50 以下		100～500 以下	两者同时满足
		微型	10 以下		100 以下	两者满足其一
6	交通运输业	中型	300～1000 以下		3000～30000 以下	两者同时满足
		小型	20～300 以下		200～3000 以下	两者同时满足
		微型	20 以下		200 以下	两者满足其一
7	仓储业	中型	100～200 以下		1000～30000 以下	两者同时满足
		小型	20～100 以下		100～1000 以下	两者同时满足
		微型	20 以下		100 以下	两者满足其一
8	邮政业	中型	300～1000 以下		2000～30000 以下	两者同时满足
		小型	20～300 以下		100～2000 以下	两者同时满足
		微型	20 以下		100 以下	两者满足其一
9	住宿业	中型	100～300 以下		2000～10000 以下	两者同时满足
		小型	10～100 以下		100～2000 以下	两者同时满足
		微型	10 以下		100 以下	两者满足其一
10	餐饮业	中型	100～300 以下		2000～10000 以下	两者同时满足
		小型	10～100 以下		100～2000 以下	两者同时满足
		微型	10 以下		100 以下	两者满足其一
11	信息传输业	中型	100～2000 以下		1000～100000 以下	两者同时满足
		小型	10～100 以下		100～1000 以下	两者同时满足
		微型	10 以下		100 以下	两者满足其一
12	软件和信息技术服务业	中型	100～300 以下		1000～10000 以下	两者同时满足
		小型	10～100 以下		50～1000 以下	两者同时满足
		微型	10 以下		50 以下	两者满足其一
13	房地产开发经营	中型		5000～10000	1000～200000 以下	两者同时满足
		小型		2000～5000	100～1000 以下	两者同时满足
		微型		2000 以下	100 以下	两者满足其一
14	物业管理	中型	100～300 以下		1000～5000 以下	两者同时满足
		小型	10～100 以下		500～1000 以下	两者同时满足
		微型	10 以下		500 以下	两者满足其一

续表

序号	行业	类型	从业人数（人）	资产总额	营业收入	划型关系
15	租赁和商务服务业	中型	100～300 以下	8000～12000		两者同时满足
		小型	10～100 以下	100～8000		两者同时满足
		微型	10 以下	100 以下		两者满足其一
16	其他未列明行业	中型	100～300 以下			
		小型	10～100 以下			
		微型	10 以下			

（二）中小企业在国民经济中的地位

在现代经济中，无论是发达国家还是发展中国家，中小企业都是国民经济的重要组成部分，美国政府将中小企业称为"美国政府的脊梁"，日本经济学家认为"没有中小企业的蓬勃发展就没有日本的繁荣"。

1. 中小企业是拉动经济增长的主要力量

随着中小企业的快速发展，其对经济增长的贡献越来越大。据亚太经济合作组织中小企业部长会议统计，在其成员体21个国家和地区中，中小企业户数占各自企业总数的97%以上，国内生产总值比重占50%以上，出口总数占40%～60%。目前，从我国范围看，中小微企业占到企业总数的99.7%，其中，小型微型企业占到企业总数的97.3%。中小微企业已经成为促进经济增长的生力军。2010年，全国规模以上中小微企业工业增加值增长17.5%，占规模以上工业增加值的69.1%；实现税金1.5万亿元，占规模以上企业税金总额的54.3%，是2005年的1.9倍，年均增长13.1%；完成利润2.6万亿元，占规模以上企业利润总额的66.8%，是2005年的2.4倍，年均增长18.9%。① 中小企业在繁荣城乡经济、增加财政收入、促进科技创新、优化经济结构等方面，发挥着不可替代的重要作用。

---

① 《中小微企业扛大梁 提供八成以上城镇就业岗位》，《人民日报》2012年5月31日。

2. 中小企业是吸纳就业的主要渠道

中小企业多为劳动密集型企业，单位投资容纳的劳动力和单位产值使用劳动力明显高于大型企业。美国中小企业数量占到企业总数的 98.5% 以上，吸收了 2/3 的就业人员；欧盟中小企业占企业总数的 99.18%，就业人数占欧盟劳动力总数的 66%；日本中小企业数量占企业总数的 99.7%，中小企业从业人员占全部从业人员的 70% 以上。[1] 中小微企业更是我国吸收就业的主渠道，据全国第三次工业普查资料，大、中、小型企业的人均固定资产分别为 10.29 万元、5.11 万元、2.48 万元。同样的投资额，创办工业小企业提供的就业岗位为工业大企业的 5 倍多，以同样产值计算，小型工业企业使用的劳动力为大型工业企业的 1.9 倍。[2] 截至 2010 年末，中小微企业提供了我国 80% 以上的城镇就业岗位，仅"十一五"期间，中小微企业新增城镇就业岗位就超过 4400 万个。[3] 工信部中小企业司司长郑昕认为，我国工业化和城镇化的快速发展，相当程度上是由于发挥了小微企业特别是劳动密集型小微企业的优势，把数以亿计的农村剩余劳动力转化为农民工。近年来，我国每年新增大中专毕业生 1000 多万人，小微企业同样是吸收大学生初次就业的主要渠道。[4]

3. 中小企业是技术创新的生力军

中小企业是技术创新的重要力量，这不仅体现在中小企业呈现出以知识和技术密集型取代传统的劳动密集型、资本密集型的发展趋势，而且由于中小企业具有经营灵活、高效的特点，把科学技术转化为现实生产力所耗费的时间和精力少，环节也大为缩短。以美国为例，自 20 世纪初到 70 年代，美国小企业完成的科技发展项目占全国科技发展项目的 55%。进入 20 世纪 80

---

① 《国务院关于促进中小企业发展情况的报告》，中国新闻网 2009 年 12 月 24 日。

② 莫荣：《发展中小企业，促进中国就业》，《管理世界》2001 年第 5 期。

③ 《中小微企业扛大梁　提供八成以上城镇就业岗位》，《人民日报》2012 年 5 月 31 日。

④ 《中小微企业扛大梁　提供八成以上城镇就业岗位》，《人民日报》2012 年 5 月 31 日。

年代以后，大约 70% 的创新是由小企业实现的。在中国，目前中小企业提供了全国约 65% 的发明专利、75% 以上的企业技术创新和 80% 以上的新产品开发，已成为促进我国科技进步的重要主体和生力军。无论是在信息、生物、新材料等高新技术领域，还是在信息咨询、工业设计、现代物流等新兴服务业，中小企业的创新都十分活跃。大量新技术、新产品和新服务、新的商业模式源自中小企业。改造提升传统产业，培育发展战略性新兴产业，中小企业都是重要的担当者和关键之所在。[①]

（三）我国中小企业发展面临的困境

1. 中小企业经济实力弱

中小企业规模小、市场占有率低、产业链条短，在资金、机器设备、技术、人才、信息获取等方面都无法与大企业抗争，经营管理水平、现代化水平低下。中小企业专业化协作程度低，缺乏跨地区特别是跨国经营的战略积累，无法形成集约化的规模效应。与大企业相比，无论从静态的资产状况还是动态的营业收益来看，中小企业都处于明显的弱势。中小企业获利空间有限，甚至亏本经营，想要通过资本积累来扩大生产规模更是无从谈起。

2. 中小企业融资难

由于中小企业规模小、资信度低、经营状况不稳定、破产率高、缺乏足够的抵押资产、会计核算不规范，银行出于风险的考虑通常不愿贷款给中小企业，故向非金融机构借款成为中小企业融资的重要渠道。据统计，银行信贷基本覆盖大型企业和 80% 的中型企业，而规模以下的小企业 80% 无缘银行信贷，大量中小企业通过民间借贷解决燃眉之急，借款利率已高达 50% ~ 100%，融资成本居高不下。[②] 中国企业家调查系统 2011 年发布的报告显示：约一半的中小企业认为从银行贷款"非常难"或"比较难"，超过一半的小

---

① 《推进中小企业科技创新　提高整体抗风险能力》，河北省人民政府网站 2012 年 6 月 27 日。

② 《老"瓶颈"遭遇新问题　中小企业生存发展压力几何》，《经济日报》2011 年 9 月 13 日。

型企业表示目前资金相当"紧张"。一些企业甚至向不合法的民间借贷求助。温州 2012 年企业民间借贷规模超过 1200 亿元。民间借贷利率大大高于基准利率，中小企业原本就是微利经营，如此高的利息一旦还不上，资金链断裂，只能选择关门歇业。①

3. 中小企业成本上升压力大

从我国中小企业的行业分布来看，中小企业集中分布在建筑业、加工业、饮食服务等低端产业，这些产业大多是劳动密集型产业。从事粗加工、简单加工的多，拥有核心技术、能提供高附加值产品的少，人工成本和材料成本在中小企业成本中所占比例高。由于没有技术优势，只有劳动力优势，劳动力价格上涨令一些企业不堪重负。中小企业持续数年的"招工难"后，又迎来了劳动力价格的普遍上涨。这让大量依靠低成本优势的劳动密集型中小企业格外纠结，不涨工资招不来人，工资涨多了又可能没什么钱赚。调查显示，高达 97% 的中小企业主感到人工成本明显增加。此外，原材料价格的上涨也加大了企业的经营成本。②

4. 中小企业税费负担重

据有关部门统计，我国中小企业从总体税收负担水平上看，居高不下，税收占销售收入的负担率为 6.81%，高于全国各类企业 6.5% 的平均水平；税收占资产总额的负担率为 4.9%，高于全国 1.91% 的平均水平；税收占利润的比例为 119.6%，高于全国 99.9% 的平均水平。③ 中小企业协会会长李子彬曾对媒体表示，中小企业的实际税负已超过 30%。而且，中小企业在税外还承担着沉重的行政性收费、罚款的负担。中国社科院财贸所税收研究室主任张斌认为，目前我国中小企业要缴纳、承受六种税费或"隐性"负担：税（增值税、营业税、所得税等）；费（教育费附加、水资源费、社会保险费等，

---

① 白天亮：《党报：如何看待中小企业困难》，新华网 2011 年 12 月 14 日。
② 白天亮：《党报：如何看待中小企业困难》，新华网 2011 年 12 月 14 日。
③ 俞继东：《中小企业高税负的原因及影响分析》，《中国农业银行武汉培训学院学报》2008 年第 4 期。

据估算，通常交 1 元税，就要交 0.5 ~ 0.7 元的费）。[①] 过重的税费负担增大了企业的负担，而且降低了企业的投资能力和竞争能力。

二、税收政策扶持中小企业的理论依据

依据公共财政理论，政府的作用范围和领域应严格界定于弥补市场失灵的领域。市场失灵以及中小企业在国民经济发展中所处的地位，为政府扶持中小企业发展提供了合理的理论依据。

（一）中小企业存在外部正效应政府应该予以鼓励

外部效应是指在实际经济活动中，生产者或者消费者的活动对其他生产者或消费者带来的非市场性影响。这种影响可能是有益的，也可能是有害的，有益的影响被称为正外部效益或外部经济性；有害的影响被称为负外部效应或外部不经济。外部效应是一种经济力量对于另一种经济力量的"非市场性"的附带影响。因此，单纯依靠市场机制，当出现正外部效应时，利润外溢，生产者得不到应有的效益补偿；当出现负外部效应时，成本外溢，受损者得不到损失补偿。因此，市场机制无法矫正外部效应，政府就有必要介入和干预，对外部正效应予以鼓励，对外部负效应予以抑制。

中小企业具有很强的正外部效应，即中小企业所带来的社会收益一般要大于其私人收益。[②] 社会效益包括中小企业在促进经济增长、优化结构转变经济发展方式、促进技术创新和升级方面发挥的效用，包括在促进就业、增加居民收入和促进社会稳定方面产生的重要影响。改革开放以来，中小企业在分散经济风险、熨平经济波动、深化经济体制改革、完善市场体系和市场竞争机制方面，都发挥了十分明显的作用。中小企业减轻了国家和大企业的成

---

① 《人民日报调查中小企业税费负担》，人民网 2011 年 11 月 15 日。
② 马恩涛：《中小企业发展约束及财税政策探讨》，《税务研究》2011 年第 6 期。

本，增加了大企业和社会的收益。[①] 尽管中小企业具有很强的正外部效应，但基于"经济人"假设，中小企业的投资者在决定其投资规模和数量时，自然只考虑其投资所产生的私人成本和收益，故其私人最优决策结果可能远低于社会最优决策水平。因此，为使中小企业投资者的投资规模达到或接近社会最优投资水平以实现社会净效益的最大化，就需要对中小企业进行政策扶持。[②] 事实上，对中小企业进行扶持是世界各国的普遍做法，各国扶持中小企业的政策包括金融、财政和税收优惠政策。

（二）市场失灵需要政府为中小企业创造公平竞争的环境

在市场经济条件下，市场机制是资源配置的主体，但其资源配置功能并不是万能的，市场机制具有自身所固有的缺陷，经济学家称之为"市场失灵"，即市场在资源配置的某些方面是无效的或低效的。首先，自由竞争可能形成垄断，垄断会导致分散的中小企业处于竞争的不平等或劣势地位，需要政府的保护和支持。市场机制配置资源的帕累托效率是以完全自由竞争为前提的，而现实的市场并不具备这种充分条件。在某一行业（如大企业）产量达到相对高的水平之后，就会出现规模收益递增和成本递减的趋势，这时就会形成垄断，面对可能形成的市场垄断，中小企业往往处于不平等和劣势地位，很难有效地保护和发展自己，而且垄断会使市场效率降低甚至丧失。为了限制垄断，提高经济效率，政府应该大力发展中小企业，予以中小企业特定的扶持政策，引进竞争机制，来弥补市场的缺陷。其次，信息不对称会导致中小企业发展的盲目性和市场竞争的不平等，需要政府提供有效的引导服务和市场监管。相对于大企业，小企业规模小、寿命短、形式多变，通常不能建立正规的财务管理体系，财务管理水平较低，获取信息渠道较窄。信息不对称使小企业在交易中特别是与大企业的交易中处于不利地位。信息不对称，是中小企业自身难于解决的问题，因此，客观上需要政府提供有效的引导服务。

---

① 郑孝华：《论中小企业正外部效应》，《福建商业高等专科学校学报》2006 年第 3 期。

② 马恩涛：《中小企业发展约束及财税政策探讨》，《税务研究》2011 年第 6 期。

三、我国中小企业税收政策及其缺陷

（一）目前扶持中小企业的税收政策

1. 流转税优惠政策

增值税、营业税和消费税是我国的三大流转税，在税收收入总额中所占比例超过60%。总体来说，流转税中，对小中企业特别是小微企业的税收优惠政策不多。

增值税在立法上体现中性税的特征，税收优惠政策不多，专门针对小微企业的税收优惠主要有两项：一是调低了小规模纳税人的征收率。自2009年1月1日起，我国增值税由生产型增值税转为消费型增值税，小规模纳税人的征收率由原来工业企业6%、商业企业4%统一调整为3%，大大降低了小规模纳税人的税收负担。二是提高了增值税的起征点。自2011年11月1日起，个体工商户及个人从事生产经营按期纳税的，销售货物的增值税的起征点从月销售额2000~5000元调整为5000~20000元；提供应税劳务的增值税起征点从月销售额1500~3000元调整为5000~20000元；按次纳税的，每次（日）销售额从150~200元提高为每次（日）销售额300~500元。

我国营业税中与中小企业相关的税收优惠政策包括五类：一是鼓励中小企业从事技术研发。根据财税字〔1999〕273号文件规定，中小企业从事技术转让、技术开发业务和与之相关的技术咨询、技术服务业务取得的收入，免征营业税。二是对中小企业信用担保机构给予定期免税。工信部联企业〔2009〕114号文件规定，对符合条件的中小企业信用担保机构从事中小企业信用担保或再担保业务取得的收入（不含信用评级、咨询、培训等收入）三年内免征营业税。三是积极支持中小企业融资。依据国发〔2012〕14号的规定，将符合条件的农村金融机构金融保险收入减按3%的税率征收营业税的政策延长至2015年底，同时，依据财税〔2010〕4号文件规定，自2009年1月1日至2013年12月31日，对金融机构农户小额贷款的利息收入，免征营业税。四是鼓励下岗职工、高校毕业生创业、就业。《财政部国家税务总局关于支持和促进就业有关税收政策的通知》（财税〔2010〕84号）规定，对持《就业失业登记证》（注明"自主创业税收政策"或附着《高校毕业生自主创业证》）人员从事个体经营（除建筑业、娱乐业以及销售不动产、转让土地使用权、广告业、房屋中介、桑拿、按摩、网吧、氧吧外）的，在3年内按每户每年8000元为限额依次扣减其当年实际应缴纳的营业税、城市维护建设税、教育费附加和个人所得税。五是提高了营业税起征点。自2011年11月1日起，个体工商户及个人从事生产经营按期纳税的，营业税起征点从月营业额1000~5000元调整为5000~20000元；按次纳税的从每次（日）营业额100元调整为300~500元。

消费税因其征收范围主要为高能耗以及不可再生和替代的特殊消费品，征税对象具有一定选择性，因此，无对应中小企业的税收优惠政策。

2. 所得税优惠政策

我国目前扶持中小企业的税收政策是以所得税优惠为主体的。根据《企业所得税法》及《企业所得税法实施条例》规定，涉及中小企业的所得税优惠政策可为两类：一类是不同规模的企业都可以一视同仁享受的优惠政策，比如支持基础设施建设和高新技术产业发展的、鼓励节能环保和保护资源环境的等等；另一类是专门针对小微企业的。在此主要介绍第二类，专门针对小微企业的税收激励政策主要是关于创业投资优惠政策和小型微利企业优惠政策。另外，为有效应对国际金融危机，扶持中小企业发展，近年来财政部、国家税务总局又出台了一些支持小微企业的所得税优惠政策。

（1）创投企业税收优惠。《企业所得税法》第三十一条及其实施条例第九十七条规定，创业投资企业采取股权投资方式投资于未上市的中小高新技术企业两年以上的，可以按照其投资额的70%在股权持有满两年的当年抵扣该创业投资企业的应纳税所得额；当年不足抵扣的，可以在以后纳税年度结转抵扣。

（2）小型微利企业税收优惠。①降低所得税税率。依据《企业所得税法》规定，符合条件的小型微利企业减按20%的税率征收企业所得税。为应对国际金融危机，扶持中小企业发展，2009年9月19日，国家发布了《国务院关于进一步促进中小企业发展的若干意见》（国发〔2009〕36号），中小企业的企业所得税更趋优惠。《财政部、国家税务总局关于小型微利企业有关企业所得税政策的通知》（财税〔2009〕133 号）规定：自 2010 年 1 月 1 日至 2010 年 12 月 31 日，对年应纳税所得额低于 3 万元（含 3 万元）的小型微利企业，其所得减按 50% 计入应纳税所得额，按 20% 的税率缴纳企业所得税。《财政部、国家税务总局关于继续实施小型微利企业有关企业所得税政策的通知》（财税〔2011〕4 号）将针对小型微利企业的上述优惠政策延迟至 2011 年末。2011 年 11 月 29 日财政部、国家税务总局发布的《关于小型微利企业所得税优惠政策有关问题的通知》（财税〔2011〕117 号）更加大了对小微企业的优惠力度，明确规定：自 2012 年 1 月 1 日至 2015 年 12 月 31 日，对年应纳税所得额低于 6 万元（含 6 万元）的小型微利企业，其所得减按 50% 计入应纳税所得额，按 20% 的税率缴纳企业所得税。2012 年 4 月 19 日发布的《国务院关于进一步支持小型微型企业健康发展的意见》（国发〔2012〕14 号），除了明确强调要落实上述小型微利企业减半征收企业所得税的政策外，还给予了小微企业一系列财政扶持政策。②降低核定征收企业的应税所得率。2000 年，国家税务总局制定的《核定征收企业所得税暂行办法》（国税发〔2000〕38 号）规定各行业应税所得率分别为：工业、商业、交通运输业 7%~20%，建筑、房地产开发业 10%~20%，饮食服务业 10%~25%，娱乐业 20%~40%，其他行业 10%~30%。由于市场专业化程度不断提高，市场竞争越来越激烈，企业利润率不断降低，据《中国统计年鉴》数据，2004 年全国工业企业平均销售利润率为 5.98%，2005 年全国建筑业的平均销售利润率为 2.6%，商业批发业的平均销售利润率为 6.24%，均低于《暂行办法》规定的应税所得率。由于规定的应税所得率偏高，使纳税人面临税负不合理和税负过重的双重压力，增加了执法难度。因此，2008 年度，国家税务总局印发了新的《企业所得税核定征收办法》（国税发〔2008〕30 号），对行业类别进行了细分并对应税所得率进行了调整。除娱乐业外，农林牧渔业、制造业、批发和零售贸易业、交通运输业、建筑业、饮食业适用的应税所得率适当降低。其中，商业和交通运输业应税所得率降幅最大，由 7%~20% 调整为 4%~15% 和 7%~15%。由于我国的小微企业占企业总数的 97.3%，① 小微

---

① 《中小微企业扛大梁　提供八成以上城镇就业岗位》，《人民日报》2012 年 5 月 31 日。

企业又绝大多数是核定征收所得税，应税所得率的降低自然有利于减轻小微企业的所得税负。

除了税收扶持政策外，还减轻了中小企业的税外负担，2011 年 11 月 18 日，财政部、国家发改委联合发文，宣布自 2012 年起至 2014 年底，对小微企业免征 22 项行政收费项目。

（二）现行中小企业税收政策存在的缺陷

1. 对中小企业的税收优惠政策缺乏系统性和明确的目标

（1）对中小企业税收优惠的层次低。近年来，我国促进中小企业发展的税收优惠措施在逐年增加，在一定程度上改善了中小企业的生存环境。但是，大量的规定停留在部门规章、地方政府规章以及其他规范性文件的层面，立法层级低，权威性不高。

（2）缺乏专门针对中小企业的系统的税收优惠政策。除了企业所得税法中规定对小微企业实行低税率的优惠外，现行税收法律规范中专门针对中小企业的条款极少，大部分的税收优惠规定对大中小企业一视同仁，没有将中小企业与大企业区分对待，没有针对小微企业各方面的弱势给予其优于大企业的税收待遇，以致系统性差、针对性不强。另外，我国税收管理权限高度集中，省级政府无权因地制宜地制定扶持本地中小企业的税收政策，管理无法体现出灵活性。

（3）中小企业税收优惠政策缺乏明确的政策导向。各国政府相关的税收政策出发点主要基于保护中小企业的弱者地位，政策目标则明确定位于中小企业的生存、稳定与发展上。但是，我国许多扶持中小企业的税收政策往往是在特定的环境下基于短期需要而出台的，对中小企业的税收优惠政策，主要是为了解决残疾人和下岗失业人员就业等社会问题而设置的，没有考虑中小企业在发展中存在的普遍竞争劣势，更没有考虑中小企业长远发展的需求。[①] 第一，没有更多体现对自主创业者的扶持。我国现行企业所得税优惠政策大部分是针对已创办的中小企业，缺乏支持创办新的中小企业的税收优惠

---

① 刘普照：《完善促进我国中小企业发展的税收优惠政策》，《税务研究》2009 年第 6 期。

政策。第二，对中小企业科技创新鼓励不够。我国现行的所得税法规，对科技创新的优惠，主要是对已形成科技实力的高科技企业以及享有科研成果的技术性收入实行优惠。没有专门针对中小企业技术创新的优惠，使技术落后、急需要技术创新的中小企业得不到税收优惠的好处。第三，对中小企业的融资税收倾斜不够。

总之，我国至今尚未形成与《中小企业促进法》相配套、政策导向明确的中小企业税收制度。

2. 现行流转税税制对中小企业存在歧视

（1）增值税一般纳税人与小规模纳税人的划分标准加重了中小企业特别是小微企业的税负。现行增值税税制依据销售规模和会计核算是否健全把纳税人分为一般纳税人和小规模纳税人两类，且只要销售规模达不到标准，不管企业会计核算是否健全，一律不得认定为一般纳税人。小规模纳税人购进物资的进项税额不允许抵扣，销售货物也不得开具增值税专用发票。这些政策不但加重了小规模纳税人的税收负担，而且使购货方因不能足额抵扣进项税额而不愿购买小规模纳税人的货物，阻断了一般纳税人与小规模纳税人之间的正常经济交往，增加了交易成本。尤其是一些经营原材料、工业配件的商业零售和批发的小企业在激烈的市场竞争中处于极为不利的地位。据有关数据显示，2005 年增值税一般纳税人的平均税负为 2.76%，其中工业为 4.04%、商业为 1.17%。[①]可见，作为小规模纳税人的小型商业企业的增值税税负超过大中型企业。另外，我国的增值税制度自 2009 年由生产型增值税转为消费型增值税，一般纳税人购进固定资产的进项税额得以抵扣，而大量的小规模企业购置固定资产的进项税额得不到抵扣，又加重了其税收负担，降低了产品在国内外市场的竞争力，这些都对中小企业的生产经营和发展极为不利。

（2）营业税税率偏高且存在重复征税。营业税多采用 5% 的基本税率，在服务业分工越来越细、流转环节越来越多的情况下，重复征税现象相当严重，不利于中小企业的集群化、专业化发展。

（3）营业税和增值税起征点的规定不能使小微企业受益。由于营业税和

---

① 孙锋：《改革税收政策，推动中小企业发展》，《经营与管理》2011 年第 11 期。

增值税起征点仅适用于个人（个体户），但个人独资、合伙企业以及一人有限责任公司等中小企业实际上与个人（个体户）没有大的区别，但因企业性质原因无法适用营业税和增值税起征点政策，增加了负担。

3. 现行所得税制对中小企业发展形成制约

2008 年开始实施的企业所得税法统一了内外两套税法，并将企业所得税税率由 33% 调整为 25%，同时对符合条件的小型微利企业，减按 20% 的税率征收企业所得税，对国家需要重点扶持的高新技术企业，减按 15% 的税率征收企业所得税，大大减轻了中小企业的税收负担。但是，现行企业所得税对中小企业的发展仍然形成制约，特别是横向比较，优惠幅度偏小。

（1）小型微利企业的所得税率仍然偏高。现行《企业所得税法》对中小企业的优惠，主要体现在对小型微利企业的优惠税率上。我国一般企业所得税税率为 25%，符合条件的小型微利企业所得税率为 20%，这种优惠幅度相比国外而言仍有很大的差距。表 6—2 列示了部分经合组织国家对小企业实行所得税税率优惠的情况。在对小企业设有优惠税率的国家中，小企业优惠税率与公司所得税率相比最优惠的是美国，相差 20 个百分点。表中 14 个国家的公司所得税率算术平均数大约为 27%，小企业所得税率的算术平均数大约为 17%，两者相差 10 个百分点。横向比较，我国小微企业 20% 的税率水平是比较高的，与基本所得税率只相差 5 个百分点。特别需要说明的是，企业所得税法和财税〔2011〕117 号规定的优惠税率适用于小型微利企业，而小型微利企业比《中小企业划型标准规定》的小微企业范围小得多，且核定征收所得税的小微企业无权享受减半征收所得税的优惠，使得许多应给予扶持的小微企业无法得到实际优惠。

表 6—2　部分经合组织成员国企业所得税税率设置情况

单位:%

项目＼国家	美国	加拿大	法国	希腊	爱尔兰	日本	韩国
公司基本税率	35	19	33.3	25	12.5	32	22
小企业优惠税率	15	11	15	10	12.5	22	13

续表

项目＼国家	卢森堡	匈牙利	荷兰	葡萄牙	西班牙	英国	比利时
公司基本税率	22	18	19.1	25	30	30	33
小企业优惠税率	20	10	24.5	12.5	25	20	24.5

资料来源：刘成龙：《完善税收政策　支持中小企业发展》，《税务研究》2011 年第 6 期。

（2）企业所得税法中的有些优惠政策对中小企业特别是小微企业存在歧视。企业所得税法规定的有些优惠政策从表面上看来是一视同仁的，实质上带有明显的身份歧视特征。国有、集体企业可以享有，将民营企业排除在外；公司制企业能够享受，合伙制企业、个人独资企业享受不到。只给予公有制企业或公司制企业的税收优惠绝大部分小微企业实际上享受不到。比如，技术开发费的加计扣除政策，因技术开发项目立项、认定门槛较高，事实上只有国有企业、集体企业、国有或集体控股企业和联营企业才能享受，而个体、私营企业往往被排除在此项优惠政策之外。投资公共基础设施项目和环境保护、节能节水项目企业所得税"三免三减半"以及购买节能节水、环保设备投资抵免税额的税收优惠政策也是如此。另外，企业亏损弥补政策对小微企业也存在歧视。无论何种规模的企业税法规定以税前利润弥补亏损的期限都是 5 年，小微企业因为寿命短、利润微薄，实际上得到的优惠远比不上大企业。

（3）所得税前扣除费用的规定对中小企业不利。企业可以分为公司制企业和非公司制企业两类，后者主要包括个人独资企业、合伙企业和个体经营企业等形式。从世界范围来看，非公司制企业是中小企业的主体。企业所得税法对税前扣除费用的规定基本上是从公司制企业出发的，没有考虑作为非公司制企业主体的中小企业的情况。中小企业的固定资产往往超负荷运转，磨损较快，但现有制度对固定资产折旧费用列支控制过严；中小企业的广告投入、业务宣传费用占销售收入的比例较高，而现行制度规定此类费用扣除不得超过销售收入的 15%；中小企业融资难，向非金融机构融资比例大，融资成本高，但向非金融机构借款的利息支出超过按照向金融机构借款利率计算的部分不得扣除；等等。这势必增加中小企业的经营成本。

（4）企业所得税优惠形式单一。现行的企业所得税法对中小企业税收优惠的主要形式是减免税和优惠税率，其他形式较少，基本上是直接优惠，国际通行的加速折旧、投资抵免、延期纳税等扶持性间接优惠方式较少。直接优惠方式只看重结果，仅对企业利润给予减免，在企业亏损情况下，企业所得税减免更犹如"镜花水月"。实际上，中小企业在开办之初，由于费用较高、市场占有率低、收入不稳定，必然导致其营利能力较低，需要更多的税收优惠予以扶持。而我国的税收政策对中小企业固定资产的投资、无形资产的开发、研究费用等事前资金投入及科研开发活动的税收激励不够。

（5）我国对组织形式不同的中小企业适用不同的所得税法，造成税负不公。我国对非法人形式的中小企业（具体形式包括个人独资企业、合伙企业）不适用企业所得税，而是按照投资者的所得比照个体工商户按五级超额累进税率征收个人所得税，中小企业主只能照章纳税，没有选择的权利。表面上非公司制企业的边际税率下降，但实际上由于不能享受有关企业所得税的各种优惠政策，实际税负并没有减轻，反而税负高于公司制企业。例如，根据现行《企业所得税法》，年度应纳税所得额不超过 30 万元的小型微利企业适用 20% 的税率，如果是非公司形式，适用个人所得税的规定。以年应税所得为 28 万元的某责任有限公司为例，税法上必须适用公司所得税率，但因其年应税所得不足 30 万元，故可享受小型微利企业 20% 的低税率，该年度应缴纳企业所得税 56000 元。但是应税所得同样为 28 万元的某合伙企业，适用的是个人所得税累进税率，该年度应缴纳的税额总计为 91250（5000×5% ＋5000×10% ＋20000×20% ＋20000×30% ＋230000×35%）元。仅仅因为企业形式不同，同样的应税所得合伙企业每年要比有限公司多承担 35250 元的税收。再假设 2012 年有两家企业的应税所得 50000 元，一家是合伙企业需交个人所得税 10750 元，一家是有限责任公司依据财税［2011］117 号文规定，只需交纳企业所得税 5000 元。同样应税所得的两家企业，非公司制企业的个人所得税税负是公司制企业企业所得税的两倍多。当然，公司制企业分配给股东的股息所得依法还要征收 20% 的个人所得税。从立法上说企业所得税与个人所得税存在重复征税，但我国目前对股票转让所得是暂免征个人所得税的，公司制企业可以通过不分或少分股息使股东取得股价上涨的收益而规避个人所得税。当然，公司制企业如果对股东分配的比例大，其交纳的企业所得税和对股息征收的个人所得税之和有可能超过非公司制企业交纳的个人所得税。可见，公司制企业与非公司制企业的总体所得税负孰轻孰重，取决于企业的规模、所在行业和利润分配情况。① 因此，因企业组织形式不同适用不同的所得税法，存在严重的税负不公。

4. 现行的税收征管政策对中小企业存在限制

（1）普遍的核定征收对中小企业不利。根据《中华人民共和国税收征收管理法》规定，纳税人不设置账簿和账目混乱或申报的计税依据明显偏低的，税务机关有权采用"核定征收"的办法。由于这一办法没有量化标准，因而在实际中，有些基层税务机关往往对中小企业不管是否设置账簿，不管财务核算是否健全，都采用"核定征收"办法，扩大了"核定征收"的范围。国家税务总局关于印发《企业所得税核定征收办法（试行）》的通知（国税发〔2008〕第30号）中制定的"应税所得率"标准也并不完全符合中小企业薄利多销、营利能力较低且不稳定的实际；有的甚至不管有无利润，一律按核定的征收率征所得税。② 这样做损坏了中小企业的合法权益，加重了中小企业的税收负担。

（2）对中小企业的纳税服务不到位。在实际的税收征管过程中，存在着依任务而征税和服务的情况，处于完成税收任务的考虑，大部分税务机关存在对重点税源、纳税大户服务多、对中小企业服务少的情况。许多中小企业由于税源分散、交易频繁、流动性强，加之财务管理人员素质一般不高，对税法的理解和运用特别是对税收优惠的了解较为欠缺，因而迫切希望得到有关企业应纳税种及税率等税收知识，从税收层面合法开源节流和减少被动违法行为等有针对性的纳税辅导。针对中小企业纳税人的税收优惠政策辅导和指南，在金融危机爆发后才引起各地的关注。但在全国范围内，这些辅导和

---

① 刘成龙：《完善税收政策 支持中小企业发展》，《税务研究》2011年第6期。

② 黄旭明、姚稼强：《促进我国中小企业发展的税收政策研究》，《税务研究》2006年第6期。

指南仍存在范围窄、力度小的缺陷,对中小企业的纳税辅导、纳税指南等纳税服务的分类管理还处于起步阶段。[①]

四、国外扶持中小企业的税收政策及其特点

依法扶持中小企业的发展,是世界各国的通行做法。各国针对不同类型、不同行业、不同性质的中小企业,根据经济发展状况,通过立法制定并实施不同的税收优惠政策,从而保障中小企业的权益。

(一)扶持中小企业税收政策的主要内容

1. 美国的中小企业税收政策

美国政府历来重视对中小企业的扶持,采取了一系列税收优惠措施来促进中小企业的发展,主要表现在以下几个方面:

(1)降低税率。公司所得税最高税率已从46%降为33%,最低税率降为15%。依据《经济复兴税法》的规定,雇员在25人以下的企业,依照个人所得税税率缴纳,而不是按照公司所得税税率缴纳。把资本收益税的最高税率从28%降至20%,又对创新型小企业降至14%。[②]

(2)税收减免。包括全额减免、定额减免和定比减免。①允许中小企业对新设备的投资直接递减应纳所得税额。购买新的设备,使用年限在5年以上的,购入价格的10%可抵扣当年的应纳税额;如法定使用年限为3年的,抵免额为购入价格的6%。②对中小企业的长期投资实行税收减免政策。对年收入不足500万美元的小企业实行长期投资所得税减免,对投资500万美元以下的企业给予永久性投资减免税;对小型企业投入的股本(符合一定条件)所获资本收益实行至少5年5%的税收豁免;对创新型的小型企业,其资本收益减半按14%征收。小型企业的应纳税款如果少于2500美

---

① 苏月中、向景、王征:《国际金融危机下我国中小企业的发展与税收支持》,《税务研究》2009年第8期。

② 曾康华:《当代西方税收理论与税制改革研究》,中国税务出版社2011年4月版,第352页。

元可全额用于投资抵免，对于超过 2500 美元的部分，最高抵免额限于超过部分的 85%。①

（3）实行加速折旧政策。美国允许小型企业在投资后的 1~2 年里对新购置使用的固定资产提取高比例折旧，对某些设备在其使用年限初期实行一次性折旧。

（4）中小企业可选择所交所得税。税法规定小企业可以从以下两种纳税方式中选择一种：一是选择一般的公司所得税，税率为 5%~46% 的 5 级超额累进税率；二是选择"合伙企业"的纳税方式，并入股东的个人所得中缴纳个人所得税。②

2. 日本的中小企业税收政策

日本也非常重视对中小企业的扶持，自 20 世纪 60 年代以来，出台了一系列针对中小企业的税收优惠政策。目前对中小企业税收扶持政策包括税收优惠减免、购买设备抵税等。

（1）降低税率。日本政府规定：资本金在 1 亿日元以上的普通法人，其法人所得税税率为 30%；而对资本金在 1 亿日元以下的年度所得，分两部分征税，即应税所得在 800 万日元以下部分，按 22% 的税率征税，超过 800 万日元的部分按 30% 的税率征税。在 2009 年 4 月 1 日至 2011 年 3 月 31 日期间，为应对金融危机的影响 22% 的税率临时下调至 18%。③

（2）设备抵税政策。对购买能促进中小企业发展的工业用自动机械、数控机器等设备的，提供两种优惠选择：一种是给予相当于购买价 30% 的首次特别折旧；另一种是给予相当于购买价 7% 的抵免优惠。但以上课抵免金额最高不超过当年应纳税额的 20%。

（3）对科技性中小企业给予特别税收优惠。日本税法规定，当该年度的

① 曾康华：《当代西方税收理论与税制改革研究》，中国税务出版社 2011 年 4 月版，第 350~351 页。
② 曾康华：《当代西方税收理论与税制改革研究》，中国税务出版社 2011 年 4 月版，第 352 页。
③ 《221 个国家和地区的公司所得税和增值税税率表（2009/2010 年度)》，《中国税务年鉴 2011》，中国税务出版社 2011 年 11 月版，第 764 页。

研究开发经费支出超过以前任何年度时，可将超过金额的 20%（不超过法人税总额的 10%）从法人税额中抵免；给予中小企业相当于购置设备价 7% 的法人特别税额扣除；所有小企业的产品和技术研究开发支出都可以享受 6% 的税收抵扣。[①]

3. 英国的中小企业税收政策

英国扶持中小企业的税收政策有优惠利率和投资抵免等。

（1）优惠税率。为了给低利润的小企业更大的生存和发展空间，年利润低于 30 万英镑的小企业公司税率为 20%，比大企业适用税率 30% 低了 10 个百分点，从 2000 年 4 月起，年利润不足 1 万英镑的公司将适用 10% 的优惠税率，这在西方国家中是最低的。[②]

（2）对投资创办中小企业给予免税优惠。英国政府早在 1983 年的财政法案中就规定，凡投资创办小企业者，其投资额的 60% 可以免税，每年免税的最高投资限额为 4 万英镑。1984 年起又实行第一年免税额削减到 75%，从 1985 年 3 月 31 日起削减到 50%，以后每年的免税额为 25%。[③]

（3）对研究开发给予税收优惠。英国税法规定：年营业额少于 2500 英镑的中小企业，每年投资开发超过 5 万英镑时，可享受减免税 150% 的优惠待遇；尚未赢利的中小企业投资研究开发，可获得相当于研究开发投资 24% 的资金返还。[④]

除此之外，还有设备投资抵税、对中小科技企业的所得税优惠等。

4. 韩国的中小企业税收政策

韩国政府扶持中小企业的税收政策也很丰富，既有鼓励企业创办的，也有激励企业技术创新的。①新创办的中小企业所得税实行"三免二减半"的

---

① 曾康华：《当代西方税收理论与税制改革研究》，中国税务出版社 2011 年 4 月版，第 351～352 页。
② 杨杨、杜剑：《发达国家中小企业税收政策对我国的启示》，《商业研究》2005 年第 14 期。
③ 李艳：《构建支持中小企业健康发展的税收政策体系》，《哈尔滨学院学报》2008 年第 5 期。
④ 曾康华：《当代西方税收理论与税制改革研究》，中国税务出版社 2011 年 4 月版，第 357 页。

优惠待遇；① 对技术密集型的中小企业，从获利之日起，前 3 年减半征收企业所得税，后 3 年按应纳企业所得税的 70% 征收企业所得税；② 减征中小企业创业初期的财产税等税收。②中小企业购进机器设备按购进额的 30% 抵免所得税。③对于中小企业的技术创新支出给予一定的法人税和所得税减免，并对在韩国国内中小企业工作或在特定研究机构从事科研的外国人给予 5 年的所得税减免政策。③

（二）国外扶持中小企业税收政策的共同特点

1. 税收优惠政策的法律层次高

多数国家都通过立法来制定促进中小企业发展的税收优惠政策，将税收优惠提高到法律层次，具有相对的稳定性。比如，早在 1953 年美国通过的《小企业法案》是保护中小企业的基本法；同时还制定了《小企业创新法》等配套法律。1963 年日本通过的《中小企业基本法》已成为政府对中小企业给予政策支持的基本法律；以后相继制定了《中小企业指导法》、《中小企业现代化促进法》等一系列专项法规。这就为中小企业税收政策的顺利实施提供了有力的保障。

2. 税收优惠具有明确的政策目标和针对性

纵观各国的中小企业税收政策，总体上是以提升中小企业的竞争力，营造公平的竞争环境为目标。同时，在充分认识中小企业的重要地位，深入了解其自身特点和所处环境的基础上，税收优惠政策又有其明确的具体目标。比如，各国政府都把科技创新看作小企业发展的重要基础，由政府给予一系列税收优惠政策，以推动中小企业科技创新；把解决中小企业筹资困难作为税收政策的主要目标，保证中小企业流动资金的充足程度；等等。许多国家

---

① 黄旭明、姚稼强：《促进我国中小企业发展的税收政策研究》，《税务研究》2006 年第 6 期。

② 李庆云、杨志银：《发达国家中小企业税收政策对我国的启示》，《生产力研究》2009 年第 17 期。

③ 李庆云、杨志银：《发达国家中小企业税收政策对我国的启示》，《生产力研究》2009 年第 17 期。

的税法中都规定了专门针对中小企业的优惠政策，相关的税收扶持政策做到了有的放矢，使中小企业真正成为相关政策制定的出发点和受惠者。

3. 税收优惠政策内容比较系统

许多国家制定的中小企业的税收优惠政策，贯穿了中小企业创办、发展、转让等各环节，也涉及流转税、所得税、财产税等多个税种；既有对中小企业的税收优惠，也有对在中小企业工作的个人的税收优惠。因此，优惠内容比较系统全面。

4. 税收优惠手段灵活多样

各国的税收优惠政策主要有加速折旧、投资抵免、再投资退税、延期纳税、亏损结转等间接优惠方式，以及减免税、退税等直接优惠方式，又以间接优惠方式为主。通过多种税收优惠措施，大力促进中小企业的发展，特别是对新创办企业，对新技术、新产品开发企业，税收优惠很多很细，使不同类型的各种企业都能得到税收政策的支持和鼓励。

五、完善我国扶持中小企业发展的税收政策

国外经验表明，税收是市场经济条件下扶持中小企业发展的最有效手段，因此，我国应该改革和完善现行的税收政策，促进中小企业的快速发展。

（一）构建促进中小企业发展的税法体系

国际上有许多国家制定颁布了健全的中小企业法律体系，美国 1981 年修订了《经济复兴税法》，1997 年通过了《纳税人免税法》。为促进中小企业发展，我国出台了《中华人民共和国中小企业促进法》，发布了《国务院关于进一步促进中小企业发展的若干意见》，但税法中并没有专门针对中小企业做出系统的规定。为充分发挥税收调节作用，应根据我国中小企业税收优惠政策零散分布，缺乏整体性和系统性的特点，借鉴国外经验，制定与《中小企业促进法》配套的税收制度体系。按照平等竞争、税负从轻、便于征管的原则，健全税收法律法规，出台专门促进中小企业发展的税法，或者专门规定一部分关于促进中小企业发展的税收法律制度，提高中小企业税收政策的法律层

次。增强税收政策的规范性、稳定性和透明度，使中小企业税收优惠政策具备有效的法律保证。

（二）明确税收扶持中小企业的政策导向

税收优惠政策的制定应从中小企业特别是小微企业面临的困境出发，以产业政策为导向，引导中小企业调整和优化产品结构，增强其市场竞争力。

1. 加大对创办中小企业的支持力度

创业是就业之源，鼓励创业有利于缓解就业的压力，扩大就业是政府宏观调控的目标之一，也有利于社会的稳定。小微企业提供了我国城镇近80%的就业岗位，是扩大就业的主渠道。因此，应加大对创业的税收优惠力度。第一，对中小企业特别是小微企业在初创期加大税收优惠。小微企业在初创时期是市场竞争中的弱势群体，在初创时期给予税收优惠是许多国家的普遍做法。第二，对向中小企业的风险投资给予税收优惠。第三，对投资者从中小企业取得的投资收益再投资创办中小企业给予税收优惠。

2. 加大对中小企业融资的优惠力度

融资渠道不畅、融资困难是制约小微企业发展的瓶颈因素。我国应借鉴国际经验加大对小微企业融资的支持力度。因此，许多国家通过税收手段来帮助中小企业解决融资困难，我国也应借鉴国际经验加大对中小企业融资的支持力度。一是增加商业银行对中小企业信贷业务税收优惠；二是运用税收优惠扶持村镇银行和小额贷款公司；三是对小微企业的融资费用所得税前扣除给予优惠。

3. 加大对中小企业技术创新的支持力度

后金融危机时代世界经济格局是以创新为主导，中小企业是技术创新的主力军。而创新是集高投入、高风险和高回报于一身的活动，创新过程充满风险和不确定性，金融机构往往不愿向科技型中小企业提供贷款，需要政府通过税收优惠进行扶持。美国、日本和韩国等发达国家无一例外的对中小科技企业给予特别的税收优惠，我国要建立创新型国家，加大对中小企业技术创新的支持力度尤为重要。一是对中小型科技企业加大税收优惠力度；二是以税收优惠鼓励对中小科技企业的风险投资；三是对在中小企业工作的科技人才给予个人所得税的优惠。

（三）基于扶持中小企业调整有关税收政策

1. 调整增值税政策

首先，扩大一般纳税企业的范围。《增值税暂行条例》第13条第2款规定："小规模纳税人会计核算健全，能够提供准确税务资料的，可以向主管税务机关申请资格认定，不作为小规模纳税人，依照本条例有关规定计算应纳税额。"可见增值税法中对小规模纳税人的规定是出于便利征管之目的，但在实践中，税务机关一般将销售额作为区分小规模纳税人与一般纳税人的最主要标准，按企业规模分别征管，对中小企业形成歧视。出于税收征管的需要，成为一般纳税人的基本条件应当是会计核算健全与否，而非企业规模的大小。因此，为了保护中小企业的税收权益，应取消增值税一般纳税人认定的应税销售额标准，无论企业规模大小，只要有固定场所，财务制度健全，会计核算准确完整，遵守增值税专用发票管理规章制度，没有偷税行为，都应享受一般纳税人待遇。特别是随着2013年1月1日《小企业会计准则》的实施，将会有越来越多的中小企业按照国家统一的会计准则规定设置账簿，按规定向税务机关报送会计资料，以会计核算是否健全作为认定一般纳税人的唯一标准对中小企业具有重要意义。其次，把增值税起征点规定从个人扩大到企业纳税人，如规定销售货物的中小企业月销售额不足2万元的，可免交增值税。最后，进一步调低小规模纳税人的征税率。2009年增值税转型后小规模纳税人适用3%的征收率，而一般纳税人的实际税负是低于3%的，因此，建议把征收率调整为2%，减轻中小企业的税收负担。

2. 调整营业税政策

第一，逐步扩大营业税改增值税的试点。依据我国现行税法规定，增值税和营业税的税收范围是互补的，增值税征税范围仅限于销售货物、提供加工、修理修配劳务以及进口货物，加工、修理修配劳务以外的其他服务业属于营业税的征税范围。也就是说，营业税的征税对象以第三产业为主，营业税与增值税的分立对第三产业的影响最大。中小企业规模小、融资困难、生产专业化程度低，中小企业更容易进入第三产业，在第三产业领域的发展潜力也最大，尤其在建筑业、服务业，中小企业的成长性最强。而且，营业税因不抵扣进项税是对全部营业收入征税比按净收入征税的增值税税负往往要高，这对中小企业十分不利。从国际上看，在征税范围的选择上，除了一些经济落后、征管水平低的国家外，绝大多数发达国家和一部分发展中国家都对整个商品生产、流通和服务业一体征收增值税。韩国在1977年的税制改革中取消了营业税，把提供劳务纳入增值税征税范围。德国政府于1968年将产品流动税改为商品增值税，改变了中小企业在税收上的不平等地位。逐步扩大增值税的征收范围已经是大势所趋，经国务院批准，自2012年1月1日起，已在上海市开展交通运输业和部分现代服务业营业税改征增值税试点；2012年7月，将交通运输业和部分现代服务业营业税改征增值税试点范围，由上海市分批扩大至北京市、天津市、江苏省、安徽省、浙江省（含宁波市）、福建省（含厦门市）、湖北省、广东省（含深圳市）8个省（直辖市）。但增、营两税并存的局面在其他省市还将持续。第二，把营业税起征点规定从个人扩大到企业纳税人，使更多的中小企业受益。第三，针对中小企业融资难问题，国家可实行金融机构向中小企业贷款取得的利息收入给予减征营业税的优惠政策，以鼓励金融机构增加对中小企业贷款。第四，对中小企业服务机构为开拓市场而举办产品展览展销和信息咨询活动所取得的收入，免征营业税。

3. 完善中小企业所得税优惠政策

（1）降低小型微利企业的企业所得税率。当今大部分国家都对中小企业尤其是小型企业，实行优惠税率政策。针对我国中小企业税率偏高、税费负担偏重的情况，应借鉴国际经验，降低我国小型微利企业的所得税税率水平，将小型微利企业的所得税率降低到15%，与基本税率保持10%的差距水平。除了低税率之外，还应借鉴国际经验采用累进式的企业所得税率。依据《中小企业划型标准规定》对中小企业的划分，所得税法中也有根据年所得额划分税率档次的做法，应综合企业的资本额和年所得额，在低税率与一般税率之间，设计2~3档的累进税率，降低边际税率，实现不同规模企业的税负合理化。

（2）采取灵活多样的优惠方式。对中小企业除采用直接减免、降低税率的直接优惠外，借鉴国际经验采取多种间接优惠形式。第一，扩大加速折旧的范围。对于新设立的中小企业，鼓励采取加速折旧，缩短一般设备及耐用资产的折旧年限。第二，建立专门针对中小企业的投资抵免制度，增强中小企业的投资意愿；对中小企业用税后利润转增资本的再投资行为，可按一定比例退还再投资部分已纳的所得税税款，以鼓励企业将所得利润用于再投资，扩大企业规模。第三，对中小企业技术改造项目购置设备金额的一定比例，允许从技改项目设备购置后较购置前一年新增的应纳所得税额中抵扣。

（3）进一步放宽税前列支费用标准。考虑到目前中小企业面临的资金短缺困境，可以适当放宽费用列支标准。允许中小企业职工教育经费据实在税前列支，以支持其人力资源开发，解决人才缺乏的难题；取消对公益性、救济性捐赠的限制，准予税前列支；取消按国家银行贷款利率标准列支的限制，对不违反现行法规的融资利息支出，都应准予据实税前列支，从而拓宽中小企业的融资渠道；提高中小企业广告投入、业务宣传等费用的税前列支标准。另外，改革技术开发等项目的认定标准，使更多的小微企业也能享受技术开发费加计扣除的优惠，更好地促进小微企业的发展。

（4）赋予中小企业税种选择权。一些国家为了给中小企业投资者创造较为宽松的税收环境，通常赋予中小企业投资者一定的纳税选择权。美国税法充分考虑中小企业股东的个人属性，赋予中小企业一定的纳税选择权，企业主有权选择对自己有利的、负担最轻的方式缴纳税款。非公司制企业是我国中小企业的主体，约占中小企业总数的90%左右。为减轻中小企业的税收负担，减少税收政策对企业组织形式选择造成的负面影响，应借鉴美国等国家的做法，允许个人独资和合伙制的中小企业，自主选择合理的纳税方式，决定缴纳个人所得税或是企业所得税，只缴纳一种税，避免重复征税。

（5）改革小微企业亏损弥补制度。中小企业寿命相对较短，风险大，当税收政策不对亏损实行完全弥补时，低税率、投资抵免、加速折旧等税收优惠有可能无法真正给中小企业带来实惠。① 在经合组织30个成员国中，对于企业发生的亏损，税法规定的结转弥补方式大多很优惠。其中，澳大利亚、

① 刘成龙：《完善税收政策　支持中小企业发展》，《税务研究》2011年第6期。

奥地利、比利时和瑞典等 12 个国家规定可以往后无限期结转弥补；加拿大、韩国、美国等 5 个国家规定既可以向前结转弥补也可以向后结转弥补，其中，美国规定向后结转弥补的期限高达 12 年；其他国家则规定只能用以后所得弥补亏损，但向后结转的期限大多超过 5 年。[①] 优惠的亏损弥补政策为这些国家中小企业的生存和发展提供了有利条件。我国税法规定只能用以后年度所得弥补亏损且期限不超过 5 年，相比较而言优惠力度是最小的。因此，应借鉴国际经验，允许小微企业的营业亏损向前结转弥补，并延长向后结转弥补的期限。

（四）优化对中小企业的税收征管服务

根据中小企业财务管理水平低、账证不健全、税收相对成本较高等特点，采取"重服务轻惩罚"的模式，为中小企业发展提供较为宽松的纳税环境。可考虑建立中小企业税收服务中心，为中小企业提供纳税申报、缴款入库、办理纳税延期、减免税、退税以及税法咨询、纳税辅导、建账建制辅导等服务，减少中小企业的纳税成本。

1. 对中小企业加强税法及相关法规、知识的培训

（1）开展税法宣传，提高其纳税遵从度。借鉴西方国家做法，在办税大厅免费提供纳税指南，利用媒体广泛开展税法宣传，提供优质的税务咨询服务，使中小企业能及时获得税收法规变动的可靠信息，以利其依法遵章纳税。另外，也可以专门针对中小企业举办培训班，进行集中培训。

（2）进行会计法规及相关知识的培训，提高中小企业的建账面。第一，当前要宣传和培训《小企业会计准则》，鼓励中小企业根据《小企业会计准则》的规定进行会计核算和编制财务报表，对符合查账征收条件的小企业要及时调整征收方式，对其实行查账征收。第二，向广大的中小企业宣传建账建制与税收征管的关系。事实上，规范会计核算，依据会计准则的规定设置账簿是查账征收的前提条件，也是小微企业能够享受到国家近年出台的小微

---

① 《165 个国家和地区的公司所得税税率和亏损处理情况表（2005/2006 年度）》，国家税务局网站 2007 年 1 月 19 日。

企业税收优惠政策的前提。通过宣传，使广大的中小企业认识到建账建制的重要性，自觉规范会计核算，提高中小企业的建账面和查账征收面。

2. 优化纳税服务，创新税收服务方式

简化中小企业纳税申报程序和纳税申报时附送的资料，以利节省其纳税时间和纳税成本；积极推广税务代理服务，为中小企业提供税务咨询、税务代理，尽量减少因不了解税收法规而造成的纳税差错；对少数中小企业纳税上的非故意差错，只要其依法补缴税款，可不予处罚或从轻处罚；适度下放地方政府各税的减免权，对那些税源固定、税收收入较少的地方税种，均可授权地方政府自行掌握，以利于各地有针对性地对中小企业给予必要的减免税扶持，促使其发展。① 根据纳税人需求，全面推行"一站式"全职能服务，完善导税服务、预约服务、上门服务、提醒服务等个性化服务措施；实施税务稽查预告，根据案源分类标准和范围，确定预警对象，以发放税务检查预告通知书及自查表的形式预先告知预警对象，让纳税人有自行纠错的机会，降低税收成本。

3. 加强中小企业税收优惠管理，重视税收优惠的实施效果

在中小企业减免税审批的程序和权限方面，要加强部门之间的协调与配合。科学设定审批程序并严格管理，形成从申请受理、调查审核、集体审议、会议决定、免税公示到免税通知或者不予受理说明的一套完整的程序。纳税人报送的减免税资料要严格审核，每个环节的办理情况都要有相应的表册或记录记载；不同审批部门要互通情况、实现信息共享，对符合减免税条件的，及时进行审核、审批。加强对享受减免税政策的中小企业的跟踪管理，建立台账，定期走访调查，防止出现税收优惠滥用的行为。实施执法责任制和过错责任追究制度，确保各项税收优惠政策的正确执行；同时做好减免税的效果评估工作，提高税收优惠的实施效果。

---

① 黄旭明、姚稼强：《促进我国中小企业发展的税收政策研究》，《税务研究》2006年第6期。

（五）规范行政性收费，降低中小企业负担

1. 取消不合理收费

尽管 2012 年至 2014 年对小微企业免征 22 项行政收费项目，但中小企业的行政收费负担依然沉重。《国务院关于进一步支持小型微型企业健康发展的意见》（国发〔2012〕14 号）指出，继续减免部分涉企收费并清理取消各种不合规收费。落实中央和省级财政、价格主管部门已公布取消的行政事业性收费。清理取消一批各省（区、市）设立的涉企行政事业性收费。规范涉及行政许可和强制准入的经营服务性收费。继续做好收费公路专项清理工作，降低企业物流成本。

2. 全面实行"阳光收费"

依照国发〔2012〕14 号文件的规定，加大对向企业乱收费、乱罚款和各种摊派行为监督检查的力度，严格执行收费公示制度，加强社会和舆论监督。完善涉企收费维权机制。要按照《中华人民共和国政府信息公开条例》规定，主动、全面、及时公开本部门的收费项目、收费标准、执收范围、计费单位及依据、监督电话等内容，增强收费透明度，更广泛地接受群众和社会监督，实行"阳光收费"。

第七章　促进收入公平分配的税收政策

改革开放以来，传统经济体制下居民收入来源单一、分配中平均主义倾向严重的利益格局被打破，极大地调动了劳动者的积极性和创造性。但是，收入差距过大、贫富悬殊的现象也相伴而生，进入 21 世纪以来，我国收入分配差距仍呈现不断拉大的趋势。根据世界银行 2009 年的测算，我国的基尼系数已达到 0.47，不少专家认为我国目前的基尼系数已达到 0.5。收入分配不公的问题引起了理论界、决策层和社会公众的普遍关注，已成为直接关系到和谐社会构建的突出问题。税收作为政府调控经济运行的重要杠杆，在实现收入公平、缩小贫富差距方面被寄予厚望，但近年来效果并不好。税收调控没有完全达到调节贫富差距的目的，这与一些发达国家形成了明显的反差。笔者以为，当今的宏观经济环境、税收结构和征管水平特别是初次分配的不规范制约了税收调节收入分配作用的发挥。要切实加强税收的公平分配力度，不能就税收论税收，更多的要从规范初次分配、优化税收征管的环境方面下工夫。

一、税收制度调节居民收入差距的基础理论

(一) 收入分配公平的衡量标准

研究收入分配不公问题，首先要明确判断收入公平与否的标准，国际范围内采用的收入公平与否的量化标准很多，主要有洛伦兹曲线和基尼系数、恩格尔系数等以下几种：

1. 洛伦兹曲线和基尼系数

（1）洛伦兹曲线

由于收入是个流量概念，财富一般是收入累计的结果，是个存量概念，因此，在探讨公平问题时，一般以收入为对象。洛伦兹曲线是美国统计学家 M. O. 洛伦兹创立的以直观图像反映收入分配公平程度的曲线。

洛伦兹曲线可以在经济统计数据的基础上描绘。图 7—1 中，横轴表示社会各阶层的个人家庭总数，纵轴表示社会可供分配的收入总量。该图中，绝对公平的收入曲线是方形图中的对角线 OY，在这一条线上，社会各阶层拥有的收入数量是完全均等的。绝对不公平的收入分配曲线是 OPY，它意味着 1% 的人占据 100% 的收入。这两种情况在现实中基本不存在，现实中的收入分配状态曲线总是位于 OY 和折线 OPY 之间呈弧形状态的曲线，即洛伦兹曲线。显而易见，弧线弯曲程度越大，收入分配越不平等；弯曲程度越小，收入分配越平等。

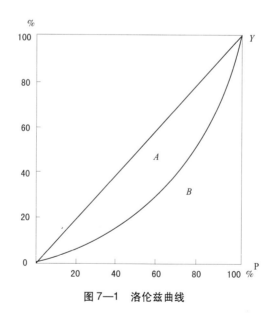

图 7—1　洛伦兹曲线

（2）基尼系数

20 世纪初意大利经济学家基尼，根据洛伦兹曲线找出了判断分配平等程度的指标，设实际收入分配曲线和收入分配绝对平等曲线之间的面积为 A，实际收入分配曲线右下方的面积为 B。并以 A 除以 A + B 的商表示不平等程度。这个数值被称为基尼系数或称洛伦兹系数。如图 7—1 所示，则基尼系数 = A/（A + B）。

当基尼系数等于零时，表示该国收入分配绝对平等；当基尼系数等于 1 时，表示该国收入分配绝对不平等。实际的基尼系数总是大于零而小于 1 的。基尼系数越接近零，表示收入分配越平等；基尼系数越接近 1，收入分配越不平等。按国际通用的标准，基尼系数小于 0.2，表示收入分配绝对平等；0.2 ~ 0.3，表示收入分配比较平等；0.3 ~ 0.4，表示收入分配基本合理；0.4 ~ 0.5，表示收入分配差距较大；0.5 以上表示收入分配差距悬殊。

目前我国在衡量收入差距时会计算三类基尼系数，即农村居民基尼系数、城镇居民基尼系数和全国居民基尼系数。这种计算方法以我国实际国情为出发点，分别计算出农村和城镇居民内部基尼系数，然后赋予农村和城镇系数以不同的权重，最后推算出全国居民基尼系数。

2. 库兹涅茨指数与倒"U"形曲线

库兹涅茨指数是用一个社会分配体系中最富有的人口所占的收入份额来表示社会的收入分配差距，指数越高收入分配差距越大。1954 年，库兹涅茨通过对美、英、德等国的历史数据分析得出结论：随着经济的发展，发达国家的收入分配不平等状况经历了首先扩大而后逐渐缩小的趋势，他把这种收入分配差距的长期变动轨迹描述成一条简单的倒"U"形曲线，即"库兹涅

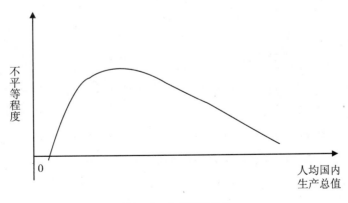

图 7—2　库兹涅茨曲线

茨曲线",见图7—2。库兹涅茨曲线表明了收入分配差距变动的长期趋势:当一个社会从前工业文明向工业文明转变的时候,收入不均等在早期阶段会恶化,而后是短暂的稳定,然后在增长的后期阶段逐渐缩小,这种观点把收入分配和经济发展联系起来,认为收入分配不仅受社会制度的影响,而且还受经济发展水平的影响。

3. 绝对差距和相对差距

将全部居民收入按照从高到低或从低到高的顺序,划分为若干等分,然后取收入最高的一组人口的收入,与收入最低的一组人口的收入相比较,用减法计算出比较组的绝对差距,用除法计算出比较组的相对差距。其计算值与收入差距正相关,这种测量指标在分析我国居民收入差距悬殊的表现及成因时广泛采用。

采用这种方法,主要用来分析最高收入阶层的居民与最低收入阶层的居民之间的相对收入差距,而对中间部分则不予考虑。等分法有一等分、四等分、五等分、七等分、十等分等几种方法,最常用的是五等分法。它以一个国家或地区中收入分配水平最高的20%的人口和最低的20%人口来测度一定社会的收入分配差别,简单、清晰地描绘了最高收入部分的居民与最低收入部分的居民之间的比重,便于根据收入层次考察收入分配的差距。

4. 收入不良指数

收入不良指数是全体居民中20%最高收入组的平均收入水平与20%最低收入组的平均收入水平之间的比值,指数的最低值为1,指数越大表明收入分配差距就越大。通常认为,不良指数在3以下为高度均等,3~6之间为相对均等,6~9之间为相对合理,9~12之间收入差距相对较大,12~15之间收入差距过大,15以上收入差距极其严重。收入不良指数是衡量收入分配差距的常用指标,可以反映一个国家或地区收入不平等的程度,同时将最高收入组和最低收入组都考虑在内,因此在分析贫富差距时会更全面、更具体。但是,由于忽略了其他收入组,将无法反映收入分配差距的总体变动趋势。

5. 恩格尔系数

恩格尔系数是衡量一国富裕程度和居民生活水平高低的重要指标,它反映的是居民食物支出在消费总支出中所占的比重。联合国依据该指标划分贫富的档次是：系数在 59% 以上为绝对贫困；系数在 50% 至 59% 之间为勉强度日；40% 至 49% 为小康；30% 至 39% 为富裕；30% 以下为最富裕。该指标对于衡量居民的收入水平和生活质量有普遍的适用性。

（二）正确认识收入差距拉大与收入分配不公

收入差距拉大能否等同于收入分配不公？要弄清这个问题，首先必须正确认识公平。

1. 公平包括经济公平和社会公平

在经济学中，公平是一个与收入分配相联系的概念。收入分配中的公平包括起点公平、过程公平（规则公平）和结果公平；从国民收入分配的环节而言，公平有经济公平和社会公平两个不同的标准。

经济公平是指在社会生产领域内按照市场规则进行的收入分配而产生的公平问题。如果能排除非市场因素的干扰，则初次分配完全按市场规则进行，按照这一分配规则，社会将会达到最有效率状态。因此，维护经济公平，也就是维护市场经济制度。社会公平是从社会消费的角度对初次分配的结果进行的再分配，矫正由于收入过分集中在少数人手中而形成的社会财富的不公平状态，缩小个人收入分配上的差距。政府采取相应手段对初次分配形成的结果进行调节，以实现社会公平，这是市场经济条件下政府的重要职责或者是政府提供的公共产品。

2. 从初次分配来看，违背市场规则即为不公平

市场经济的本质特征是维护市场主体在经济活动中的地位平等，竞争是市场经济的天性，市场经济主要是根据效率来进行市场主体的收益分配，因此平均主义是不公平的分配。在国民收入的初次分配中，那些拥有资本、技术、土地等多种生产要素的居民必然会凭借其要素的数量和质量获得较多收入，这些高收入者在初次分配领域取得的合法收入，即使与中低收入者差距很大甚至悬殊也是公平的，这恰恰是市场机制发挥作用的结果，是公民个人潜能得到充分发挥获得的相应回报。但现实生活中的市场并非"纯粹"的市场，而是被社会经济发展阶段与制度安排制约、政府干预调控等因素作用后

的被修正或扭曲了的市场。[①] 如果市场机制不能有效地发挥作用，一些非经济的手段干预影响了收入的分配，一些部门、单位和个人就会取得非法收入、不正当收入。这种收入无论数量大小，对基尼系数影响有多大，都是不公平的。

3. 从再分配的结果来看，过分悬殊即为不公平

在国民收入的初次分配领域，按市场规则进行收入分配，出现收入悬殊甚至过分悬殊是正常的也是公平的，但这是经济公平而不是社会公平。从社会消费角度来看，这一分配结果就存在着不公平，收入差距过分悬殊，会使一些低收入群体难以满足其最基本的消费需要。要实现社会公平就需要政府采取转移支付、税收等手段对初次分配形成的结果进行调节，如果政府的调控手段不力将会出现收入分配和财富占有的过度悬殊，就出现了不公。所以，从社会消费角度来看，适度的收入差距是公平的，收入过分悬殊即为不公平。

4. 机会平等是实现收入结果公平的基础

机会平等是指所有具有工作能力的人，其就业、投资、职务升迁、营利的机会都是均等的，作为竞争主体他们都处在同一条起跑线上。所谓结果公平是指特定社会中所有的人在享有平等自由的前提下，获得均等的权力和财富。虽然社会主义的最终目标是追求共同富裕，实现结果公平，但是，市场经济公平竞争的性质决定了更加注重机会平等和起点公平，机会平等是结果公平的基础。

所以，不能简单地把收入差距拉大与收入分配不公划等号，收入差距拉大可能是公平的也可能是不公平的，关键要看拉大差距的原因是什么。"不公平"又可以区分为起点不公平、规则不公平以及结果不公平。在一般情况下，结果的不公平往往表现为收入差距的扩大，追求初次分配的公平是追求起点公平和规则公平；实现再分配的公平则是结果公平。在现阶段，我们着重需要解决的是机会的不平等、规则的不公平问题，应把解决收入分配不公产生的收入差距作为收入分配问题的重点。

---

① 贾康、刘微：《提高国民收入分配"两个比重"遏制收入差距扩大的财税思考与建议》，《财政研究》2010 年第 12 期。

（三）税收调节居民收入分配的机理

税收调节收入分配是通过改变纳税人的可支配收入，运用利益驱动机制使纳税人调整行为，从而实现税收调控的目标，具体来说主要是对居民收入的形成、使用和财富的积累状况征收适用的税来实现的。不同的税种，由于其调节范围不同、组织收入的能力不同以及调节的环节不同，因而在调节居民收入差距时，担当着不同的角色。有些税种是对居民收入分配形成过程的调节，有些税种是对居民收入分配结果的调节。

1. 通过流转税对收入分配进行间接调节

流转税一般在国民收入初次分配环节征收，可以从调节个人可支配收入的角度发挥间接调节作用。流转税一般采用比例税率或定额税率，只对应税商品和劳务征税，流转税嵌入商品售价之中，具有隐蔽性，故较为容易被纳税人接受。现行税制中，流转税主要包括增值税、消费税、营业税及关税。增值税的"中性"特征决定了其主要用于收集财政收入，营业税在税制设计上具有"中性"特征且其发展的趋势是逐渐被增值税代替，因此，增值税和营业税调节收入分配的作用有限。消费税对特定商品征税，实行差别税率，增税范围和税率的选择性强，可以调节居民的消费水平和财富积累状况，直接影响消费者的消费支付能力，因而可以间接调节消费者的个人可支配收入。

2. 通过所得税直接调节收入分配

在个人收入的形成环节，个人所得税是最重要、最直接的调节工具，是政府实现收入再分配的一种有效手段，它通过对流量财富的调节来缩小社会贫富差距。相对于流转税，其税负难以转嫁，纳税人即为负税人，因此可以直接调节不同阶层的个人收入。特别是个人所得税适宜采用累进税率，对高收入阶层畸高收入的直接调节最为有效。一方面，累进税率的设置大大降低了高收入者的收入水平；另一方面，政府通过设计不同的减免条件，对低收入者给予一定的优惠政策，可以有效地缩小不同阶层间的收入差距。个人所得税是各个国家进行收入再分配最有利的税收政策工具。

3. 通过社会保障税直接调节收入分配

社会保障税是一种专款专用的税种，旨在为人们提供维持其养老、医疗、失业、生育等基本生活需要的救济金，主要被低层收入者所享用，有利于提高低收入者的收入。在个人收入的形成环节，通过征收社会保障税来筹集社会保险基金，可以保障人们的最低生活水平。在收入分配调节中既能"削高"又能"补低"，特别是在"补低"方面能发挥独特作用。

4. 通过财产税促进财富的公平分配

居民之间的贫富差距主要表现在流量和存量两个层面，存量财产在很大程度上决定着流量收入的多少，在财产保有环节征收财产税可以有效地调节财富分布不均的现状。财产税属于直接税，具有税负不易转嫁的特点，可以直接实现政府的调控目标，是对所得税调控收入分配功能的重要补充。广义财产税包括两方面，即对个人拥有的财产征税和对财产的转让征税，前者包括现行的房产税、契税、车船使用税、车辆购置税等，后者一般为遗产税、赠与税等。对富有者征收高额累进财产税，不仅有利于调节财富分配，而且通过遗产税及赠与税的配合可以抑制财富过于集中的趋势，避免两极分化的加剧。

就税种的调节环节而言，不同的税种在收入分配过程中，由于调节环节的不同，调节收入差距的效果也不同。比如，在初次分配环节，消费税通过对奢侈品的课税，从而限制高收入者的消费支付能力，缩小居民收入差距；增值税通过对日常生活用品的税收优惠，可以降低低收入阶层的税收负担；此外，资源税以通过调节资源由于开采条件等不同给企业带来的级差收入，缩小行业之间、企业之间的收入差距。在再分配环节，个人所得税通过累进税率的实行，可以直接削减高收入者的收入；财产税可以对社会财富进行再分配，限制社会财富向少数富人过度集中，体现社会的公平分配。第三次分配主要是指民间的慈善捐赠，个人所得税、企业所得税和遗产税等可以通过对企业和个人给予一定的税前扣除，从而对慈善捐赠起到激励作用。

二、我国居民收入分配不公的具体表现

改革开放以来，我国的社会经济发生了翻天覆地的变化，城乡居民的收入水平不断提高，生活水平得到进一步改善。与此同时，居民收入差距不断拉大，贫富日益悬殊。近10年来，我国地区、城乡、行业、群体间的收入差距明显加大，收入分配格局失衡导致社会财富向少数利益集团集中，由此带来的诸多问题日益成为社会各界关注的焦点。

（一）居民个人之间总体收入差距过大

国内外学者对收入差距的描述基本上采用基尼系数，我国居民个人收入水平差距过大也可以通过居民收入基尼系数值的逐渐扩大得到佐证。国家统计局测算结果认为，1990年、1995年和2000年的基尼系数分别是0.343、0.389和0.417。[①] 在2002年亚洲开发银行第三十五届年会"中国日"研讨会上，国务院发展研究中心副主任鲁志强指出，按照国际通行的判定标准，中国已经跨入居民收入很不平等国家行列。自20世纪90年代末期以来，基尼系数仍在以每年0.1个百分点的速度在提高。这说明尽管收入差距的问题已经引起社会和政府的高度重视，但收入分配差距不断扩大的趋势仍然没有得到遏制。据世界银行的测算，2009年我国的基尼系数已达到0.47。而在国民收入分配与企业薪酬制度（2010）高峰论坛上，国务院国资委研究中心副主任彭建国介绍，目前比较被认可的数据是我国基尼系数已经接近0.5。[②] 在2011年12月海口举行的第73次中国改革国际论坛上，北京师范大学收入分配与贫困研究中心主任李实教授指出，当前我国收入差距不断扩大是基本事实，收入分配不公也在恶化。另外，李实教授从20世纪80年代起参与了4次大型居民收入调查。根据他的研究数据，收入最高10%人群和收入最低10%人群的收入差距，已从1988年的7.3倍上升到2007年的23倍。截至2008年底，机关公务员退休金水平是企业的2.1倍，事业单位月均养老金是企业的1.8倍。[③]

居民收入差距也可以用财富的集中程度得到佐证。根据世界银行的报告，

---

① 韩文秀等：《中国居民收入差距研究综述》，《经济研究参考》2003年第3期。

② 张牡霞：《专家建议"十二五"：应将基尼系数列为约束性指标》，《上海证券报》2010年12月9日。

③ 夏业良：《中国的财富集中度远远超过美国　两极分化严重》，《财经国家周刊》2010年6月8日。

美国5%的人口掌握了60%的财富。而中国则是1%的家庭掌握了全国41.4%的财富，财富集中度远远超过了美国。[①]

（二）城乡之间收入差距急剧拉大

随着国民经济持续发展，我国城乡居民收入水平不断提高，但两者之间的差距却不断拉大。特别是21世纪以来，这种差距正在加速扩大。

表7—1　城乡人均收入及恩格尔系数

单位：元

年份	城镇居民人均可支配收入	农村居民人均纯收入	城乡人均收入比	城镇居民恩格尔系数（%）	农村居民恩格尔系数（%）
1978	343.4	133.6	2.57:1	57.5	67.7
1980	477.6	191.3	2.50:1	56.9	61.8
1985	739.1	397.6	1.86:1	53.3	57.8
1990	1510.2	686.3	2.20:1	54.2	58.8
1992	2026.6	784.0	2.58:1	53.0	57.6
1994	3496.2	1221.0	2.86:1	50.0	58.9
1996	4838.9	1926.1	2.51:1	48.8	56.3
1998	5425.1	2162.0	2.51:1	44.7	53.4
2000	6280.0	2253.4	2.79:1	39.4	49.1
2002	7702.8	2475.6	3.11:1	37.7	46.2
2004	9421.6	2936.4	3.21:1	37.7	47.2
2006	11759.5	3587.0	3.28:1	35.8	43.0
2007	13785.8	4140.4	3.33:1	36.3	43.1
2008	15780.8	4760.6	3.31:1	37.9	43.7
2009	17174.7	5153.2	3.33:1	36.5	41.0
2010	19109.4	5919.0	3.23:1	35.7	41.1
2011	21810	6977	3.13:1	36.3	40.4

资料来源：《中国统计年鉴2011》，中国统计出版社2011年9月版；2011年数据来自于《2011年国民经济和社会发展统计公报》。

[①]　夏业良：《中国的财富集中度远远超过美国　两极分化严重》，《财经国家周刊》2010年6月8日。

　　首先，以城乡居民人均收入而言，城乡居民收入的绝对差距和相对差距都不断拉大。根据国家统计局的数据，改革开放以来，我国城乡居民收入差距总体上经历了一个由缩小到扩大的变化过程。由表7—1可知，20世纪70年代末80年代初，城乡居民的相对收入差距相当大，1978年，城镇居民人均可支配收入是农村居民人均纯收入的2.57倍。随着家庭联产承包责任制推行，农民收入大幅增长，城乡居民收入差距有所缩小，1985年，城乡居民收入之比缩小为1.86倍。20世纪90年代中期，城乡居民收入差距扩大，特别是21世纪以来，城乡收入差距急剧拉大。城乡居民收入之比2000年为2.79倍，2007年扩大到3.33倍，之后的差距与2007年大体相当；城乡居民收入的绝对差距2000年为4026.6元，2008年就突破万元，之后仍然不断扩大。而世界上多数国家城乡收入的比率为1.5∶1，这一比率超过2的极为罕见。另据有关部门的调查，"隐形收入"也主要发生在占城镇居民家庭10%的高收入户，占到全部遗漏收入的3/4。[①]恩格尔系数的不断下降表明食品支出占生活消费的比重正在逐渐减少，从表中的恩格尔系数可以看出，城乡居民的消费结构也在发生变化。通过比较城乡居民的恩格尔系数可知，农民不但收入低，而且用于食品的支出占总支出的绝大部分，这也可以反映出城乡收入差距的严峻性。

　　其次，农民工的工资被长期压低也是城乡不公的突出表现。有资料表明，2008年，广州、深圳、杭州、南京、东莞、上海、无锡、苏州、宁波等长三角、珠三角九个城市的出口加工企业中，农民工平均工资与当地城市职工平均工资相比很少有超过40%的，差距最大的是东莞，农民工工资不到城镇职工的30%。[②]

　　更为重要的是，中国城乡居民之间的人均收入比率由1994年的2.86提高到2011年的3.13，这还不能真实地反映出城乡收入差距。中国社会科学院经济研究所的调查报告显示，城镇居民的可支配收入没有涵盖城市居民所享

———————

　　① 新华社调研小分队：《我国贫富差距正在逼近社会容忍"红线"》，《经济参考报》2010年5月10日。

　　② 宋晓梧：《展望"十二五"：政府应怎样干预初次分配》，《第一财经日报》2010年10月18日。

有的各种实物补贴，比如公费医疗、义务教育、养老金保障、失业保险、最低生活救济等等，对于农村居民来说可望而不可即。调查负责人之一、中国社科院经济研究所研究员李实说，如果把这些因素都考虑进去，估计城乡收入差距可能要达到四倍、五倍，甚至是六倍，中国的城乡收入差距是世界上最高的。[①]

（三）行业间的收入差距悬殊

21 世纪以来，我国行业之间的分配差距不断拉大，且呈现日益扩大的趋势，行业差距已成为我国居民整体收入差距拉大的重要原因。

首先，行业之间的工资水平差距过大。行业之间的工资水平在 20 世纪 90 年代中期开始逐步拉大，21 世纪以来更是急剧拉大且呈现难以遏制的趋势。由表 7—2 所示，职工平均工资最高行业与职工平均工资最低行业的相对差距由 1990 年的 1.76 倍上升为 2000 年的 2.63 倍、2003 年的 4.49 倍、2005 年的 4.73 倍，2005 年之后，统计资料显示的行业工资差距略有缩小，但差异不大。横向比较，我国的行业差距远远超过世界平均水平。2006 ~ 2007 年，世界其他国家最高、最低行业工资差距分别为日本、英国、法国，约在 1.6 ~ 2 倍左右，而德国、加拿大、美国、韩国在 2.3 ~ 3 倍左右。[②]

表 7—2　各行业城镇就业人员平均工资

单位：元

年份	平均工资最高 行业及工资水平		平均工资最低 行业及工资水平		绝对差距	相对差距 （倍）
	最高行业	工资水平	最低行业	工资水平		
1990	采矿业	2718	农林牧渔	1541	1177	1.76
1995	电力煤气与水的产出与供应	7843	农林牧渔	3522	4321	2.23

① 赵晓辉、魏武：《中国社会科学院调查：中国城乡收入差距世界最高》，新华网 2004 年 4 月 25 日。

② 宋晓梧：《政府要找准在初次分配中的位置》，《中国经济导报》2010 年 12 月 11 日。

续表

年份	平均工资最高行业及工资水平		平均工资最低行业及工资水平		绝对差距	相对差距（倍）
	最高行业	工资水平	最低行业	工资水平		
2000	科学研究和综合服务业	13620	农林牧渔	5184	8436	2.63
2002	金融保险业	19135	农林牧渔	6398	12737	2.99
2003	信息传输、计算机服务业和软件业	30897	农林牧渔	6884	24013	4.49
2005	信息传输、计算机服务业和软件业	38799	农林牧渔	8207	30592	4.73
2007	信息传输、计算机服务业和软件业	47700	农林牧渔	10847	36853	4.40
2008	信息传输、计算机服务业和软件业	54906	农林牧渔	12560	42346	4.37
2009	金融保险业	60398	农林牧渔	14356	46042	4.21
2010	金融保险业	70146	农林牧渔	16717	53429	4.20

资料来源：《中国统计年鉴2011》，中国统计出版社2011年9月版；1990~2002年数据来自于《中国统计年鉴2005》。

其次，非货币性福利更加拉大行业之间的收入差距。需要强调的是，统计资料显示的行业工资水平差距并不能客观反映不同行业居民的收入差距，电力等垄断企业普遍存在名目繁多的非货币性职工福利，如福利房、购物券及相关生活用品等等，如加上实物福利等收入，差距会更大。有资料显示目前我国的行业差距已经达到了15倍。[1]

垄断行业职工的工资和福利水平与一般竞争性行业差距巨大，成为我国收入分配差距过大的一个突出问题。国家发改委宏观经济研究院社会发展研究所所长杨宜勇认为，垄断行业收入畸高是导致行业间收入差距过大的主要原因，也是引起社会非议最大的诱因。[2]

高收入行业主要是金融保险业、电力、信息传输等垄断经营性行业以及

---

[1] 任玉岭：《缩小"四大差距"比涨工资重要》，人民网2012年1月3日。

[2] 王仁贵：《我国行业间收入差距达10倍　垄断行业收入畸高》，《瞭望》2009年5月18日。

信息传输、计算机服务和软件业等科技含量高的行业和新兴行业。收入较低的行业主要是农林牧渔业、建筑业、住宿业和餐饮业等传统的劳动密集型行业。2008年，由国有企业垄断的石油、电力、电信、烟草等行业的员工人数不到全国职工人数的8%，而其收入相当于全国职工工资总额的60%。[①]

某一行业职工的高收入本身并不是问题，关键在于导致收入差距的原因是否合理。如果劳动力在不同行业之间能够自由流动，行业间工资差主要取决于职工受教育程度、年龄等个人属性上的差异，由此产生的收入差异应当视为合理的。但是，我国垄断行业的高收入主要来源于政府保护下该行业对市场的垄断，而不是这些行业在市场上成功竞争的结果。国家发展改革委就业和收入分配司编辑出版的《中国经济收入分配报告》就认为"行政性垄断行业收入有1/3是靠各类特许经营权获得的"[②]。根据岳希明等的研究，垄断行业与竞争行业之间收入差距的50%以上是不合理的。[③]

（四）地区之间的收入差距过大

改革开放以来，无论是不同的农村地区居民之间，还是在不同的城市地区居民之间，收入差距都呈不断扩大之势。不同地区的居民收入差距集中反映在东部和中西部地区之间差距的扩大上。

以人均国内生产总值为例，1978年东部、中部和西部地区人均国内生产总值分别为466元、312元和257元，东部地区和西部地区相差0.81倍；2011年，全国人均国内生产总值最高的地区是天津市，为86496元，最低的是贵州，仅为16117元，前者是后者的5.4倍。[④]

从城乡居民收入看，无论是城市还是乡村，东部与中部、西部地区的差

---

① 丛亚平、李长久：《中国基尼系数已超0.5或致动乱》，《经济参考报》2010年5月22日。

② 宋晓梧：《政府要找准在初次分配中的位置》，《中国经济导报》2010年12月11日。

③ 岳希明、李实、史泰丽：《垄断行业高收入问题探讨》，《中国社会科学》2010年第3期。

④ 资料来源：国家统计局网站各省统计公报。

距都在不断拉大。2000 年中部地区与东部地区城镇居民人均可支配收入差距比 1990 年扩大了 5.39 倍，农村居民家庭人均纯收入扩大了 3.58 倍；西部地区与东部地区 2000 年城镇居民家庭人均可支配收入差距比 1990 年扩大了 6.07 倍，农村居民家庭人均纯收入扩大了 3.94 倍。[①] 2000 年以来，不同地区居民的收入差距进一步拉大，突出表现在东部地区和西部地区居民的差距上，由表 7—3 所示，2010 年相对于 2005 年，中部地区居民收入占东部地区居民收入的比重只上升 1.22%，东北地区与东部地区的差距基本未发生变化，西部地区居民收入占东部地区居民收入的比重又下降了 3.02 个百分点，东西部差距进一步拉大。

表 7—3 不同地区城镇居民人均可支配收入及差距

单位：元

年份	东部地区	中部地区	西部地区	东北地区	中部占东部比重（%）	西部占东部比重（%）	东北部占东部比重（%）
2005	9922.42	6540.92	6963.54	6835.46	65.92	70.18	68.89
2006	10870.49	7260.44	7504.39	7389.83	66.79	69.03	67.98
2007	12126.61	8339.34	8477.49	8669.43	68.77	69.91	71.49
2008	20965.49	14061.73	13917.01	14162.02	67.07	66.38	67.55
2009	23153.21	15539.39	15523.03	15842.64	67.12	67.04	68.43
2010	25773.29	17302.96	17309.03	17688.18	67.14	67.16	68.63

资料来源：历年《中国统计年鉴》。

2010 年，上海市城镇居民家庭人均可支配收入全国最高，为 31838.08 元，甘肃最低，只有 13188.55 元，绝对差距达到 18649.53 元，最高是最低的 2.41 倍；上海农村居民家庭人均纯收入 13977.96 元，甘肃农村居民家庭人均纯收入只有 3424.65 元，绝对差距达到 10553.31 元，相对差距达到 4.1 倍。[②]

---

① 中国税务学会课题组：《税收如何调节个人收入分配》，《税务研究》2003 年 10 月。

② 《中国统计年鉴 2011》，中国统计出版社 2011 年 9 月版，第 340 页。

（五）城市内部、农村内部居民之间的收入差距悬殊

改革开放以来，中国居民的收入水平得到了显著的提高。但不容忽视的是，城镇内部居民之间的收入差距也在逐渐拉大，城镇内部阶层分化明显，高收入阶层与低收入阶层的收入差距日渐悬殊。由表7—4可见，2000年中国城镇居民按收入"七分法"划分，收入最高10%收入组的人均可支配收入为13311元，最低10%收入组的人均可支配收入为2653元，城镇最高收入户是最低收入户的5.19倍；2006年中国城镇居民收入最高10%收入组的人均可支配收入为最低10%收入组的人均可支配收入的8.96倍；2008该差距上升为9.18倍。如果考虑灰色收入，由于只有少数的城市家庭能得到灰色收入，城镇内部的居民收入差距远高于统计数据反映的差距。王小鲁等人基于调查在考虑灰色收入的基础上推算了城镇居民收入分配差距，按城镇居民家庭10%分组，2008年城镇最高收入家庭与最低收入家庭的实际人均收入分别是5350元和13.9万元，差距是26倍，而不是按统计数据计算9.18倍。

表7—4　城镇居民收入差距

单位：元

年份	最高收入（10%）收入	最低收入（10%）收入	最高收入与最低收入比（倍）
2000	13311	2563	5.19
2002	18995	2409	7.89
2004	25377	2862	8.87
2006	31967	3568	8.96
2007	36784	4210	8.74
2008	43613	4753	9.18
2009	46826	5253	8.91
2010	51432	5948	8.65

资料来源：历年《中国统计年鉴》。

农村居民的收入差距也是逐渐扩大的，由表7—5可见，2000年中国农村居民按收入"五等分法"划分，最高收入户的人均纯收入与最低收入户的人

均纯收入的绝对差距为4388元，收入不良指数为6.47；2008年中国农村居民最高收入户的人均纯收入与最低收入户的人均纯收入的绝对差距为9791元，收入不良指数为7.53。另外，根据中国农村研究院发布的《中国农民经济状况报告》反映，收入最高的20%样本农户与收入最低的20%样本农户的人均收入差距有10倍之多。人们对贫富差距"恶性扩大"的担忧已从城乡收入分配向农村内部拓展。[①]

表7—5　农村居民收入差距

单位：元

年份	最高收入（20%）收入	最低收入（20%）收入	收入不良指数（倍）
2000	5190	802	6.47
2002	5903	867	6.80
2004	6931	1007	6.88
2006	8475	1182	7.17
2007	9791	1347	7.26
2008	11290	1499	7.53
2009	12319	1549	7.95
2010	14050	1870	7.51

三、我国现行税制在公平分配方面存在的缺陷

（一）公平分配的税种体系不健全

反映居民富裕程度和负税能力的因素有：收入水平、财富存量和消费水平，税收对收入差距的调节应通过对收入的取得、消费、财富存量及转让等

---

① 程云杰等：《中国农村面临贫富差距扩大隐忧》，新华网2012年8月21日。

多个环节综合发挥作用。依据税收原理，具有公平分配作用的税种主要包括：个人所得税、消费税、遗产与赠与税、社会保障税、物业税等。但是，我国目前对收入差距的税收调控主要依赖个人所得税，其他相关税种或者没建立或者功能不足。

1. 财产税体系不健全

（1）房产税存在缺陷。依据有关税收法规的规定，我国目前基本上只对经营性房产征税，对自有居住用房产不征税，征税范围窄，收入规模小。这不仅使富人的高档别墅等房产被免于征税，也进一步加剧了房产投机现象，不少投机者通过"炒房"获取暴利，而真正需要购房的低收入阶层却无力购房，拉大了贫富差距。2003 年 10 月召开的党的十六届三中全会上，我国政府首次提出开征物业税，但时至今日仍遥遥无期，现有的房产税基本不具备缩小收入差距的作用。另外，2011 年开始在上海、重庆进行的房产税试点也主要是针对增量房产，对于在近年来房价暴涨中获得巨大利益的存量房产所得者的既得利益并未触动，因而基本不具有缩小收入差距的作用。

（2）已形成很大的富人群体但尚未开征遗产税与赠与税。遗产税和赠与税的税负不容易转嫁，可以有效地调节收入差距，目前已经在许多国家开征。开征此种税种不但可以完善我国财产税体系，更能弥补个人所得税调节收入差距不力的缺陷，不但完善了国家税制体系，还可以补充地方财政收入。我国已成为世界上第二大奢侈品消费国，2011 年 4 月 1 日发布的《2010 胡润财富报告》显示，全国有 87.5 万个千万富豪和 5.5 万个亿万富豪；[①] 但我国对遗产和赠与财产的行为仍没有开征相应税种，该类税种设置上的空白，使得税收对个人财富的调节乏力。

2. 社会保障税有待开征

社会保障税是用来筹集社会保障体系所需资金的税收，主要针对薪金所得征税，是以所得税为主体税种的国家所普遍征收的税种，也是发达国家对低收入阶层进行转移支付的主要资金来源。开征社会保障税有利于在个人所得税的基础上进一步发挥税收调节收入分配的功能，从而缩小居民收入差距。

---

① 《中国大陆千万富豪 87.5 万个，亿万富豪 5.5 万个》，新华网 2010 年 4 月 2 日。

但是，我国目前还没有开征社会保障税，只是以行政收费的方式筹集社会保险基金。社保基金在强制性和公平分配力度上都不及社会保障税，由于这种筹资方式不受统一的法律框架的约束，因此缺乏统一性和规范性。在管理和运行中出现了征收刚性弱、覆盖面小、资金被挪用等很多弊端，无法为社会保障提供稳定可靠的资金来源。更使得社会保障制度缩小居民收入差距的功能受到限制，致使收入分配差距进一步扩大。

因此，从现有税种设置来说，我国对收入差距的调节重收入流量而不重视财富存量，富人阶层的财产性收入远高于低收入群体，仅对流量收入进行调节，并不能改变形成收入差距的基础，税收调控不力是显而易见的。

（二）以流转税为主体的税制结构对收入分配具有累退性

不同税种的收入调节功能有较大差异，主体税种决定了税制结构的特征。以所得税和财产税等直接税为主体税种的税制结构公平分配的力度强，以流转税为主体税种的税制结构以筹集财政收入为主要目标，调节收入分配的力度弱。

2004 年之前，仅作为第一大税种的增值税就占我国税收收入的半壁江山，再加上营业税、消费税和关税，流转税所占比重能达到 70%。近年来，在税收收入不断增长的同时，我国流转税所占比重有所下降，所得税所占比重有所上升，但我国仍然是以流转税为主体的税制结构。我国在收入分配的税收调节上主要依赖个人所得税，但个人所得税所占比例偏低。例如，2010 年我国的税收收入达到 73202 亿元，其中，包括增值税、营业税和消费税在内的流转税所占比例高达 69.5%（扣除出口退税后所占比例是 59.4%），而个人所得税的比例只有 6.6%。[①] 2011 年我国税收收入总额 89720.31 亿元，流转税所占比重达 67.9%（扣除出口退税后所占比例是 54.9%），个人所得税 6054.09 亿元所占比重为 6.7%。[②] 而发达国家个人所得税占税收收入的比例通常在 30%～40% 之间，有的国家甚至高达 50% 以上；发展中国家这一比例

---

① 财政部税政司：《2010 年税收收入增长的结构性分析》，财政部网站 2011 年 2 月。
② 财政部税政司：《2010 年税收收入增长的结构性分析》，财政部网站 2011 年 2 月。

也在 10% 左右。横向比较,我国的税收收入中,财政功能强的流转税所占比例偏高,而公平分配功能强的个人所得税和财产税所占比重偏低。

增值税是我国第一大税种,边际消费倾向递减决定了中低收入群体是这种税的主要负税人。根据刘怡、聂海峰的相关研究:最低收入阶层的增值税有效税率为 15.1%,接近现行 17% 的一般税率;而最高收入阶层的增值税有效税率仅为 8.0%,比 13% 的优惠税率还要低 7 个百分点。可见,对生活必需品征收 13% 的税率仍然较高,低收入者的增值税税负明显高于高收入者,此时增值税起到了逆向调节作用,具有累退性。另外,流转税的累退性与直接税的调控目标是相悖的。[①] 根据周小林、胡斌的研究,在我国税收调节收入分配的过程中,商品课税与个人所得税所起的作用是相反的,商品课税不仅扩大了收入分配差距,还大大抵消了个人所得税缩小收入分配差距的作用。[②] 因此,我国现行税制结构就是一个有利于组织财政收入,而不利于公平分配的税制结构。

(三)个人所得税制度设计存在缺陷

1. 分项课征模式不能体现"公平税负,量能负担"的原则

个人所得税的课征模式有三种,即综合课征模式、分类课征模式和分类综合课征模式。我国的个人所得税实行分类课征模式,即将个人收入分为工资薪金等 11 项所得,采取分项定率、分项扣除、分项计算应纳税额。和综合课征模式相比,分类课征的方式不能真实全面地反映纳税人的负税能力,不能实现量能负担。在同等收入水平下,所得来源多的居民因扣除项目多而少交税,而所得来源单一的居民因扣除项目少而多交税;高收入群体更容易分解收入、达到避税、逃税的目的。分类课征实行的结果是加重了中低收入者的负担。由于劳务报酬所得、个体工商户所得、承包承租所得等具有收入隐蔽,易于筹划、难以征管的特点,使得工薪阶层反而成了纳税的主力军,从

---

① 刘怡、聂海峰:《间接税负担对收入分配的影响分析》,《经济研究》2004 年第 5 期。

② 周小林、胡斌:《货物劳务税税负对城镇居民收入分配的影响》,《税务研究》2011 年第 9 期。

而出现了收入的逆向调节。① 因此，分类征收模式与税收的量能负担原则以及公平原则都是相悖的，这种征税模式在很大程度上弱化了个人所得税调节收入分配的力度，加速和扩大了居民收入差距。

2. 税率结构设计不合理

我国现行的个人所得税税率采用累进税率和比例税率相结合的制度。从公平正义的角度，累进税率有利于调节贫富差距。现行的个人所得税法在税率设计上最大的问题是勤劳所得税负高、非勤劳所得税负低。11 项应税所得中，勤劳所得包括工资薪金所得、个体工商户的生产经营所得、对企事业单位的承包承租经营所得、劳务报酬所得、稿酬所得、特许权使用费所得 6 项；非勤劳所得包括利息股息红利所得、财产租赁所得、财产转让所得、偶然所得、其他所得 5 项。现行个人所得税法中非勤劳所得全部采用 20% 的比例税率，而对勤劳所得多采用累进税率（劳务报酬所得的加成征收效果实际等同于累进课征），除了稿酬所得在减征以后实际税率 14% 略低于非勤劳所得外，其他各项的最高边际税率均不低于 20%。导致勤劳所得课税偏高而对非勤劳所得课税偏低，这与我国按劳分配的正义原则相违背。众所周知，中低收入阶层收入主要来自于工资等劳动所得，而高收入阶层通过财富的积累，获得高额的股息、红利、财产租赁、特许权使用费等非勤劳所得。"重劳动所得，轻非劳动所得"的税率设计，不仅在一定程度上挫伤了劳动者勤劳致富的积极性，而且也使我国个人所得税的超额累进税率并未体现出对高收入者的调节，不利于缩小不同阶层间收入差距。

3. 费用扣除标准不合理，拉大了收入分配差距

（1）"一刀切"的费用扣除方式未考虑纳税人的负税能力。现行分类课征模式下的个人所得税，在对费用扣除时实行"一刀切"的定额或定率扣除方法，对每个纳税人都给予同等金额的费用扣除待遇，这种方法虽然便于计算，但十分不科学。没有考虑到纳税人在赡养、抚养、医疗、教育、住房等方面所必需的基本生活费用开支，而这些因素和纳税人由家庭负担状况所决

---

① 高凤勤：《论基于分配正义视角的个人所得税制改革》，《地方财政研究》2010 年第 6 期。

定的实际纳税能力直接相关。对不同的纳税人扣除同样多的费用，势必会造成不同个体之间税收负担的不平衡。

（2）内外有别、区域有别的扣除标准拉大了收入差距。一是对外籍人员的扣除标准比本国居民高，有违国民待遇原则；二是区域间"三险一金"等项目的扣除标准不尽相同，导致不同区域间的纳税人收入相同但纳税不同。[①]由于我国行业之间的工资收入差异很大，导致一些高收入行业职工在税前扣除的"三险一金"超过低收入行业职工的工资总额而加大收入差距，可以说，对"三险一金"的扣除存在明显的"劫贫济富"。

（3）现行的费用扣除标准也没有考虑到通货膨胀的影响，没有和物价指数挂钩，使得税制缺乏应有的弹性。我国的费用扣除标准固定化无疑会增加中低收入者的负担，特别是在物价快速上涨的情况下，更加重了普通阶层的生活负担。

4. 资本利得税的缺位进一步加剧了社会的贫富分化

我国的股票转让所得暂不征收个人所得税，导致以劳动所得为主要所得来源的低收入群体的税负高于以资本利得为主要来源的高收入群体。因为富人的财富形式和构成与中低收入阶层有较大的差别，根据国家统计局的调查，在我国人均可支配收入中工资性收入大约占70%，财产性收入大约占2%。但对于富人而言，则是财产性收入要占其总收入的70%以上。可以说，资本所得才是我国当前收入差距的核心，[②] 资本利得税的缺位必然使工薪阶层成为个人所得税的纳税主体。

（四）消费税制度设计不完善

消费税是在对货物消费普遍征收增税值的情况下，基于政府调控的需要再选择部分消费品征收一种流转税。在整个流转税中，消费税是经济杠杆功能最强的税种，不仅可以调节产品结构，引导消费方向，还可以调节收入分

---

① 高凤勤：《论基于分配正义视角的个人所得税制改革》，《地方财政研究》2010 年第 6 期。

② 袁竹、齐超：《我国再分配逆向调节的成因及对策探析》，《税务与经济》2012 年第 1 期。

配。消费税调节收入分配的方式就是通过提高税率以及扩大税基的方法来增加高收入阶层的消费负担。但是，我国现行的消费税由于制度设计存在弊端，影响了其公平分配作用的发挥。

1. 征税范围的设计不合理

消费税只有将征税范围针对高档消费品和奢侈品，而不涉及普通百姓的生活必需品，才有助于调节收入分配。但是，目前我国消费税的征收范围却存在"逆向调节"问题。一方面，现行消费税条例把一些普通消费品也纳入征税范围。比如，普通化妆品、啤酒、黄酒等消费品已经成为大众消费品，却对这些消费品征税，不仅限制了人们对于生活必需品的消费，也加重了低收入阶层的消费负担。另一方面，有些高档消费品、奢侈品以及一些高档消费行为却游离在消费税的征收范围之外。比如，现行消费税并未把高收入阶层才消费得起的诸如私人飞机、高档家具、高档服装等消费品列入征税范围；低收入阶层基本不涉足的桑拿洗浴、夜总会等高消费行为也不征税。据世界奢侈品协会公布的数据显示，截至 2011 年 12 月底，中国奢侈品市场年消费总额已经达到 126 亿美元（不包括私人飞机、游艇与豪华车），占据全球份额的 28%，中国已经成为全球占有率最大的奢侈品消费国家。[①] 在我国成为世界上最大的奢侈品消费国的情况下却将奢侈品排除在消费税的征税范围之外，形成了拉大贫富差距的制度漏洞。

2. 税率设置不太科学

税率是税制的核心要素，直接关系到我国的财政收入和纳税人的税负，也直接决定调控的效果。现行消费税税率也不利于缩小收入分配差距和扩大中低收入群体的消费。第一，有些奢侈消费品规定的税率偏低。高尔夫球及球具、游艇属于高收入群体的消费品，只征收 10% 的消费税。另一方面，对于品质、售价差异很大的同类消费品实行单一税率。例如，不管售价高低，消费水平如何，白酒税率统一按照 20% 征消费税；不分档次、售价的差异化妆品统一按照 30% 的税率征收。在白酒和化妆品等商品的消费上低收入阶层要承担着与高收入者差不多或者是相同的税率，不利于消费税调节收入分配。

---

① 《中国成为全球最具购买力奢侈品消费国家》，《证券时报》2012 年 1 月 12 日。

四、税收公平分配的制约因素分析

导致税收杠杆公平分配不力的原因不仅仅限于税收的立法与执法，而是有更深刻的根源。行政垄断、腐败等原因形成的收入差距税收杠杆是无效或低效的，政府收入不规范导致税收的公平分配力度偏弱。

（一）初次分配形成的收入差距过分悬殊使税收调控缺乏合理基础

初次分配是国民收入分配的起点和基础，在全部国民收入分配中初次分配占居民收入的80%以上，再分配所占比例不足20%，所以，初次分配的结构决定了社会最终收入分配的基本格局，初次分配的大格局一旦确定下来，再分配是无力从根本上改变的。另外，我国国民收入初次分配出现两极分化，分配不公平程度比较严重。这表现为居民收入在国民收入初次分配中的比重不断下降，以及居民劳动者报酬、职工工资、财产收入在初次分配中的份额都呈下降趋势。我国初次分配形成的行业差距、城乡差距等过分悬殊，远远超过世界平均水平。在初次分配"低公平"形势下，若想通过再分配调节实现社会最终公平，这基本是不可能实现的。因为初次分配"低公平"的大格局一旦确定下来，再分配将无力从根本上改变，只能在此格局之上进行局部的调节，起到补充修正作用。因此，初次分配不公平或低公平将影响再分配实现公平的目标，甚至造成逆向调节。[①]

（二）某些原因形成的收入差距税收杠杆是无效或低效的

1. 城乡二元体制是城乡差距不断扩大的主要原因

城乡之间由于自然条件和产业分布的不同产生收入差距是正常的，但我国形成世界上最大的城乡收入差距主要原因是以户籍制度为基础的城乡二元体制。城乡二元体制表现在多个方面：二元的城乡投入政策，新中国成立以

---

① 李晓宁、刘静：《初次分配效率与公平失衡的"连锁效应"分析》，《经济学家》2011年第6期。

来国家财政对城市工业的投入远远高于对农村经济的投入；城乡二元的公共产品政策，城市与农村在基础设施、教育、社会保障方面的待遇存在天壤之别，严重制约了农村发展，拉大了城乡收入差距。对于二元体制造成的城乡收入差距税收调控是基本无效或至少是低效的，关键是要推进城乡一体化改革。在财税政策上，缩小城乡收入差距政府的重点应该在财政支出政策上而不是在收入政策上。

2. 行政垄断是行业差距过大的根本原因

依据公共财政原理，由于"市场失灵"会产生自然垄断，反垄断是市场经济国家政府的基本职责，而我国恰恰是不合理的政府政策形成了行政垄断。国家发展改革委就业和收入分配司编辑出版的《中国经济收入分配报告》认为"行政性垄断行业收入有1/3是靠各类特许经营权获得的"。[①]

对于因行政垄断造成的垄断企业和竞争企业之间的收入差距税收调控也基本是无效的。首先，行政垄断的收入分配效应将引起社会机会的不均等，从而进一步加快和固化收入分配的不合理状况。[②] 其次，行政垄断往往会滋生腐败，因此产生的收入差距税收调控是无效的。最后，行政垄断造成行业之间的收入差距过分悬殊，税收调控缺乏合理的基础。因此，如果不能通过行政体制改革、转变政府职能抑制行政垄断，无论怎样改革税收制度、加强税收征管，行业之间收入差距不断拉大的趋势也不能得到遏制。

3. 非法收入和灰色收入是拉大不同阶层收入差距的重要原因

目前我国个人收入渠道五花八门、形形色色，有学者将其概括为以下五种：白色收入、黑色收入、血色收入、金色收入和灰色收入。[③] "白色收入"为有据可查、可控的收入；"金色收入"为财产收入；"黑色收入"指通过贪污受贿、偷盗抢劫、欺诈贩毒等违法手段获得的非法收入；"灰色收入"指介于合法与非法之间的收入；"血色收入"指黑砖窑、黑煤窑等以牺牲他人的生

---

① 宋晓梧：《政府要找准在初次分配中的位置》，《中国经济导报》2010年12月11日。

② 丁长发：《"双失灵"下我国收入分配问题研究》，《经济学家》2010年第12期。

③ 《收入分配五花八门　白黑灰血金"五色炫目"》，《经济参考报》2010年5月20日。

命和用鲜血榨取的收入。我国的收入分配问题实际上主要出在黑色和灰色收入上，当然，"血色收入"也应取缔。"灰色收入"和"黑色收入"造成了国民大量隐性收入的存在，拉大了居民收入差距。王小鲁等人的研究表明，2008 年中国居民住户收入统计未包括的"隐性收入"至少为 9.3 万亿元，其中，在经济普查中未能包括进去的 5.4 万亿元可以称为"灰色收入"。隐性收入和灰色收入主要集中在高收入人群，这使中国收入最高的 10% 家庭与收入最低的 10% 家庭的人均收入相差 65 倍。[1]

非法收入和灰色收入产生的主要原因是缺乏完备的打击、遏制非法收入的政策，公权未得到有效监督，腐败和对官员的职务消费缺乏标准和限制等。税收只能对合法性质的收入差距起到有效调节作用，而对于非法收入、灰色收入所造成的居民收入差距是不可能发挥作用的。

除此之外，我国改革开放以来实行的东西部非均衡的发展战略是拉大地区收入差距的重要原因，不合理的分配制度是部门内部、企业内部高管与普通职工收入差距过分悬殊的重要原因，要解决这些原因导致的居民收入过分悬殊，税收也不是最有效的措施。

（三）政府收入构成不合理导致税收的公平分配力度弱

政府收入规范的市场经济国家，政府收入与财政收入的口径是一致的，由于非税收入的规模小，税收收入总额与财政收入总额差异不大，用税收收入占国内生产总值比重就可以衡量宏观税负。一般而言，政府组织的税收收入越多、宏观税负水平越高，政府运用税收杠杆调节收入差距的功能越强。宏观税负水平较高的国家贫富差距往往较小。根据罗光等的研究，宏观税负水平在 30% 以上的国家，其基尼系数都在 0.35 以下。[2]

但是，我国却存在着宏观税负重与税收公平分配力度弱的矛盾，根据 2005 年美国财经杂志《福布斯》发表的"税负痛苦指数"，在全球 52 个国家

---

① 降蕴彰、李晓丹：《王小鲁：解决灰色收入问题出路在政改》，《经济观察报》2010 年 10 月 8 日。
② 罗光、萧艳汾、刘晓强：《浅析我国税制的收入分配职能》，《税务研究》2009 年第 9 期。

及地区中，中国内地的税收痛苦指数位居第二，[①] 福布斯 2009 年全球税负痛苦指数排行榜，中国内地排名仍居全球第二。[②] 另外，我国的税收收入总额由 1994 年的 5126.9 亿元增长到 2010 年的 73202 亿元，17 年间增长了 15 倍，年均增长超过 18%；[③] 在经济运行低迷的 2011 年税收收入仍是高速增长，达到 89720.31 亿元，同比增长 22.6%。[④] 远高于同期的经济增长速度和居民收入增长速度，而与此同时，我国的居民收入差距呈现日益拉大的趋势。

为什么我国会出现宏观税负重与税收公平分配不力的矛盾，主要原因就是我国政府收入的结构不合理，不符合市场经济和公共财政的要求。按公共财政的要求，政府的职责是通过提供公共产品弥补市场失灵和缺陷，税收是公民为取得政府提供的公共产品而付出的代价，政府收入都应该纳入预算。但我国政府收入中除了税收收入外，还包括相当数量的非税收入；除了有纳入预算的财政收入外，还包括预算外收入甚至制度外收入。基于以上原因，我国的宏观税负通过小、中、大三个口径进行分析：税收收入占国内生产总值的比重为小口径的宏观税负，财政收入占国内生产总值的比重为中口径的宏观税负，政府收入占国内生产总值的比重为大口径的宏观税负。显然，我国的税收收入占国内生产总值的比重并不能衡量全体公民的实际负担。以 2010 年的数据为例，全年国内生产总值 397983 亿元，税收收入总额 73202 亿元，财政收入 83080 亿元，[⑤] 小口径的宏观税负为 18.4%，中口径的宏观税负为 20.9%。对于大口径的宏观税负很难有一个准确的计算。据中央党校教授周天勇测算，2010 年全国预算外的政府非税收入还有 6 万多亿。[⑥] 由此可以推算出我国大口径的宏观税负已超过 35%。另有专家测算，如果考虑不合法的制度外收入，以及学校赞助费、医院"红包"等公共机构和人员的灰色收

---

① 《福布斯报告称：中国税负"痛苦指数"全球第二》，人民网 2005 年 6 月 5 日。
② 《〈福布斯〉全球税负痛苦指数排行榜　中国第二》，新华网 2009 年 12 月 6 日。
③ 资料来源：各年统计公报。
④ 财政部税政司：《2011 年税收收入增长的结构性分析》，财政部网站 2012 年 2 月。
⑤ 国家统计局：《2010 年国民经济和社会发展统计公报》，国家统计局网站 2011 年 2 月。
⑥ 《预算制度改革深入：政府收入不再体外循环》，《21 世纪经济报道》2011 年 11 月 18 日。

入等政府及公共机构的隐性成本，中国宏观税负水平势必超过 40%，① 已经达到发达国家的水平。可以看出，我国小口径的宏观税负水平低而大口径的宏观税负水平高，公平分配力度强的税收收入所占政府收入的比重并不高，而缺乏收入分配调节功能的土地出让金收入、探矿权和采矿权拍卖收入、行政性收费和罚款等非税收入在我国居民的实际负担中所占比重高。因此，我国存在的宏观税负水平高而公平分配作用弱的矛盾是由于政府收入中非税收入特别是预算外非税收入所占比重过大这种不合理的政府收入结构造成的。

（四）社会保障的"逆向调节"抵消了税收的调控作用

在再分配环节调节初次分配形成的收入差距，实现公平分配，就是要"削高补低"、"劫富济贫"，"削高"和"劫富"主要通过税收调节实现，而社会保障应该"补低"和"济贫"。社会保障支出缩小收入差距的前提是国家的社会保障支出结构注重向低收入群体倾斜。高霖宇的研究表明，社会保障的水平与收入分配差距负相关，发达国家的社会保障支出因向低收入群体倾斜对收入分配差距起到了明显的调节作用。② 但是，我国的财政社会保障支出因没有向低收入群体倾斜不仅没有缩小初次分配形成的收入差距，反而拉大了差距。

首先，从城乡社会保障制度来看，城乡社会保障制度的二元结构恶化了城乡居民间的收入分配状况。我国的社会保障制度具有明显的城市偏向性，20 世纪 90 年代中期，我国的城乡居民收入之比已达到近 3 倍，但我国社会保障体系的恢复建立是从城市起步的，农村社会保障体系的建立比城市晚十多年。另外，在保障程度上城市远高于农村。目前城镇已经建立起了比较完善的养老等保险制度以及最低生活保障制度，而农村的社会保障制度则还处于起步阶段，仅有农村合作医疗制度覆盖面较大，补偿的比率也不高，养老保险和最低生活保障制度尚处于试点阶段。财政社保支出资金大部分被投入到

① 王长勇、邢昀：《税收为什么这样痛》，《新世纪》2012 年第 15 期。
② 高霖宇：《达国家社会保障水平与收入分配差距关系及对中国的启示》，《地方财政研究》2011 年第 7 期。

了城镇社会保障体系中，占人口 20% 的城镇居民享受 89% 的社会保障经费，而占人口 80% 的农村居民仅享受 11% 的全国社会保障经费。[①] 正因为政府的财政保障支出向城市倾斜，我国的城乡人均收入差距是 3.33 倍，而考虑社会保障因素后，我国的城乡收入差距是世界上最高的。

其次，从城镇社会保障制度来看，按照户籍和身份划分的社保体系，导致不同居民间社会保障待遇相差较大。一方面，部分社会保障仅仅针对特定群体，大量劳动者被排除在这些社会保险制度之外，收入最低的农民工保障水平最低。截至 2011 年末，我国农民工总量已达到 2.5 亿人，其中，城市当中的农民工达到 1.6 亿人。但是，农民工在城市当中参加养老保险和医疗保险的比例不到 20%；作为工伤发生最高的群体，农民工参加工伤保险的比例也不到 20%、失业保险的比例不到 10%；有城市户口的居民广泛享受的住房公积金待遇农民工收益更少，可能只有 1% 和 2% 的农民工能够享受。[②] 另一方面，城镇机关、事业单位与企业社会保障制度之间不平等。突出体现在城镇机关、事业单位与企业实行不同的养老金制度，导致城镇职工基本养老保险制度的分割，造成不同群体保障的起点不同和保障水平悬殊。[③] 此外，城镇当中实行的住房公积金制度，由于用人单位是按工资的一定比例缴存，加之我国行业之间、企业之间的工资收入差距悬殊，不仅没有起到一个缩小收入差距的作用，反而拉大了收入差距。

（五）税收征管的环境不佳

我国税收的公平分配主要依赖个人所得税，而个人所得税能否有效发挥调节作用，是需要一定的社会基础条件作保障的。如果条件不具备，即使税制设置非常合理，征管制度非常严密，也难以发挥其作用。我国目前恰恰不

---

① 袁竹、齐超：《我国再分配逆向调节的成因及对策探析》，《税务与经济》2012 年第 1 期。

② 资料来源：北师大中国收入分配研究院执行院长李实教授在 2012 年 3 月北京钓鱼台国宾馆举办的中国发展高层论坛上的发言。

③ 袁竹、齐超：《我国再分配逆向调节的成因及对策探析》，《税务与经济》2012 年第 1 期。

具备个人所得税发挥调控作用的基础条件。

首先，我国目前个人收入分配机制混乱和非规范化为税务机关监控个人收入增大了难度，甚至有些收入税务机关根本不可能监控。在不少行业，职工收入除了货币收入以外，还有大量的实物收入；除了有工资单上的收入，还有工资单以外的收入。我国的实物福利和职务消费在个人收入中占有相当比重且行业之间差异大，非货币收入的普遍存在加大了监控难度。垄断行业这类高收入行业更倾向于发放各类实物职工福利，从而进一步加剧不同阶层间的收入差距，大大削弱了个人所得税的收入调节作用。工薪阶层成为个人所得税纳税的主力军，而高收入群体纳税占比不高，主要原因就在于前者的收入在税务部门掌握之中，而后者的收入来源多且形式多样，税务部门难以掌握。

其次，信息化水平也难以适应个人所得税征管的要求。自 2000 年 4 月 1 日起，我国正式推行个人银行存款实名制，但由于个人可以凭同一张身份证在多家银行开立账户，银行之间、银行与税务机关之间信息不能共享，这种存款实名制难以起到监控个人收入的作用。我国年所得 12 万元以上个人所得税自行纳税申报的人数远低于预期，这足以说明信息化水平难以满足个税征管要求。2007 年 4 月 2 日，首次年所得 12 万元以上个人所得税自行纳税申报期结束，全国各地税务机关共受理自行纳税申报人数仅为 162.8 万人，与专家事先估计的 600 万人相差甚远。①

最后，社会缺乏有效的个人信誉评价机制。在许多国家，失信的成本足以让逃税者望而生畏，而我国由于个人信用制度尚未建立，逃税对个人信誉影响有限。社会公众对偷盗、抢劫等一般财产犯罪深恶痛绝的程度远高于偷漏税，偷漏税者并未因此降低社会对其评价、增加交易成本。

除此之外，公民依法纳税的法律意识不强、货币收入中现金结算的比例高都影响税收的征管和公平分配作用的发挥。

---

① 陈春：《个税自行申报结束 怎样才能让个税申报"主动"起来》，《中国证券报》2007 年 4 月 16 日。

五、促进居民收入公平分配的税收政策措施

（一）优化税制结构，建立综合税收调控体系

我国现行的税制结构模式以流转税为主体，所得税比重偏轻的税制结构阻碍了税收调节收入分配功能的发挥。现阶段国家应以公平正义为导向，着眼于整个税制体系的建立，从以"流转税为主，所得税为辅"的税制模式逐步转变为"所得税、流转税并重"的双主体税制结构。构建一个包括企业所得税、个人所得税、遗产税和赠与税、社会保障税、物业税、消费税等在内的综合的税收调节体系，从收入存量、财富存量和消费支出等各方面调节高收入阶层的收入，达到缩小收入差距的政策目标。

1. 增加所得税的比重

为了强化税收对居民收入差距的调节作用，缩小居民收入差距，应当把结构调整的重点放在所得税上，在对流转税和所得税的动态调整中，逐步增加所得税特别是个人所得税的比重，以充分发所得税调节收入分配差距的功能。

2. 健全财产税体系

财产税具有不易转嫁、税收收入比较稳定、促进财产转化为生产资源等优点，它作为主要的社会政策杠杆，可以促进社会财富公平分配，是缩小贫富差距的重要手段。

（1）改革房产税。房产税的主要征税对象是拥有不动产较多的富人阶层，加上房产税的税负难以转嫁，因而在调节收入差距方面成效显著。首先，扩大现有房产税征税基，取消原有对个人非经营用住房的免税政策，将其纳入现有房产税征税范围。同时，对普通住宅和别墅等高档住宅应该区别对待，可以优先考虑将别墅等高档住宅纳入房产税的征税范围。一是别墅等高档住宅都会有比较详细的房产登记，在实际征管工作中比较容易掌握税源信息，可操作性强；二是增加高收入群体的税负，有利于缩小贫富差距。其次，改变现行房产税计税依据。统一以房地产的市场价值作为计税依据，应纳税所

得额随房产价值的变动而变动，以实现对不动产增值的征税，充分体现税收
公平原则。

（2）尽快开征遗产税和赠与税。目前我国的财产税只涉及个人存量财产
的保有环节，继承、转让环节缺乏相应税种支持，笔者建议尽快开征遗产税
与赠与税，完善财产税体系，以实现税负公平。遗产税和赠与税直接面向高
收入阶层征税，可以有效防止一些人通过偶然获得的财富积累而暴富，从而
缩小代际之间的收入差距，在一定程度上弥补个人所得税的不足，加大税收
调节收入分配的力度。在税制设计上坚持公平理念，为防止财富过分集中在
少数人手里，遗产赠与税应采用累进税率；考虑我国遗产税是针对极少数富
人课征的税种，可以通过起征点的规定将课税人数的比例确定在一个合理的
范围之内。同时，对于财产所有人或继承人捐赠给政府或公益事业的遗产予
以免税，一方面鼓励人们向社会捐赠对第三次分配起促进作用，另一方面有
利于平衡社会财富。

3. 开征社会保障税

社会保障税是一种专款专用目的性很强的所得课税，它筹集的资金要按
照不同的社会保险类别分别纳入各项基金专款用于社会保障事业中，这是目
前世界大多数国家普遍采用的一种筹资形式。要有效发挥社会保障税在改善
收入分配不公方面的重要作用，应基于改善低收入者的生活而建立社会保障
税。扩大社会保障的覆盖面，建立起完善的农村社会保障制度，增加对贫困
人员的保障力度。

我国社会保障税的纳税人应包括城镇各类企事业单位及其职工、行政机
关及其公务人员、社会团体及其专职人员、个体经营者、自由职业者等取得
收入的个人，课税对象总的来说应为工资薪金所得，包括基本工资、津贴、
补贴和奖金等；在税率的设置上，宜采用比例税率的方式，对养老保险、医
疗保险和失业保险分别规定不同的比例税率，再按照企业和个人应该负担的
部分分别纳税。[①] 此外，应设置免征限额。由于高收入者收入高、财富存量
多，自身保障能力强，而低收入者则更多地依赖社会，通过免征额的规定可

---

① 赵宇：《我国社会保障税制基本框架设计》，《当代财经》2005 年第 3 期。

以使广大的农村低收入群体和城市的贫弱群体免于纳税，既增强征管的操作性，也可以有效地防止城乡差距的进一步扩大。

（二）改革和完善个人所得税

1. 逐步改变课征模式

我国现行个人所得税课税模式是分项制，实践表明，随着经济的发展和个人收入的多元化，分项课征模式既缺乏弹性，又加大了征税成本，必然使税收征管更加困难和效率低下，改革课征模式势在必行。从长远性看，综合课征模式是我国个人所得税制改革的目标。综合课征制的最大特点在于全面、完整地体现纳税人的真实负担水平，充分发挥个人所得税的调节功能，尤其是发挥调节高等收入阶层的收入、减少中等收入阶层储蓄动机的作用。当然，由于综合课征制对征管环境和信息化水平的要求很高，从我国实际国情出发，实现综合课征制仍需要一个较长的过程，因此，现阶段我国个人所得税征收模式的调整可以先采用以综合课征与分类课征相结合的混合课征模式。具体来说，对于利息、红利所得、偶然所得等没有费用扣除的应税项目可以实行分类征收；对工资薪金、劳务报酬、稿酬、财产租赁转让等需要扣除费用的所得，可以实行综合征收，逐步将个人所得税从分类所得税制过渡到综合所得税制。同时，应采用以年度为纳税申报期限，年度内先预缴，年度终了汇算清缴。可由纳税人自行申报或委托代理机构代为申报全年应纳税所得额，减除统一的费用后，用超额累进的方法计算出纳税人全年应纳税额，多退少补。混合课征的课征模式，不但能准确反映出纳税人一定期间内的收入水平和纳税能力，符合税收公平的原则，又能避免收入分散而造成的税源流失，还可以对高收入者的收入起到较大的调节作用。

2. 调整个人所得税的税率

税率结构直接影响到个人所得税的税负及累进程度，是影响税收杠杆作用的重要因素。我国在对税率结构进行调整优化时，应考虑加大对高收入群体的税收调节力度，同时尽量降低对中低收入群体的课税。首先，调整工资薪金所得的税率结构，减少个人所得税的税率档次，扩大3%、10%税率的适用范围，降低中等收入者的税负，提高其可支配收入。其次，调整非勤劳所得适用的税率。将利息股息、红利所得、财产租赁所得、财产转让所得和偶然所得等非勤劳所得目前采用的比例税率调整为累进税率。而且，对于福利彩票、体育彩票等中奖所得等非劳动所得一次数额特别巨大的，最高税率档次应超过工资薪金的45%的最高税率，以改变目前勤劳所得税负高、非勤劳所得税负低的不公平状况。

3. 科学调整费用扣除标准

个人所得税的扣除一般可以分为两部分：一是一般扣除项目，二是生计扣除项目。一般扣除是指个人取得收入所必须支付的相关费用，主要用于弥补纳税人为取得应税收入而付出的代价。一般扣除项目通常是据实扣除，个人所得税税前费用扣除的调整主要体现在生计费用的扣除上。首先，以家庭为单位计算生计费用扣除额。目前，国际上多数国家是以"夫妻联合申报"或者"家庭申报"的方式进行征收。以家庭为单位进行费用扣除就是在计算扣除生计费用时，区别纳税人家庭的人口数量、年龄、就业、健康、教育等多方面的因素，可以充分考虑到不同家庭具体的税收负担能力，实现个人所得税的公平原则。其次，借鉴国外个人所得税费用扣除的经验，对个人所得税的费用扣除数额应实行税收的指数化，让扣除费用数额乘以物价上涨的指数，[①] 以减少通货膨胀和物价变化对个人所得税应纳税额的影响，公平地反映纳税人的税负。最后，费用扣除标准内外统一。对于内地居民和外籍人员及港澳台在华人员应采用一致的费用标准，以体现横向公平。

（三）改革与完善流转税制度

1. 加大增值税优惠力度

中低收入阶层相对于高收入阶层而言，恩格尔系数高、生活必需品占消费支出的比重高，且增值税负的转嫁性以及边际消费倾向递减决定了中低收入群体是增值税主要的负税人。为减轻低收入阶层的生活压力，提高其相对收入水平，缓解收入差距日益扩大的趋势，应降低如食用油、自来水、电、天然气、普通药品、低档化妆品、低档服装等日常生活必需品的增值税率。

---

① 谢琳：《对完善我国个人所得税费用扣除的建议》，《商业会计》2012年第7期。

事实上，世界上征收增值税的国家一般对生活必需品减免税或者按照优惠税率征收增值税。比如欧盟规定，对生活必需品一般按照5%～10%的低税率征收增值税，相较而言，我国13%的税率偏高。因此，建议借鉴国外经验，进一步降低生活必需品增值税税率，充分发挥优惠税率的调节作用。

2. 调整消费税征收范围与税率

（1）将更多的奢侈品列入消费税征税范围。奢侈品为高收入者的偏好品，通过对其征收消费税能获得较好的收入再分配效应。因此，应将更多的奢侈品纳入到消费税的征收范围，以更好地发挥消费税的收入调节功能。近期应将私人飞机、高档家具、高档服装、高级娱乐设施以及高档住宅等奢侈消费项目列入征收范围内，从而体现出高消费阶层多纳税的原则。未来应根据经济发展水平的提高进行动态调整，不断扩大应税奢侈品的范围。另外，随着生活水平的提高，高档娱乐消费项目层出不穷，应将高档洗浴、高档夜总会、高档歌舞厅等奢侈性消费行为纳入消费税征税范围，以弥补消费税长期以来在调节消费行为方面的缺位。目前我国对"娱乐业"普遍征收20%的营业税，若再征收消费税势必会造成重复征税问题，这也是未将消费行为纳入消费税征税范围的原因之一。随着增值税改革的推进，在逐步取消营业税后，可以将奢侈性消费行为扩大到消费税征收范围，灵活发挥消费税的收入调节作用。

（2）适时调整消费税税率。随着经济的快速发展，人们的消费需求会不断变化，应及时调整应税消费品税率以便更有针对性地发挥调节收入分配的职能。首先，调高部分高档消费品的税率。适当调高游艇、高尔夫球及球具等应税消费品的税率，以达到调节高收入者收入，缩小与中等收入阶层收入及消费水平差距的目标。其次，适当调低摩托车、小汽车的消费税税率和某些消费品的进口税率。

（四）优化治税环境，强化个人所得税的征管

1. 建立个人收入信息报告制度

要通过制定法律，尽快完善个人收入信息申报制度，应规定在年度终了后，一定收入数额以上的个人必须向当地税务部门报送上一年收入的详细情

况，并交清应纳税款。同时，建立支付人向税务机关报送向个人支付收入情况的制度，规定所有单位和个人凡是支付给个人的收入，都必须向税务机关报告收款人、支付原因、支付金额和支付时间等情况，以便税务机关监控、审核个人申报纳税的情况。另外，我国应尽快建立银行储蓄存款联网制度，并建立税务网络与银行和其他金融机构、企业、海关等网络的对接，这样才能实现真正的存款实名制，即税务机关能够很容易地对纳税人的存款进行联网查询，这将在很大程度上解决个人收入来源不透明的问题。最后，应当规定现金的最高交易额，同时缩小现金结算的交易范围，扩大信用卡支付体系的应用，只有这样才能减少纳税人在申报上的漏洞，加大对高收入者的税收监控力度。与此同时，还应建立个人信用体系，以法律的形式对存款实名制、个人账户体系及个人信用级别的评定做出明确规定，健全个人信用约束机制。

2. 推进税务部门信息化建设

根据国外经验，运用信息技术加强科学征管，提高税收征管的科技含量，是提高税务部门征收效率及征收质量的重要途径。目前我国税务系统在网络建设、征管软件推广、征管信息共享等方面还比较落后，信息化建设跟不上经济的发展步伐已成为制约税务工作发展的瓶颈，因此加快信息化建设对提高征管水平具有重要意义。一方面加强税务系统自身网络建设，通过计算机可完成税务登记、纳税申报、税款征收、资料保管等工作，并尽快实现全国税务系统的联网；另一方面加强与其他有关部门的联网工作，逐步实行与银行、海关、工商等部门联网，实现税务机关与其他相关部门之间的纳税人个人收入信息的交叉稽核。

3. 建立双向申报和交叉稽核制度

我国的收入分配领域存在着个人收入隐性化、多元化的问题，只有建立了双向申报制度，才能保证税务部门切实有效地掌握个人收入。这种制度要求纳税人自行向税务部门申报纳税，向个人支付款项的单位或个人要同时向税务部门进行代扣代缴的申报。税务部门则要根据此申报材料进行交叉稽核，以此确认纳税人的真实收入及税款缴纳情况。同时，应当制定相关的法律、法规，要求所有支付个人收入的单位或个人都必须定期向税务部门如实申报支付个人收入的相关情况，对于不履行代扣代缴税款业务的单位和个人，其支付款项不得作为成本费用在付款人的企业所得税前予以扣除。

4. 加大对税收违法行为的惩处力度

随着我国经济的快速发展和纳税人收入渠道的逐渐增多，培养纳税人的自觉申报纳税意识非常重要。一方面，应加大税法的宣传力度，充分利用各种渠道，向社会进行广泛和深入的税法宣传。另一方面，应加大对偷逃税行为的查处力度，不定期地开展专项检查；加大税收执法力度，使之承担巨大的法律风险和经济风险，做到严管重罚，增强税法的威慑力，真正体现税法的严肃性，实现税收的公平性；对典型的税收违法案件予以曝光，使偷漏税者受到道德、社会舆论的谴责，使依法纳税能得到他人的尊重、客户的信任等间接收益，从而提高纳税人的自觉纳税意识。

第八章 助力低碳经济发展的税收政策

为应对全球气候变化和资源、环境约束的挑战，世界各国已经达成发展低碳经济的共识。我国以煤炭为主的能源结构和重化工业为主的产业结构，决定了我国经济增长的资源、环境成本更高，面对资源约束趋紧、环境污染严重、生态系统退化的严峻形势，党的十八大提出大力推进生态文明建设，并将其纳入"五位一体"的总布局，强调着力推进绿色发展、循环发展、低碳发展，发展低碳经济是转变经济发展方式的客观要求和重要内容。税收是调节经济良性发展的有效手段，我国应该借鉴发达国家的经验，用税收工具促进低碳经济发展。

一、中国向低碳经济模式转变的客观必然性

（一）低碳经济的内涵及特征

1. 低碳经济及其实质

"低碳经济"的概念始于英国政府 2003 年的能源白皮书《我们能源之未来：创建低碳经济》，其含义是指通过提高资源的生产率，以更少的自然资源消耗和环境污染获得更多的产出，创造高水平、高质量的生活，以造福于公众的福利。

低碳经济是和传统高碳经济相对应的，是一种低污染、低碳排放的经济模式，是人类社会继农业文明、工业文明之后的又一次重大进步。低碳经济的实质是通过能源高效利用、新能源开发降低煤炭、石油等高碳能源消耗，核心是能源技术和减排技术创新、产业结构调整和制度创新以及人类生存和

发展观念的根本转变，即摒弃传统的经济增长模式，通过创新技术与创新机制，实现低碳经济模式与低碳生活方式，实现经济社会的可持续发展。

2. 低碳经济的主要内容

低碳经济主要包括：①低碳生产方式。即在合理的经济结构中，通过低能耗、集约式的能源和资源利用，降低生产过程中温室气体的排放量，减缓经济增长给生态环境和气候变化带来的压力。②低碳能源供应和消费体系。通过发展新能源和可再生能源，增加低碳和无碳能源的供应，控制石化能源的使用量，使经济增长与能源消费引发的碳排放"脱钩"。③低碳生活方式。通过社会节能减排，抑制高耗能产品消费，改变人们的高碳消费倾向和高碳偏好，实现低碳生存的可持续消费模式。[①] 发展低碳经济是一场涉及生产模式、生活方式、价值观念和国家权益的全球性革命，必将会在人类发展史上产生深远的影响。

3. 低碳经济的特征

（1）效益性。一是低碳经济应按照市场经济的原则和机制来发展，符合经济发展的内在规律和要求；二是低碳经济的发展不应导致人们的生活条件和福利水平明显下降，既要反对奢侈或能源浪费型的消费，又必须使人民生活水平不断提高；三是低碳经济发展要以社会的长远效益为最高目标。

（2）技术性。通过技术水平的进步，在提高能源效率的同时，降低二氧化碳等温室气体的排放强度。即在消耗同样能源的条件下人们享受到更多的能源服务，在排放同等温室气体的情况下生活条件和福利水平不降低，甚至要逐步提高，这需要通过能效技术和温室气体减排技术的研发和产业化来实现。

（3）目标性。发展低碳经济的目标应该是将大气中温室气体的浓度保持在一个相对稳定的水平上，不至于带来全球气温上升影响人类的生存和发展（如海平面上升导致小岛屿国家的淹没等），从而实现人与自然的和谐发展。[②]

（4）调控性。低碳经济作为一个新兴的产业，尚处于初级阶段，且具有

---

① 陈晓春、谭娟、陈文婕：《论低碳消费方式》，《光明日报》2009 年 4 月 21 日。
② 国务院发展研究中心课题组：《当前发展低碳经济的重点与政策建议》，《政策瞭望》2010 年第 2 期。

公益性极强的特征，所以有效运用政府的宏观调控政策给予支持是至关重要的。

（二）低碳经济的提出源于人类必须共同面对经济增长带来的挑战

1. 温室气体效应带来全球气候变暖

自工业革命以来，人类社会无限制地向大气层排放二氧化碳、甲烷和氧化亚氮等温室气体，导致地球表面温度加速变暖。特别是 20 世纪下半叶以来，随着世界经济增长速度的不断加快，能源的大量开发和使用带来了严重的问题，产生了所谓"温室气体"效应。导致大气中温室气体浓度增加的原因主要有两个：一是由于人口剧增和工业化的发展，人类社会消耗的煤炭、石油、天然气等化石能源急剧增加，燃烧产生大量的二氧化碳进入大气；二是森林毁坏使得被植物吸收利用的二氧化碳量减少，造成二氧化碳被消耗的速度降低。政府间气候变化专门委员会（IPCC）全球气候变化研究第四次评估报告表明，气候变暖的原因除了自然因素影响以外，人类自身的活动也产生了极大的影响。全球变暖可能影响到降雨和大气环流的变化，使气候反常，易造成旱涝灾害温室效应带来的气候变化，并且严重危及人类的生存和发展，进而成为国际社会普遍关心的重大全球性问题。

2. 日趋严重的生态环境问题迫使各国必须反省现行的经济发展模式

生态环境问题是指由于生态平衡遭到破坏，导致生态系统的结构和功能严重失调，从而威胁到人类生存和发展的现象。主要表现在：一是不合理地开发利用自然资源所造成的生态环境破坏；二是城市化和工农业高度发展而引起的"三废"污染、噪声污染、农药污染等环境污染。所有这些环境问题皆因人类不合理的行为特别是高碳经济模式引起，反过来又严重地毁坏人类自身生存的家园。[①] 环境问题以及由此引发的一系列后果迫使世界各国反省其经济发展模式，为解决日趋严重的环境问题，由高碳经济向低碳经济转轨是唯一的选择。

3. 全球常规能源短缺难以为世界经济的持续增长提供支持

根据有关资料，20 世纪人类消耗了 1420 亿吨石油、2650 亿吨煤。同时

---

① 参见中华人民共和国国土资源部网 2010 年 6 月 7 日。

排放出大量温室气体，使大气中二氧化碳浓度在 20 世纪初不到 300ppm（百万分率）上升到目前接近 400ppm 水平。欧美发达国家仅占世界人口的 15%，却消费了世界 56% 的石油、60% 以上的天然气和 50% 以上的重要矿产资源。[①]如果中国、印度等人口超 10 亿的发展中国家依旧按照欧美的能源消费方式，将消耗世界大部分资源。如果继续延续传统的增长方式，过多过滥地使用资源，单位资源耗量过高，资源枯竭将会进一步加深。从世界能源储量看，在现有技术水平和开采强度下，煤炭可用 200 多年，石油可用 40 多年，天然气可开采 62 年，同时随着常规能源的日趋短缺，人类使用化石能源的经济成本越来越高，技术要求越来越强。届时，如果新的能源体系尚未建立，能源危机将席卷全球，尤以欧美这些极大依赖于石油资源的发达国家受害更深。最严重的状态莫过于工业大幅度萎缩，危及其他产业导致经济系统受损，甚至因为抢占有限的石油和天然气资源而引发战争。

据预测，到 2050 年世界经济规模比现在要高出 3～4 倍，而目前全球能源消费结构中，碳基能源（煤炭、石油、天然气）在总能源中所占的比重高达 87%，未来的发展如果仍然采用高碳模式，到 21 世纪中期地球将不堪重负。在上述背景下，碳足迹、低碳经济、低碳技术、低碳发展、低碳生活方式、低碳社会、低碳城市、低碳世界等新概念、新政策应运而生。低碳经济将创造一个新的游戏规则，从企业到国家将在新的标准下重新洗牌；低碳经济将催生新一轮的科技革命，以低碳经济、生物经济等为主导的新能源、新技术将改变未来的世界经济版图。[②] 低碳革命极有可能为人类进入生态文明开辟一条阳光大道。

（三）中国发展低碳经济迫在眉睫

1. 发展低碳经济有助于解决中国的能源安全问题

我国改革开放以来，随着经济的迅速发展，对能源和资源的需求量也急

---

① 米艾尼、张小军、李雁：《中国须"蛙跳式"进入低碳经济》，《瞭望东方周刊》2008 年 6 月 2 日。

② 冯之浚：《中国要迎接低碳经济革命》，《中国经济周刊》2009 年 12 月 21 日。

剧增大，特别是"以煤为主"的能源消费结构（见图8—1），[1] 导致排放的二氧化碳大量增加。

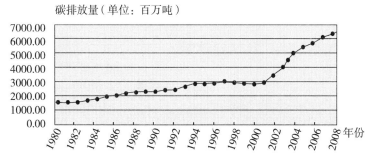

碳排放量（单位：百万吨）

图8—1　1980～2008年间中国碳排放量变化

为了减少碳排放，我们需要尽可能用石油取代煤炭，但国内石油供给严重不足。2009年，我国石油保有储量仅为29.5亿吨；2010年我国石油消费量为3.8亿吨，而产量仅为2.03亿吨，中国内地的石油后备储存量严重不足，石油储量仅可采11年，目前大量原油需要进口，中国石油的对外依存度已经超过了50%，2011年达到55%，而进口石油的主要路径，主要来自于中东和非洲，都要通过狭窄的马六甲海峡。另外，我们没有自己的大型油轮，几乎百分之百的大油轮是靠租赁，这在油源和油路上都加大了风险。发展低碳经济和新能源有助于减轻对常规能源及进口能源的依赖，确保能源供给安全，为经济社会可持续发展提供强有力的能源支撑。

2. 发展低碳经济有助于缓解中国降低碳排放的国际压力

我国正处于工业化中期阶段，重化工业特征非常明显。"十一五"期间，第三产业增加值占国内生产总值的比重低于预期目标，重工业占工业总产值比重由68.1%上升到70.9%，电力、钢铁、机械设备、汽车造船、化工、电子、建材等工业成为国民经济增长的主要动力。重化工产业具有资源消耗高、污染排放强度大的基本特征。在2007年，中国超过美国成为世界上最大的二氧化碳排放国，2000～2010年，中国能源消费同比增长120%，占全球比重

---

① 石红莲：《降低我国碳排放量的策略探析》，《理论月刊》2010年第7期。

由 9.1% 提高到约 20%，二氧化碳排放占比由 12.9% 提高到约 23%，人均二氧化碳排放量目前已经超过世界平均水平。[①] 国际能源署预测，到 2030 年中国碳排放总量将上升至 2006 年的两倍，二氧化碳排放量将占世界的 29.2%。我国碳排放量近年来的快速上升引起了世界的高度关注，也对中国参与国际气候谈判带来了很大压力，2009 年的哥本哈根气候大会上许多国家纷纷要求我国采取减少二氧化碳排放的措施并实行碳减排承诺，就是一个例证。

3. 发展低碳经济有助于优化能源消费结构，提高能源的利用效率

近年来，中国能源消费呈现持续快速增长的态势，2002 年到 2008 年，我国一次能源消费几乎翻了一番。2008 年世界一次能源消费量增长 1.5%，而我国的增幅为 7.5%，相当于世界增幅的 5 倍。再从能源消费结构看，中国煤炭消费所占比重过高。如表 8—1 所示，我国煤炭消耗比例高达 70% 左右，低碳能源核电和其他可再生能源的比重则从 2000 年以来才有所增加，但占比还不到 10%，而 2008 年世界一次性能源消费构成中煤炭占比为 29.2%，发达国家煤炭消费比例大多不到 2%。[②] 因此，我国经济发展过程中的"高碳"特征非常明显，致使我国的二氧化碳排放量增幅过快。另外，中国能源利用效率又很低，目前我国的总体能源利用效率为 33% 左右，比世界平均水平低 10 个百分点。发展低碳经济的重要意义在于通过制度创新、技术创新及人类生产及生活方式的创新，最大限度地减少传统的化石能源消费，增加清洁能源供给，优化能源的消费结构，同时最大限度地提高能源的使用效率，以促进经济社会的可持续发展。

表8—1　我国能源消费构成

单位:%

年份	煤炭	石油	天然气	水电、核电、风电
2001	68.3	21.8	2.4	7.5

---

① 张海滨：《发达国家的气候谈判立场为何越来越强硬?》，新华网 2011 年 12 月 6 日。
② 石红莲：《降低我国碳排放量的策略探析》，《理论月刊》2010 年第 7 期。

年份	煤炭	石油	天然气	水电、核电、风电
2002	68.0	22.3	2.4	7.3
2003	69.8	21.2	2.5	6.5
2004	69.5	21.3	2.5	6.7
2005	70.8	19.8	2.6	6.8
2006	71.1	19.3	2.9	6.7
2007	71.1	18.8	3.3	6.8
2008	70.3	18.3	3.7	7.7
2009	70.4	17.9	3.9	7.8
2010	68.0	19	4.4	8.6

资料来源：《中国统计年鉴2011》，中国统计出版社2011年9月版，第259页。

4. 发展低碳经济有助于促进经济发展方式的转变，提高经济增长的质量

发达国家工业化两百多年遇到的环境问题是逐步出现、分阶段解决的，这些国家在很长时期中遭遇的问题在中国三十多年的快速发展中集中出现。因此，中国的资源、环境问题呈现复合性、综合性、压缩性的特点。改变不可持续的发展方式，已成为当务之急。发达国家过去、现在和未来相当长时期的高人均排放已经和将要过多地占用全球碳排放空间，发展中国家必须探索新型低碳发展的道路。历史和现实都不允许发展中国家沿袭发达国家以高能源消费为支撑的现代化发展模式，作为资源短缺的中国更是要探索低碳发展之路，以此推进经济发展方式的转变。

低碳经济对经济发展方式转变的促进作用表现在多个方面。一是投资于新能源、可再生能源等能源基础设施等形成资本积累，通过资本增长率提高来促使产出增长率提高；二是新增投资于低碳能源技术促进新知识、新技能的产生，并外溢到其他经济部门，推动技术进步从而产生内生增长；三是新增投资到低碳产业部门，往往会形成新的就业，于是通过劳动增长促进经济增长；四是新增投资用于改善碳排放产生的经济效益，通过碳生产力提高以

促进经济增长并提高经济增长的质量。[①] 总之，中国能否在未来几十年里走到世界的前列，在很大程度上或许取决于中国应对低碳经济发展挑战的能力。中国必须抓住低碳经济带来的新一轮技术和产业革命的机遇，改变高能耗、低收益的经济模式，及时转变经济发展方式，为实现可持续发展奠定基础。

二、税收政策支持低碳经济发展的必要性与国际经验借鉴

（一）低碳税收政策的理论基础

低碳税收政策基于市场失灵理论，涉及资源环境经济学和可持续发展经济学中的相关理论。资源环境配置过程中存在市场失灵，也就是说在这个领域中，市场不能有效地配置资源，或者在市场配置的过程中会产生低效率或者完全无效率，必须运用低碳税收政策进行调控。

首先，市场不能有效解决高碳经济发展模式带来的全球气候变暖及温室气体排放的负外部性问题。温室气体排放以及造成的污染，是负外部效应的典型例子，这些问题市场是无能为力的，必须由政府来解决，其中最有效的应对办法就是征收环境税。针对高二氧化碳排放征收碳税，用更低的社会成本来减少环境污染，英国针对高碳排放征收的气候变化税就是一个很好的调控例证。

其次，低碳税收政策基于公共产品理论。公共产品在使用上具有非竞争性，在收益上具有非排他性。环境资源和稳定的气候具有一定程度的非竞争性和非排他性的特征，属于公共产品。良好的环境和气候是全球性公共产品，应当通过全球性解决方案和世界各国的政策协调来解决。税收属于公共财政政策的范畴，在一国范围内，可以通过开征环境税的手段来解决由高排放引发的气候与环境问题；在世界范围内，则可以通过各国按照协调的、互相认可的碳税进行征收，以缓解全球范围内的环境与气候变暖的问题。

---

① 周健等：《低碳发展是我国应对经济危机与气候危机的必然选择》，《中国经贸导刊》2009 年第 15 期。

税收政策作为我国公共财政政策的重要组成部分，支持低碳经济发展有其合理性。一是低碳经济产业是事关中国经济社会可持续发展的绿色产业，在一定程度上具有公共产品的性质；二是低碳经济产业作为处于初级阶段的弱小产业，特别需要政府税收政策的扶持；三是低碳经济产业成本高，投资风险大，融资困难，在产业化、商业化水平较低的发展初期，政府各项政策的支持是非常必要的。

（二）发达国家税收政策支持低碳经济发展的基本做法

1. 英国的低碳税收政策

（1）气候变化税。2001 年 4 月 1 日在英国生效，针对英国所有工业、商业和公共部门征收，计征的依据是其煤炭、油气及电能等高碳能源的使用量，如果使用生物能源、清洁能源或可再生能源则可获得税收减免。截至 2001 年 3 月底，英国政府与 40 个业界团体签订了《气候变化税协议》。协议规定，业者可选择以总量管制的方式或个别单位生产量的排放方式设定协议目标，政府再依据设定目标减轻业者 20% ~ 80% 的气候变化税。两年后若不能达成协议削减目标者，则无法继续享有减税的优惠待遇。

（2）环境税。环境税收属于"中性税收"。在英国，所得税收通过如下渠道返回工业部门：一是减少英国国民保险雇主缴纳率的 0.3%；二是设立服务于共同利益的碳基金项目资助；三是在达到能效目标或应用可再生能源或热电联产的条件下减免税。

（3）拟提高航空飞行税。英国气候变化委员会 2009 年 9 月 9 日向政府建议，大幅提高航空飞行税，以增强应对气候变化的力度。希望通过这种方式，减少航班次。英国《泰晤士报》当天在头版发表文章说，如果发达国家都能采取这一措施，全球每年征收的航空飞行税将可增加数百亿英镑。

英国还对向非民用的工业、商业以及公共部门提供能源产品的供应商收缴"气候变化缴款"，[①] 即对于提供油气、煤炭等高碳能源的供应者征税，对

---

① 万莎：《发达国家发展低碳经济的财政政策及其经验借鉴》，《新金融》2010 年第 5 期。

于提供可再生能源、清洁能源以及生物能源的实行减税。

2. 欧盟（不含英国）低碳税收政策

欧盟在应对气候变化与实行节能减排方面是发达国家的典范，欧盟成员国的大多数国家对于危害低碳经济的行为进行征税（见表8—2），其征收的主要税项有碳税、各种能源税以及气候变化税等，并对高耗能能源征集来的税款主要用于对新型能源开发及利用的补贴上，促使清洁能源和可再生能源增加成本竞争优势。

表8—2　欧盟区域主要国家所实施的碳税和气候变化税[①]

国家	芬兰	挪威	瑞典	丹麦	德国	瑞士	荷兰
相关税种	碳税	碳税	碳税	碳税、能源税	碳税、能源税	气候变化税	能源税
导入时间（年）	1990	1991	1991	1992	1999	2008	1996

欧盟对发展低碳经济的税收支持还体现在一些税收优惠上，欧盟的大多数成员国通过减税和退税等优惠措施鼓励节能、替代性能源及可再生能源的利用。如法国对空气净化器的电动车（船）、节能设备加速折旧；奥地利对环保领域投资免资本税，空气污染控制设备减所得税、公司税、固定资产税。挪威对旨在降低废气排放量的投资免投资税。葡萄牙对利用太阳能、地热、其他形式的能源、利用垃圾生产能源的工具或机器的增值税减5%。[②]

3. 美国的低碳税收政策

后金融危机时代，美国积极推进经济转型，从高碳集约型经济向低碳绿色经济转变，也注重用税收政策来支持低碳经济的发展，并以此推动后危机时代经济的振兴和可持续发展。

（1）税收优惠政策。美国联邦政府为促进低碳经济发展与应对气候变化，有一系列的税惠政策。第一，清洁能源和新能源以及节能技术给予税收优惠。

---

① 转引自何平均：《国外促进低碳经济发展的税收政策及启示》，《经济与管理》2010年第11期。

② 何平均：《国外促进低碳经济发展的税收政策及启示》，《经济与管理》2010年第11期。

具体包括：新能源技术税收减免、清洁燃料汽车税收减免、清洁能源债券税收减免优惠、新能效住宅建设税收减免、住宅太阳能及燃料税收减免等。2005年8月美国总统签署了《2005美国能源政策法案》（以下简称《法案》），该《法案》在未来10年内授权美国政府向全美能源企业提供146亿美元的减税额度，以鼓励石油、天然气、煤气和电力企业等采取节能措施。① 此外，美国政府还对替代能源以及清洁能源的开发利用提供了多项税收优惠政策。第二，对可再生能源实行税收优惠。对鼓励可再生能源的税收优惠，主要是对可再生能源的投资、生产和利用给予税收优惠抵免，如对可再生能源的投资实行三年的免税措施，对小型风力发电设备投资抵免，利用可再生能源发电每千瓦时可获1.5%税收抵免；对太阳能和地热能设备投资额的10%可获得税收抵免。② 第三，鼓励碳减排的优惠。如新型煤炭技术项目投资抵免和煤气化投资抵免等。此外，还有许多针对个人节能减排的税收优惠措施，这些税收减免对增强社会公众的节能环保意识，自觉地节能减排，发挥了积极的激励作用。

（2）限制性税收政策。新能源开发和利用是发展低碳经济的重要环节。奥巴马执政以后，努力通过推行新能源的发展带动美国经济复苏，以继续维持美国在全球经济中的引领地位。美国的新能源政策指出，在未来10年，美国将大幅减少对中东和委内瑞拉进口石油的依赖，并对石油公司征收暴利税。具体措施为，当油价高于80美元/桶时，将对美国国内石油采掘公司征收高额税收，③ 这部分税收除用于新能源技术的研发外，一部分还将补贴给消费者，用这种方式，减少对包括石油在内的常规化石能源的过度使用，同时为新的清洁能源的开发提供支持。美国政府为减少对于石油进口的依赖，一直酝酿对石油公司征收巨额税款，并将其用于对新能源的开发。

4. 日本的低碳税收政策

日本是一个常规能源极为短缺、石油天然气资源的对外依存度极高的国

① 魏陆：《我国应对全球气候变暖的税制绿化分析》，《税务研究》2008年第3期。
② 何平均：《国外促进低碳经济发展的税收政策及启示》，《经济与管理》2010年第11期。
③ 高静：《美国新能源政策分析及我国的应对策略》，《世界经济与政治论坛》2009年第6期。

家，也是碳排放很高的国家。日本政府认为扭转全球气候变化的唯一出路是构建低碳社会，要改变自由排放温室气体的传统经济增长模式，在全球率先构建低碳社会。日本政府对特定燃料和不同用户征收能源、环境税。2003年，日本政府将石油税改为石油煤炭税，开始将煤炭列为征税对象。

2010年11月16日，日本政府通过《2011年度税制改革大纲》，决定自2011年10月1日起分阶段开征环境税。根据税改大纲，环境税将依附于已有的石油煤炭税种内，分三阶段开征环境税，自2015年4月1日以后满额征收。环境税收入将全部作为防止气候变暖对策费用，并根据不同的燃料对环境产生影响的程度采用不同的税率。政府针对节能减排和开发可再生能源，也实施了一系列的税收优惠政策，希望借环境税抑制能源消费和温室气体排放。

（三）发达国家税收政策支持低碳经济发展的基本特点

1. 构建了独立完善的低碳税收政策体系

首先，通过开征二氧化碳税控制碳排放。为了抑制二氧化碳的排放量，在1990年前后，芬兰率先开征了二氧化碳税，这是通过减少对化石能源的使用，进而减少碳排放量的一个最有效税种。目前，二氧化碳税已成为欧盟国家中普遍实行的税种，且都采取国家碳税模式，在税率设计上多采取复合税率。碳税的征收，对于高碳发展行业起了较大的抑制作用，有力地推动了能效提高和可再生能源发展。

其次，改革和完善能源税控制碳排放。丹麦1978年引入电能税，以后陆续对轻重油、煤、天然气等各种石油及煤产品征收能源税，1982年开始对煤征收能源税，1996年引入二氧化硫税，1997年又对天然气开征能源税。瑞典于1957年即开始对燃料征收一般能源税，主要是对石油、煤炭和天然气征收，从1990年3月开始对能源征收增值税。[①] 在欧盟国家，能源产品的税收包括一般能源税、消费税、二氧化碳税、二氧化硫税、增值税、燃料税等税种。在美国，联邦政府和州政府都开征燃油消费税，征税对象包括各种燃料，

---

① 魏陆：《我国应对全球气候变暖的税制绿化分析》，《税务研究》2008年第3期。

能源税在提高能源资源的利用效率，优化能源消费结构的同时，也减少了温室气体的排放。

2. 正面激励和逆向约束政策相结合

欧盟和美国等发达国家都运用税收政策从正反两方面引导并扶持低碳经济的发展。正面激励的税收政策主要通过减税、免税、退税、特别折旧、投资作为成本抵扣等税收优惠政策来鼓励低碳化。此外，还实行碳税返还政策。一部分碳税用于奖励那些提高能源利用效率的企业，另外一部分收入用于奖励那些对于解决就业有贡献的企业。逆向约束的税收政策主要依靠提高碳排放的成本，开征某些税种，提高某些税率等措施给纳税人施加压力，以减少二氧化碳排放，降低环境污染，促进节能投资，提高企业能效，减少高能耗消费。[1]

3. 普遍运用间接优惠方式鼓励采用节能技术

国际上有许多国家通过节能设备投资抵税和加速折旧的间接税收优惠方式鼓励企业采用节能技术。在日本，节能投资促进税制规定，企业购置政府指定的节能设备，并在一年内使用的，可按设备购置费的7%从应缴所得税中扣除，以应缴所得税额20%为限。对于企业购置用于提高能效的设备，可按购置成本的一定比例来计算所得税的抵免额。企业购置政府指定的节能设备，可在普通折旧的基础上，按购置费30%提取特别折旧。在加拿大，企业购买的专门用于提高能效或开发再生能源的设备可按30%的比率加速计提折旧，[2]而一般设备投资的年折旧率在4%～20%之间。

4. 碳税设置遵循中性化原则

大多数发达国家征收碳税或能源税的主要目的并非为了扩大税源，增加财政收入，而是为了提高能效，降低能耗，因此，在使用上，一般都具有定向性或专款专用的性质。如英国的气候变化税是针对各行业在使用煤、电、气时征收的一种税金，其收入的绝大部分又通过减免社会保险税、能效投资

---

① 何平均：《国外促进低碳经济发展的税收政策及启示》，《经济与管理》2010年第11期。

② 刘清文：《西方国家有关节能和环保的财政政策分析》，《广东财经职业学院学报》2009年第4期。

补贴及拨给碳基金等方式回流到企业。在征收碳税时，大多数国家秉持的是税收中性原则，即在开征碳税的同时，相应地降低其他税收收入的比重，市场主体不会因税收的总体负担增加而影响其竞争力。

5. 税收政策差异化

运用税收政策促进低碳经济发展是世界各国的普遍做法，但税收政策的侧重点和政策取向存在差异。美国主要是对有利于减少碳排放的技术设备减免税，通过征收汽油税鼓励消费者使用节能汽车，对高能耗的企业实行"出口退税"以增强其国际竞争力；欧盟各国为抑制温室气体的排放，征收生态税，日本的税收政策主要侧重政府通过财政投资和补贴来扶持节能技术和开发利用新能源的技术，经济合作与发展组织国家通过开征能源开采税来抑制矿产资源的过度开采。总体来看，美国、日本比较倾向于节能以及新能源和开再生能源的开发利用，而欧盟侧重于通过生态税限制碳排放，鼓励低碳消费。①

三、我国低碳税收政策的现状及存在的主要问题

相对于国际上如碳税、能源调节税和气候变化税等专门针对碳排放的税种，我国目前尚没有促进低碳经济发展的独立税种，未征收包括碳税在内的环境税，严格地讲我们并没有真正意义上的低碳税收政策体系。近年来在节能减排的大背景下，也相继出台了一些节约资源的税收政策，包括增值税、消费税、所得税、资源税、营业税等优惠政策，制定了一系列有利于环境保护和节能减排的税收措施，产生了积极的效应。

（一）我国具有低碳经济导向的税收政策分析

1. 资源税政策

我国资源税于1984年10月1日开征，是以各种应税自然资源为课税对象，包括煤炭、原油等化石能源。资源税对于调节级差收入，促进矿产资源

---

① 《各国低碳财政政策比较》，学术杂志网2012年8月5日。

合理开发，起到抑制温室气体排放发挥了一定的作用。当前，资源税的征税范围还比较狭窄，与低碳经济相关的税目主要包括原油、天然气、煤炭、黑色金属矿原矿、有色金属矿原矿等。

表8—3　资源税中与低碳经济相关的税目

税目		税率
一、原油		销售额的 5% ~ 10%
二、天然气		销售额的 5% ~ 10%
三、煤炭	焦煤	每吨 8 ~ 20 元
	其他煤炭	每吨 0.3 ~ 5 元
四、其他非金属矿原矿	普通非金属矿原矿	每吨或者每立方米 0.5 ~ 20 元
	贵重非金属矿原矿	每千克或者每克拉 0.5 ~ 20 元
五、黑色金属矿原矿		每吨 2 ~ 30 元
六、有色金属矿原矿	稀土矿	每吨 0.4 ~ 60 元
	其他有色金属矿原矿	每吨 0.4 ~ 30 元

我国资源税长期以来一直采用从量定额征收的方法，2011 年 11 月 1 日，根据修订后的《资源税暂行条例》，资源税改革率先在石油和天然气领域开展，采取从价计征方式，征收税率为 5% ~ 10%，暂按 5% 基准线税率征收。在实际征收过程中，为了鼓励一些低品位和难采资源的开采，提高资源回采率，对开采稠油、高凝油、高含硫天然气和三次采油的纳税人暂按综合减征率的办法实行。资源税减税在实际征收过程中，每个油气田均可享受一定比例的减征额，因此，油气田的实际税率应该低于 5%，税率比较低。

2. 消费税政策

消费税是 1994 年税制改革时新设立的税种，是在普遍征收增值税的情况下基于宏观调控的需要选择部分应税消费品征收的。消费税可以通过征税范围的选择和差别税率的设计调节高碳能源产品的消费行为，是我国目前与低碳经济发展最为密切的税种之一。从纳入征税范围的 14 种消费品看，与低碳经济相关的税目有：烟、酒及酒精、鞭炮烟火、石油制品、摩托车、小汽车、汽车轮胎、实木地板和木制一次性筷子等。石油是重要的碳排放源，对其征税直接体现了低碳环保的思想；而汽车轮胎、摩托车、小汽车则可视为能源产品的互补产品，可间接起到抑制汽油等能源产品消费及其控制碳排放的作用；木制一次性筷子和实木家具则体现了保护森林的作用。[①] 另外，我国近年对消费税的改革也体现了低碳导向，对小汽车按排气量大小实行差别税率，分别适用 1%、3%、5%、9%、12%、25% 和 40% 七档税率，鼓励节能汽车的生产和消费；2009 年 1 月我国开始实施成品油税费改革，在取消养路费等收费的同时，将价内汽油消费税单位税额提升到每升 1 元，将柴油消费税单位税额提升到每升 0.8 元，使得柴油、汽油及润滑油等成品油的消费税税率提高。这些举措均促进了能源的节约和减少二氧化碳的排放。可以看到，消费税主要是对低碳经济的发展进行负向抑制。

3. 车船税和车辆购置税政策

车船税是按年计征的财产税，是 2006 年将原来对内资企业征收的车船使用税和对外资企业征收的车船使用牌照税合并而成的。2011 年 2 月 25 日，十一届全国人民代表大会常务委员会第十九次会议通过了《中华人民共和国车船税法》，自 2012 年 1 月 1 日起施行。新《车船税法》体现了低碳经济理念，将乘用车单位税额从原来的按辆征收改为按排气量计征，实行从小到大共七档递增税额，同时配套出台了对节能减排的新能源汽车的税收优惠政策，将会促进节能减排车型和新能源车快速发展，最终推动整个汽车行业明确节能减排的方向。

从 2001 年开始，我国将原来的车辆购置费改为车辆购置税，税率为 10%，以加强对排放大户——车辆的有效调节。为了鼓励消费者购买小排量车，2009~2010 年度，我国对排量 1.6 升以下的乘用车还分别实行 5%、7.5% 的优惠税率，体现了节能减排的理念。

4. 增值税优惠政策

与发展低碳经济相关的增值税优惠优惠政策主要是鼓励资源综合利用的税收政策。财税〔2000〕198 号文件规定，自 2001 年 1 月 1 日起，对下列货物实行增值税即征即退的政策：①利用煤炭开采过程中伴生的舍弃物油母页岩生产加工的页岩油及其他产品；②在生产原料中掺有不少于 30% 的废旧

---

① 潘圣辉、吴信如：《推动我国低碳经济发展的绿色税制体系探析》，《税务研究》2012 年第 9 期。

沥青混凝土生产的再生沥青混凝土；③利用城市生活垃圾生产的电力；④在生产原料中掺有不少于30%的煤矸石、石煤、粉煤灰、烧煤锅炉的炉底渣（不包括高炉水渣）及其他废渣生产的水泥。同时，对利用煤矸石、煤泥、油母页岩和风力生产的电力以及部分新型墙体材料产品实行增值税减半征收的政策。为了进一步推动资源综合利用工作，促进节能减排，2008年12月，财政部、国家税务总局调整和完善了部分资源综合利用产品的增值税政策，并在对原有相关政策进行整合的基础上，出台了《关于资源综合利用及其他产品增值税政策的通知》（财税〔2008〕156号），重新明确了对资源综合利用产品的免税政策，包括对再生水、以废旧轮胎为全部生产原料生产的胶粉、翻新轮胎、生产原料中掺兑废渣比例不低于30%的特定建材产品、污水处理劳务实行免征增值税政策；对以工业废气为原料生产的高纯度二氧化碳产品、以垃圾为燃料生产的电力或者热力、以煤炭开采过程中伴生的舍弃物油母页岩为原料生产的页岩油、以废旧沥青混凝土为原料生产的再生沥青混凝土、采用旋窑法工艺生产并且生产原料中掺兑废渣比例不低于30%的水泥等实行增值税即征即退的政策；对以退役军用发射药为原料生产的涂料硝化棉粉，对燃煤发电厂及各类工业企业产生的烟气及高硫天然气进行脱硫生产的副产品，以废弃酒糟和酿酒底锅水为原料生产的蒸汽、活性炭、白碳黑、乳酸、乳酸钙、沼气，以煤矸石、煤泥、石煤、油母页岩为燃料生产的电力和热力，利用风力生产的电力，部分新型墙体材料产品等实行增值税即征即退50%的政策；对销售自产的综合利用生物柴油实行增值税先征后退政策。这些政策措施对能源结构的优化和低碳经济发展产生很大的推动作用。

为了进一步推动资源综合利用工作，促进节能减排，2010年，财政部、国家税务总局出台了《关于促进节能服务产业发展增值税、营业税和企业所得税政策问题的通知》（财税〔2010〕110号），明确自2011年1月1日开始，节能服务公司实施符合条件的合同能源管理项目，将项目中的增值税应税货物转让给用能企业，暂免征收增值税。对节能环保产业的增值税税收优惠，有力地促进了低碳经济和循环经济相关产业的发展。

5. 企业所得税优惠政策

我国目前的企业所得税政策体系中，与低碳经济相关的税收优惠主要包括：①对环境保护、节能节水项目的"三免三减半"政策。《企业所得税法》第二十七条第（三）项及其《实施条例》第八十八条规定，企业从事符合条件的环境保护、节能节水项目（包括公共污水处理、公共垃圾处理、沼气综合开发利用、节能减排技术改造、海水淡化）的所得，自项目取得第一笔生产经营收入所属纳税年度起，第一年至第三年免征企业所得税，第四年至第六年减半征收企业所得税。②资源综合利用减计收入政策。《企业所得税法》第三十三条及其《实施条例》第九十九条规定，企业以《资源综合利用企业所得税优惠目录》规定的资源作为主要原材料，生产国家非限制和禁止并符合国家和行业相关标准的产品取得的收入，减按90%计入收入总额。③对环境保护和节能节水的投资抵免政策。《企业所得税法》第三十四条及其《实施条例》第一百条规定，企业购置并实际使用《环境保护专用设备企业所得税优惠目录》、《节能节水专用设备企业所得税优惠目录》和《安全生产专用设备企业所得税优惠目录》规定的环境保护、节能节水、安全生产等专用设备的，该专用设备投资额的10%可以从企业当年的应纳税额中抵免；当年不足抵免的，可以在以后5个纳税年度结转抵免。④对合同能源管理项目的"三免三减半"政策。《财政部、国家税务总局关于促进节能服务产业发展增值税、营业税和企业所得税政策问题的通知》（财税〔2010〕110号）明确规定，自从2011年1月1日开始，对节能服务公司投资额不低于实施合同能源管理项目投资总额的70%且符合其他条件的节能服务公司实施合同能源管理项目，自项目取得第一笔生产经营收入所属纳税年度起，第一年至第三年免征企业所得税，第四年至第六年按照25%的法定税率减半征收企业所得税。所得税优惠通过鼓励发展节能减排产业，有利于减少温室气体排放，为低碳产业发展提供了有力的支持和扶持。

6. 调整"两高一资"产品的出口退税率

出于对环境因素的考虑，我国对"两高一资"产品出口严格控制。早在2004年，资源性和能源型出口产品的退税率就已经大幅下调，2007年7月起，中国已取消553项"两高一资"产品的出口退税，2010年6月，财政部、国家税务总局联合发出通知，自7月15日起取消部分出口商品出口退税。此次调整涉及六大类406个税号的商品，具体包括：部分钢材；部分有色金属加工材；银粉；酒精；玉米淀粉；部分农药、医药、化工产品；部分塑料及制品、橡胶制品、玻璃及制品，主要为控制高耗能、高污染及资源性产品出口，确保国家"十一五"节能减排目标。从 2011 年以来，多部门继续酝酿降低部分产品出口的退税率，"利剑"直指资源性产品出口和 2010 年未作退税调整的种类产品出口，主要涉及橡胶、有色金属、钢材、建筑材料等出口产品类别。调整"两高一资"产品的出口退税政策表明政府致力于淘汰低产品附加值和落后产能、加强"十二五"节能减排工作力度的意图，显示国家税收体系正朝着资源节约和环境友好的方向转变，通过降低乃至取消出口退税，可以提高"两高一资"产品生产企业的成本压力，促进企业转型和技术进步，从而带动整个产业结构调整，这些政策的实施对于促进出口企业发展方式转变，促进低碳经济的发展发挥了积极作用。

除此之外，在其他税种中也有一些促进节能减排等有利于低碳经济发展的税收优惠政策。例如，对国家批准的定点企业生产销售的变性燃料乙醇实行免征消费税政策；降低资源类产品进口关税税率，减免部分环保设备进口关税；对环境保护相关单位给予免征车船使用税、房产税以及城镇土地使用税等优惠政策；对使用环境监测车、各种洒水车以及本地总线的公交汽车的环境保护部门免征车船使用税；2004 年到 2010 年期间，对企业用于国有林区实施天然林资源保护工程的车船、房产以及土地分别给予免征车船使用税、免征房产税和免征城镇土地使用税的税收优惠政策。

（二）现行税收制度调控低碳经济发展的弊端与缺失

1. 未建立完善的绿色税收体系

绿色税收，是指为了保护环境、合理开发利用资源，实现绿色消费而征收的税收或税收体系。在绿色税收体系中，最主要的是环境税。环境税又称之为生态税，它是把环境污染和生态破坏的社会成本内化到生产成本和市场价格中去，再通过市场机制来分配环境资源的一种经济手段，是政府用来保护环境、发展低碳经济的有力手段。部分发达国家征收的环境税主要有碳税、水污染税、噪声税、固体废物税和垃圾税等五种。与税收体系完善的发达国家相比，我国还没有设立专门以保护环境为目的、针对污染环境的行为或产品课征的税种，环境税一直处于缺位状态。环境税中最重要的是碳税，尽管近年来关于出台环境税的呼声不断高涨，但国内关于是否开征碳税、如何设计碳税等问题还远没有达成共识，发展低碳经济的绿色环境税制远没有建立。现行的环保税收政策只是分散在增值税、消费税、资源税、车辆购置税、车船使用税等这些税种中，上述税种中虽然涉及低碳的内容，但由于当时制定政策的出发点并不是完全基于低碳发展和环境保护的目的，导致现有税种中有关环境保护性质的税收规定缺乏整体设计，互不衔接，难以对清洁生产和保护环境起到应有的调控作用。

2. 覆盖环节有限，调控范围不够广泛

低碳税收政策应涉及低碳经济发展的各个环节，而我国现有税收政策仅覆盖其有限环节。低碳技术是低碳经济发展的核心，但目前的税收政策远没有覆盖其投资、研发、设备制造、检测认证、设备利用等各个环节。又如当前对降低产品能源密集度的生产技术也几乎没有税收政策支持；煤炭清洁技术的使用对于降低我国环境污染意义重大，但现行税收政策尚未对该技术的研发与使用给予支持。另外，低碳税收政策的覆盖范围也很有限。例如，在可再生能源的开发利用支持政策中，仅对垃圾发电、风力发电、水力发电、变性乙醇燃料等可再生能源予以支持，而对国家政策鼓励发展太阳能、地热能以及生物能等可以改变我国能源消费结构的可再生能源的税收支持政策还相对薄弱。

3. 资源税设计存在弊端

（1）资源税设计理念不当。我国设计资源税的初衷主要是用于调节资源的级差收入并体现对国有资源的有偿使用，没有充分考虑到节约资源和减少污染的功能。[①] 简单的级差性资源税不能正确反映资源的真正价值，无法使资源开采企业的社会成本内在化，未将开采资源导致的环境破坏成本纳入其中，也没有综合考虑回采率。从其实际运行来看，资源税对节约资源和降低污染排放的作用不是很大。

---

① 童芬芬：《资源税箭在弦上 节能环保"左右手"并用》，《中华工商时报》2010年4月16日。

（2）税基过窄。我国现行的资源税中，征收范围只有原油、天然气、煤炭、其他非金属矿原矿、黑色金属矿原矿、有色金属矿原矿、盐等七类资源产品，未将资源开采过程中产生的伴生资源以及矿藏资源、土地资源、水资源、动植物资源、森林资源、草场资源、海洋资源以及地热资源列入征税范围，从而导致这些资源被掠夺性开采，生态环境遭到破坏，同时也没有将氟利昂、卫生纸品、塑料包装袋、电池、一次性产品、煤炭等容易给环境带来污染的产品纳入征税范围，削弱了资源税对保护环境的调节作用。

（3）计税依据不科学，计税方法单一。按照现行资源税法规定，只对纳税人销售的产品征收资源税，也就是说企业对已经开采而并未使用和销售的不用缴纳资源税，这很容易导致企业和个人在开采过程中的"拣肥弃瘦"和囤积资源的行为，造成资源无序开采和大量积压，不利于企业提高资源回采率和节约地使用资源，也无法很好地促进我国节能减排和低碳经济的发展。另外，我国资源税长期以来采取从量定额的征收方式，这种方式割断了资源税与应税产品价格之间的联系，企业缴纳的资源税金不受资源价格波动的影响，使资源税在相当程度上丧失了对资源级差收入的"自动调节"功能。过低的资源税标准使得企业应承担的环境补偿成本随之降低。[1] 2011 年 11 月资源税改革，油气资源采用从价计征的方式，但是对消耗比例最高、碳排放最大的煤炭仍实行定额税率，不利于低碳经济发展。

（4）税率设置不合理。现行资源税税率的设置没有考虑所涉及的应税产品消费产生的环境外部成本，没有针对产品的环保程度实行差别化税率，这不利于生产企业对环保产品的研发与投产，也不利于鼓励消费者购买环保产品。另外，资源税税率过低，对资源开采的约束力度不够，即便改革后的油气资源税的税率，仍然是偏低的。

4. 消费税设计不合理

（1）消费税课税范围比较窄。依据现行的消费税法规，应税消费品中与低碳经济有关的有八种，但其征税范围仍然较窄，一些高碳能源制成品并未

---

① 胡仁芳：《资源税改革大幕正式拉开会动谁的奶酪》，《证券日报》2011 年 11 月 1 日。

包括在内。① 如化肥、电池、塑料袋、餐饮容器等以及煤炭等都没有列入其中，未能体现能源的稀缺性，也没有充分考虑到产品消费时所产生的环境外部成本，削弱了消费税的调节效果。

（2）消费税的税率设立也不合理。一是税率整体偏低，既没有考虑到资源能源的级差问题，也没有考虑到对应税产品消费行为所产生的外部环境成本，没能充分体现能源资源有效利用的导向作用的发挥。二是未实行差别税率，没有根据产品低碳环保与否及环保的程度设定不同税率，影响企业对于低碳环保型产品的开发和投产的积极性，严重影响了消费税在引导社会节能减排、发展低碳经济中的效果，难以充分发挥引导低碳消费模式的作用。

（3）我国消费税采用价内税的形式不科学。价内税具有隐蔽性的特点，加之消费税在生产环节征收，消费者只能直观地感受到不同资源产品的价格差异，不清楚自己到底支付了多少税金，也不会根据消费产品的税金多寡去决定自己的消费行为，不利于增强消费者的节能意识，从而使消费税调节消费、保护环境的作用大大削弱。

5. 低碳税收优惠政策存在弊端

鼓励性的税收政策主要是通过税收优惠政策体现的。我国现行的低碳税收优惠政策存在许多不完善之处。

（1）税收优惠政策分散。由于我国缺乏促进低碳经济发展的独立税种，现行的低碳税收优惠政策主要分布在增值税、消费税、企业所得税等税种中，这些税收优惠规定过于笼统或者模糊，缺少针对性、灵活性，也较多地分散于财税部门的各种通知、规定中，并没有形成一个完整的有机体，缺乏战略指导性。由于缺失低碳税收顶层设计方案，各税收之间的整体联动性差、协调性不强。②

（2）优惠方式单一。纵观我国促进低碳经济发展的税收优惠政策，可以发现所选择的操作工具是减免税与税率优惠为主。③ 缺少加计扣除、加速折

---

①　潘圣辉、吴信如：《推动我国低碳经济发展的绿色税制体系探析》，《税务研究》2012 年第 9 期。

②　刘海云、刘勇：《促进我国低碳经济发展的税收政策》，《税务研究》2012 年第 9 期。

③　刘海云、刘勇：《促进我国低碳经济发展的税收政策》，《税务研究》2012 年第 9 期。

旧、税收抵免、在投资退税等国际上通行的间接优惠方式。直接优惠方式容易刺激纳税人以虚假名义骗取税收优惠,促使纳税人行为短期化,对支持低碳经济发展作用有限。

(3)税收优惠的范围相对较窄。第一,我国现有的企业所得税法对节能减排和促进低碳经济发展领域的税收优惠政策比较缺乏,只对节能、环保、节水领域的相关设备、项目等方面给予优惠,而对温室气体减排技术、新能源和绿色能源的研发等没有实行相关的税收优惠政策。同时企业所得税的优惠对象主要是针对生产产品的加工企业,无法惠及作为主要科研力量的科研单位,以调动其研究低碳技术、清洁能源技术的积极性。第二,增值税的优惠范围不合理。现有的增值税税收政策上只对油母页岩、风力发电和煤泥等领域给予应纳增值税税额减半的税收优惠政策,而在对太阳能发电、水能发电以及核能发电这样再生能源发电领域却缺少相应的税收优惠政策;对使用新型或可再生能源如氢干电池、天然气、乙醇的车辆并没有专门的税收优惠政策。这不利于可再生能源和新能源产业的发展,而这些绿色、低碳能源的开发恰恰是低碳经济发展的核心内容。另外,现有的增值税对石油液化气、煤炭制品以及天然气和煤气等化石燃料采用低税率的税收政策,没有考虑这些能源资源的稀缺性,反而会因为这种逆向调节鼓励了对这些稀缺资源的过度消耗和浪费,不利于节约地使用资源特别是稀缺资源,也不利于减少温室气体排放,同时对农药、化肥和薄膜等对社会有污染的产品实行税收优惠支持,不利于低碳农业的发展与食品安全。第三,对以清洁能源为动力,符合节能减排标准的车辆,车辆购置税优惠范围和力度偏低,促进低碳经济发展的作用发挥得不够充分。[①]

总之,现行税制在促进环境保护、节能减排以及资源综合利用等各方面取得了一定的成效,但由于相关的税收政策比较缺乏,税费关系混杂,低碳税以及环保税一直缺位以及对高碳生产和消费行为的约束力不强等种种原因,使税收对低碳经济发展的积极作用远没有发挥出来。

---

① 潘圣辉、吴信如:《推动我国低碳经济发展的绿色税制体系探析》,《税务研究》2012年第9期。

四、税收政策支持低碳经济发展的对策选择

（一）构建绿色低碳税制体系

许多发达国家通过构建独立的低碳税收体系在发展低碳经济方面取得了显著成效。我国现行税制体系中只有部分具有低碳导向的税种及税收优惠政策，为进一步促进低碳经济的发展，必须借鉴国外经验，优化税制结构，健全绿色低碳税收体系。这个体系应当是正向激励与负向约束相结合。在税收正向激励方面，应进一步优化税收优惠体系，降低节能、低碳产业和产品税负；在税收负向约束方面，应强化对高碳行业的税收压力，迫使其通过技术改造与产品转型实现低能耗、低污染与低排放的低碳目标。[①]

我国建立绿色税制发展低碳经济的基本思路应当是：在推进低碳经济发展直接相关的资源税、消费税改革的基础上，尽快研究开征环境保护税，择机开征碳税，使其作为促进低碳经济发展的主体税种，在此基础上对其他税种进行整合，实现整个税制的生态化和绿色化，构建起一套科学、完整的绿色税制体系。

（二）以低碳为导向改革完善与低碳经济直接相关的现有税种

1. 改革完善资源税

（1）在资源税的立法理念上体现低碳导向。我国目前开征资源税的目的主要是为了调节资源的级差收入，没有把资源的环境成本和社会价值内在化，既不利于资源按社会成本定价，更不能使之按可持续成本定价。[②] 完善资源税应从环境保护和可持续发展的理念出发，将资源开采的外部性成本内部化，从而科学地反映资源价值，使资源产品的成本和价格能反映出其稀缺性，鼓

---

① 孙静、袁玉洁：《低碳税收政策：基本框架、问题与路径选择》，《税务研究》2012 年第 9 期。

② 吴翀：《构建绿色税收体系的设想》，《经济研究导刊》2008 年第 2 期。

励企业对环境保护和治理的积极性。

（2）扩大资源税的征收范围。可以将目前尚不征收资源税的不可再生资源以及存量水平已接近临界值，如果继续消耗会影响其再生能力的资源纳入资源税征税范围，防止过度开发导致枯竭，以确保这些资源的再生能力和可持续使用；将土地、海洋、森林、草原、滩涂、淡水和地热等自然资源列入纳税范围，以体现国家对这些资源的有效保护。另外，将现行资源性收费，如矿产资源管理费、林业补偿费、育林基金、林政保护费、电力基金、水资源费、渔业资源费等带有税收性质的收费改费为税，规范征收，扩大税源。

（3）调整计税依据和征税环节。要在石油天然气计税依据改革的基础上，改变原有的实行差别税额以量为标准的计征方式，逐步改为以价格来计征的方式，① 使资源税的税额能够随资源价格的上升有所提高，充分发挥资源税的价格杠杆作用，增强消费者的环境保护和资源有偿使用的意识。另外，将征税环节由销售和使用环节调整到生产和开采环节，以限制无序开采、过度开发，从根本上遏制资源的乱挖滥采。同时，为了防止资源税的税款流失，需延续现行资源税实行的源泉课税方式，无论采掘和生产单位是否属于独立核算，均规定在生产地源泉控制征收，对不同性质的资源，实行不同的计税方法。

（4）科学地设置税率。在进行税率设计时，既要考虑调节级差收入，又要考虑到资源的开采和保护，对于不可再生、稀缺性及开采污染严重的资源实行高税额，以强化对这些资源的保护。合理设计税率水平，一是将资源税和环境成本以及资源的合理开发、养护、恢复等因素相挂钩，根据不可再生资源替代品的开发成本、可再生资源的再生成本、生态补偿的价值等因素，② 合理确定和调整资源税的税率。二是要对滥用资源的企业进行惩罚性税收，采用累进税率，按资源的使用量划分档次，不同的档次使用不同的税率，税率逐级跳跃式增加，加大企业过度消耗资源的成本，强制性地约束企业节约

---

① 《现有资源税从量定额计征基础上增加从价定率的计征办法》，《中国工业报》2011 年 9 月 23 日。

② 魏光明：《我国环境税收制度体系研究》，《财政研究》2010 年第 4 期。

使用资源。三是要逐步提高资源税税率，特别需要对非再生、非替代和稀缺性的资源课以重税，明确规定资源地政府资源税收入的一定比例需用于资源地的环境补偿，使税率高低与回采率相结合，减少资源开采中的浪费行为和不合理开采。

2. 继续推进消费税的改革与完善

（1）扩大征收范围。为了实现低碳发展和有效保护环境，应增设消费税税目，将不符合低碳发展要求的高能耗、高污染、高排放产品纳入到消费税征收范围中，特别是应把资源消耗量大的消费品纳入征税范围。近期可考虑把含磷洗涤液、汞镉电池、一次性生活用品、塑料包装物、高档建筑装饰材料、原浆纸及会对臭氧层造成破坏的氟利昂产品等列入消费税的征收范围。还可考虑把煤和火电等污染性能源，船和飞机等高能耗机动工具征收消费税，根据煤炭污染品质确定消费税税额。对低标号汽油和含铅汽油提高税率或者征收附加，利用差别税率鼓励高标号汽油的使用，推动汽车燃油无铅化进程。[①] 另外，要从"碳源"上进行有效遏制，减少碳排放。除了对生产或消费过程中的高碳产品征收消费税外，还应对大量消耗森林、草原等植被资源的低附加值产品征税，如纸盒、原浆纸等。

（2）制定弹性税率。根据产品不同的碳排放量和其不同的能源消耗的程度实行不同的税率，并且适当的增大其级别差异。对非再生、稀缺性强的资源要课以重税，以遏制掠夺性开采；对于符合环保要求的产品，应适当降低其税率，如对低碳排放的汽车、摩托车适当降低其消费税税率；在目前小汽车以气缸排量大小征收1%～40%七档不同税率的基础上，对使用新型（或可再生）能源如天然气、乙醇、氢电池的车辆应降低税率，以强化消费税对节能减排的支持力度。

（3）对低碳排放的应税消费品给予一定的税收优惠。对不会造成环境破坏，碳排放量小的清洁产品、绿色产品以及用可循环利用资源、消耗量小的资源生产出来的产品，给予小额消费税征收和免征消费税的税收优惠政策；

---

① 李萌：《我国在实施和制定环境税时应注意的几个问题》，《经济师》2010年第7期。

对符合低排放的汽车产品给予消费税减收的优惠。对清洁汽车、清洁能源以及获得环境标志产品减征消费税。[①] 对于高效综合利用资源生产的产品和无污染的绿色产品、清洁产品，应适当减免税，如对清洁煤炭应给与免征其消费税的优惠政策。

除此之外，建议采用价外税形式征收消费税，通过价格的杠杆作用来限制破坏生态环境的消费，鼓励健康性的消费和保护资源环境的绿色消费。

3. 改革和完善车船税制度

国际惯例是按照排量和吨位的差异来征收车船税，2012 年 1 月 1 日以前我国车船税基本上是根据车船的吨位数按固定税额进行征收，与其使用的强度无关。第一，考虑到车船税税负偏低的情况，为了增强对汽车尾气和噪音的消减作用，应该适当提高税额标准或者征收污染附加税。第二，实行弹性税率，根据车船的不同性能、不同能耗水平以及尾气排放量的不同规定不同的税率。对于车辆等交通工具的税率确定，应综合考虑所有与车船等交通工具有关的税种以及收费来进行。2012 年车船税的修改完善，更多是在减小1.6 升排量及以下车主的用车成本，同时新政策也试图利用高税额来减少大排量车型的数量，从而降低能源消耗与排放，这有利于抑制高耗能高排放车船的生产与消费，尤其是实行差异化政策既可提高税收收入，又不影响消费，并鼓励中低收入群体保有车辆，还可保证国家节能减排和减少碳排放目标实现，[②] 以后应根据这种趋向逐步完善。

（三）基于促进低碳经济发展合理设计税收优惠政策

1. 低碳税收优惠政策应突出重点

第一，加大对新能源产业的优惠力度。发展新型能源，提高低碳、无碳能源的使用量，降低煤炭、石油等高碳能源的消耗比例，是我国发展低碳经济的核心途径之一。可再生能源与清洁能源是发展低碳经济的重要内容，各

---

① 谢永清：《构建我国节约型社会的税收政策》，《环渤海经济瞭望》2005 年第 4 期。
② 张新民、张水成：《有机农业与应对气候变化》，《经济研究导刊》2010 年第28 期。

国都积极发展可再生能源与新型清洁能源，以不断提高这部分新能源在能源消费结构中的比例。我国要加快制定用太阳能、地热能、水电、风电和可再生生物回收能源替代用油、煤、气的税收优惠政策。另外，我国现行的税收政策对新能源产业的税收激励主要体现在生产环节，以后应该将新能源产业的税收优惠覆盖到生产、流通和消费的各个环节，发挥税收对低碳产业整体链条的调节功能。第二，加大对低碳技术的优惠力度。转变经济发展方式，发展低碳经济有一系列节能、减排、增效的具体目标，而实现这些目标离不开技术的支撑，可以说，技术创新是当前低碳经济发展的内在驱动力。因此，应针对目前对低碳技术税收优惠方式单一、力度小的现状，采用直接优惠和借鉴优惠相结合的多种优惠方式，对低碳技术的研发环节加大优惠力度。第三，大力发展低碳服务业，对新兴和高端生产性服务业，比如现代物流、信息技术服务业和文化创业的产业给予更多的税收优惠，以激励低碳消费方式。

2. 调整优化企业所得税优惠政策

由于所得税不易转嫁的特性，采取优惠政策对引导企业投资方向的作用很大，要充分发挥企业所得税的税收激励作用。

（1）优化所得税优惠方式。在优惠方式上采用直接优惠和间接优惠相结合以间接优惠为主的多种优惠方式，使所得税调节手段由单一形式向多元化拓展。第一，扩大节能环保设备投资税收抵免的范围。除了继续实施对环境保护和节能节水的投资抵免政策外，对购买国家鼓励的污染减排设备以及对使用减少污染排放设施的企业，可按一定比例实行税额抵免；对节能科研项目、重大引进科研项目和推广项目投资抵免企业所得税；对工业企业替代燃料油的技术开发和技术改造项目投资抵免企业所得税。第二，对节能环保设备实行加速折旧政策。对企业用于节能减排、高科技研发等方面的机器设备、运输工具等固定资产允许实行加速折旧，以尽快收回投资，实现滚动发展。第三，用企业所得税前加计扣除方法支持低碳产业发展。提高节能设备、低碳技术或产品研发费用的税前抵扣比例，如可规定企业当年发生的用于节能设备、低碳技术或产品的研发费用可以在税前据实列支，并可按已发生费用的一定比例税前加计扣除；对企业使用或生产列入国家清洁生产、资源综合利用等鼓励名目的技术、工艺的费用允许企业所得税前加计扣除；对企业购买的防治污染的专利技术等无形资产允许一次摊销、允许低碳企业计提的各项资产减值准备金和风险准备金税前扣除；等等。同时，对高、低碳企业制定不同的税前扣除标准，使所得税优惠政策的正向激励和负向约束相结合，强化对高碳行业和高碳产品的退出压力。第四，比照风险投资企业政策，对投资于节能产业的节能项目达一定年限，出资人对其所投资金额的一定比例，准予抵免应纳税所得额，当年不足抵减时，可在以后年度结转抵免。第五，根据可再生能源产业投资回收期较长、投资额大等特点，允许可再生能源产业的企业的亏损弥补期限延长至十年。[①]

（2）扩大企业所得税的优惠范围。既要扶持节能减排产品的生产、销售，又要促进节能减排技术的推广应用；既要鼓励节能投资，又要引导节能消费。[②] 第一，对企业的节能、低碳生产经营活动予以鼓励。对生产低碳新产品的企业，应视同高新技术企业给予税收优惠。出台鼓励发展节能省地环保型建筑的优惠政策，对开发节能省地环保型住宅，综合节能率达到一定比例，适当减征企业所得税；环境保护、节能节水项目改扩建、异地搬迁后的生产经营所得，也可享受"三免三减半"税收优惠等。[③] 第二，对废旧物资的循环再利用给予税收优惠。对企业销售工业余热、热电联产、煤气综合利用项目所得允许免征企业所得税；对废旧物资回收经营单位取得的收入减免企业所得税等。第三，对于通过对生产低碳产品的技术服务、技术承包以及技术转让而取得的企业收入，可以免征或减征所得税。

3. 改革完善增值税优惠政策

继续完善和扩大与低碳经济发展相关领域的增值税优惠政策，清理不利于节能减排的税收优惠，而对于节约能源、减少污染、保护环境的产品和服务，则应该按不同的程度给予或加大一定时期的减免税优惠或即征即返政策。

---

① 孙利、张志忠：《促进低碳经济发展的所得税政策研究》，《苏州大学学报（哲学社会科学版）》2010 年第 6 期。

② 孙利、张志忠：《促进低碳经济发展的所得税政策研究》，《苏州大学学报（哲学社会科学版）》2010 年第 6 期。

③ 孙利、张志忠：《促进低碳经济发展的所得税政策研究》，《苏州大学学报（哲学社会科学版）》2010 年第 6 期。

（1）调整增值税率。一是提高某些高碳产品的增值税率。对于煤气、石油液化气、天然气等不可再生并且排放量大的能源应该提高其税率，如由原来的13%税率增至17%的税率。特别是煤炭属于不可再生资源，且我国的煤炭消费比例过高，是碳排放的主要来源，建议将煤炭增值税税率统一为17%。二是调低某些节能、低碳产品的增值税率。为了体现对低碳能源的扶持，减少上述相关企业营运的税收成本，新能源企业对外销售的新能源产品（如利用风能、太阳能、地热能发电的电力产品）从低适用13%的增值税率。[①]

（2）调整增值税减免税政策。一是取消某些产品的减免优惠。取消对农膜、化肥、农药特别是剧毒农药免征增值税的规定，逐渐消除其对土壤和水资源保护的不良影响，运用低碳税收政策的优势，促进秸秆还田等生物技术的推广，推进生态农业的发展。二是扩大对销售新能源产品即征即退50%增值税款优惠政策的使用范围。目前即征即退50%增值税的优惠政策只适用于利用风力生产的电力，以后应该将这项优惠政策的适用范围扩大到包括太阳能、地热能、潮汐能、氢能等新能源产品，从而推动新能源产业的整体繁荣。

（3）对节能环保产业的增值税进项抵扣予以优惠。首先，对资源综合利用企业从外部购入或无偿取得的废渣等原材料、循环利用的内部废物等纳入增值税抵扣链条中，在核实购入量、使用量等数据基础上准予抵扣，合理拉开利用再生资源和综合利用资源与原生资源之间的税赋差距，支持低碳、绿色能源的发展。其次，对符合低碳要求的机器设备与产品实行减免优惠和税收返还政策，[②] 通过增值税改革对企业用于低碳设备研发的专利技术给予增值税进项税抵扣；允许废旧轮胎综合利用企业在取得废旧轮胎时按10%（或更高）抵扣进项税，对低碳发展行为给予税收优惠支持，降低成本，增强竞争力。

（四）开征促进低碳经济发展的独立税种

开征新的专门用于发展低碳经济的税种，是构建低碳税制、绿化税收体

---

① 李兴国：《低碳经济背景下我国税法的改良》，《中北大学学报（社会科学版）》2012年第1期。

② 邓子基：《低碳经济与公共财政》，《当代财经》2010年第4期。

系的核心。① 欧盟成员国是这方面的典范，我国应借鉴欧盟的经验，构建绿色税制体系。

1. 开征环境税，完善环保税体系

如前所述，环境税属于绿色税，环境税是把环境污染和生态破坏的社会成本内化到生产成本和市场价格中去，再通过市场机制来分配环境资源的一种经济手段。环境税对于减少环境污染和生态破坏、调节经济发展和自然环境关系，作用重大。为了促进经济的低碳化，从 20 世纪 90 年代开始，西方发达国家普遍实施了税制的"绿色化"改革，通过大幅度提高环境税征收标准的方法提高环保效率。目前发达国家已开征的环境税涉及大气、水资源、生活环境、城市环境等十多种，主要包括二氧化碳税、二氧化硫税、水污染税、噪声税、固体废物税、垃圾税等。针对目前高耗能、高污染和浪费资源的产业及工业园区的盲目发展和过度扩张，推行环境税改革，构建绿色税收体系，是我国解决资源无序开发、解决环境污染与可持续发展的重要基础。

（1）环境税设计理念。在理念上，从"谁污染、谁付费"转向"谁环保、谁受益"，征收环境税的出发点已不再局限于筹集环境治理资金，而是逐步扩大到促进生产方式、生活方式转向低碳化上来，② 从而使税制从整体上不仅有利于经济发展、有利于资源、环境保护，也有利于人们生活理念的转变和生活质量的提高。而且，开征环境税，实现专款专用，对环境治理问题也有了可持续的财力保障，还可与现有相关税种协调配合，形成绿色税收调控体系。

（2）环境税的税种设计。我国开征的环境税应该是一个税系，它包括对向自然环境直接排放污染物的所有法人和自然人进行课税的多个税种。根据国外开征环境税的经验，依据"受益者付费"、"污染者付费"和"使用者付费"的原则，可将环境税相应分为一般环境税、污染排放税和污染产品税三种类型。③

---

① 潘圣辉、吴信如：《推动我国低碳经济发展的绿色税制体系探析》，《税务研究》2012 年第 9 期。

② 《发展低碳经济需要财税政策支持》，《中国证券报》2010 年 3 月 19 日。

③ 王世玲：《三部委环境税研究进入中期建议设污染排放税》，《21 世纪经济报道》2008 年 8 月 9 日。

①一般环境税。一般环境保护税是一种基于收入的环境保护税，可以根据受益者付费的原则对所有从环境保护中的受益者进行征税。环境收入税可以形成稳定的环境保护和污染治理资金来源，一般环境税收入应由政府统一安排，主要用于改善环境质量所需的基础设施建设和环境管理。

②污染排放税。这是一种基于刺激的环境保护税种，其征收原则是污染者付费，计税依据是污染物的排放量。这种以促进有利于环境行为或直接限制污染排放为宗旨的环境保护税，最符合环境保护税的理论原理。鉴于这种污染税的税基与污染物数量直接相关，因此，可以称其为"直接污染税"或"污染排放税"。[①] 由于污染排放税的税基与污染物排放量直接相关，它的征税范围包括大气污染排放、烟尘、废气、污水、工业废弃物、各种有害垃圾、噪音等。相应地，污染排放税的税种大致包括硫税、氮氧化物税、碳税、污水税和固体废物税等。应该借鉴发达国家征收环境税的丰富经验，依据循序渐进的原则，首先对二氧化硫排放、水污染、垃圾等开始征税，然后进一步扩大征收范围，对噪音污染、生态破坏等征税。具体设计是：以排放"三废"和生产应税塑料包装物的企业、单位和个人为纳税人；以工业废气、废水和固体废物及塑料包装物为课税对象；对不同的应税项目采用不同的计税依据。对"三废"排放行为，以排放量为计税依据从量课征，对应税塑料包装物，则根据纳税人的应税销售收入按比例税率课征。在征收的过程中，实行追究责任制，根据使用、消耗、排放量的大小，坚持"谁使用，谁污染，谁负税"的原则，实行专款专用，同时将环境保护税收入作为环境保护方面的专项资金。

③污染产品税。即对一些可能产生污染的产品征税，比如能源燃料、臭氧损耗物质、化肥农药、含磷洗涤剂、泵镉电池以及汽车。污染产品税也是一种基于刺激的环境保护税种，征收原则是使用者付费，依据是有潜在污染的产品。鉴于这种污染税的税基与产生污染的产品相关，因此，可以称其为"污染产品税"。[②] 污染产品税也是通过税率的设立来产生一种刺激作用，促

---

① 曾长胜：《建设环境友好型社会的税收政策构想》，国家税务总局网站2009年4月7日。

② 曾长胜：《建设环境友好型社会的税收政策构想》，国家税务总局网站2009年4月7日。

进消费者减少有潜在污染产品的消费数量，鼓励消费者选择无污染或者低污染的替代产品。

（3）环境税税率设计。环境税税率是环境税设计的核心问题，开征环境税的首要目标是环境保护而非财政收入。在环境保护税的税率设计上应根据污染物的特点实行差别税率，对环境危害程度大的污染物及其有害成分的税率应高于对环境危害程度小的污染物及其成分的税率。要由政府财政部门和法律部门协作定期对环境税税率进行调整，通过环境税的征收提高相关产品的价格，促使生产企业自发地进行技术创新，减少对环境的污染。

2. 择机征收碳税，完善中国绿色税收体系

由于二氧化碳是最主要的温室气体之一，煤炭、石油天然气的使用又是最主要的二氧化碳排放源，因此目前温室气体排放控制的重点集中在能源系统二氧化碳排放的削减上。在各种减缓气候变化的政策工具中，碳税被西方发达国家认为是减少碳排放的一项重要政策手段，并在实践中取得了良好的效果。

（1）碳税的概念。碳税属于环境税的一种，是一种污染税，它是根据化石燃料燃烧后排放碳量的多少，针对化石燃料的生产、分配或使用来征收税费的。政府部门先为每吨碳排放量确定一个价格，然后通过这个价格换算出对电力、天然气或石油的税费。征收碳税的理论基础是庇古的"污染者付费"学说，其目的是借政府"有形"之手解决环境领域的市场失灵问题，对大多数发达国家而言，征收碳税的主要目的是为了提高能效、降低能耗，并非是为了扩大税源，增加财政收入。因此在使用上，相应的碳税收入一般都具有定向性或专款专用的性质，比如英国的"碳基金"制度，将碳税用于投资方面，一是促进低碳技术的研究和开发，二是加快技术商业化。

（2）征收碳税的必要性。从交易成本的角度看，政府征收碳税使消费者使用化石能源的成本变高，促进公共机构、商业组织及消费者个人减少污染性燃料的消耗并由此提高能源的使用效率。另外，碳税可以降低绿色清洁能源的成本，使它们在市场上能与价格低廉的化石燃料相抗衡，有助于提升低碳能源的市场竞争力。政府征收的碳税收入还可以再用于发展低碳技术、开发清洁能源，促进就业与经济的可持续发展。对企业而言，政府可以通过对

碳排放超标的企业征税以此增加其生产成本，从而使企业的外部成本内部化，缩减其利润空间，遏制企业生产高碳产品的冲动，减少碳排放和浪费性地消耗日趋短缺的资源，引导社会向节能环保型产品投资的战略转移。

从宏观经济发展的总体考察，碳税是解决我国面临的环境、能源问题比较理想的经济手段之一。我国是以煤炭为主的能源消费国，随着经济的快速发展，碳排放量逐年增加，目前是世界二氧化碳排放第二大国，仅次于美国，减排任务重、责任大。碳税可以在节能减排和环境保护上起到重要作用，同时还可以有效地支持低碳经济的发展。

但是否征收碳税一直是低碳经济发展中国内外争论的重点，反对者认为征收碳税会对加大国内企业负担，增加生产成本，降低企业竞争力，甚至还有认为碳关税问题是西方发达国家实施贸易保护主义的新手段等等。① 笔者认为征收碳税不仅有利于发展低碳经济，而且还是应对西方发达国家利用碳税贸易保护的重要税收政策手段。根据 WTO 的规定，碳关税是合法的，符合 WTO 原则的，双重征税则是违反 WTO 协议的。如果我国征收了碳税，美国和欧洲再征碳关税就变成了双重征税。当然，征税将使得产品增加碳成本，导致国内产品价格的提高，削弱在国际市场上的竞争力。所以，我们在征收碳税的同时，降低企业所得税和其他相关税费，使产品的综合成本不因为碳税的征收而提高。另外，再通过财政支出，把碳税收入用于补贴企业节能研究，以降低企业因为碳税而增加的成本。

相对于碳排放权交易制度，碳税更符合我国国情。碳排放交易需要由政府来确立总体的碳排放总量，在碳排放交易市场建立中，碳排放总量和碳排放权的发放需要花费政府巨大的资金和人力完成，且在交易中，碳排放市场往往容易被少数大企业垄断，产生市场失灵，不能很好地达到促进企业节能减排的目的。而碳税是通过相对价格的改变来引导经济主体的行为，以达到降低排放数量的目的；碳税作为一种直接的经济手段，能够带来可观的财政收入，管理和实施相对简单，征收可操作性强，所涉及的额外成本相对较少；

---

① 林伯强：《碳税或沦为西方国家实施贸易保护主义新手段》，《中国经济和信息化》2010 年 8 月 10 日。

碳税可以在燃料进入经济循环的开始环节征收，只要对很少的经济体征税就能覆盖全国所有的化石燃料消费。但是碳税具有一般税收的刚性特点，会对相关经济部门尤其是能源密集型部门产生显著的影响。[1]

（3）碳税的制度设计。碳税的征税主体是所有向自然环境直接排放二氧化碳的单位和个人，包括政府单位、企业、个人和其他团体。碳税的征收范围应确定为在生产、经营等活动中燃烧化石燃料产生并直接排放到自然环境中的二氧化碳，实际上碳税的征收对象是煤炭、天然气、成品油等化石燃料，还可以向碳排放超标的产品征税。开征碳税之初，范围不宜过大，应以重工业领域为主，逐渐扩大到建筑、交通、公共机构和公用事业领域，最后将碳税覆盖到居民家庭。

在税率设计上，碳税可采用从量定额税率形式。合理设计碳税的税率水平，以便征管和降低征纳成本。发达国家在最初引入碳税时往往选择一个相对较低的税率水平，之后再逐步提高税率。我们在开征碳税时，宜先开征税率水平低的碳税，以保证税率水平的适中和稳定，待碳税的作用得到社会的充分认可之后，再根据我国具体情况逐步提高税率。这样也可以避免对经济运行、企业竞争力造成大的冲击，有利于减小社会阻力。在开始征收碳税时，通过减少企业所得税等其他税种的税负，以及通过合理使用税收收入来保持税收中性，避免造成税负增加过多。[2] 另外，税率设置体现差异。一是碳税税率的设置不适合采取统一标准，应该根据我国不同地区、不同环境条件以及不同碳含量的实际情况，设立相应的差异有弹性的税率；二是实行差别税率会导致逃税现象的发生，所以注意做好规避、恶意逃税的风险防范，以防税收流失，抵消碳税改革的效果。

碳税可以在生产和消耗的不同环节征收，国外大多是在最终使用环节征收碳税，如加拿大的不列颠哥伦比亚省。为了减少征管成本，可以考虑利用我国现有的税制体系，保障碳税的有效征收。在生产阶段征税会使国内能源价格比进口能源价格高，对国内经济机构产生不利影响，但在我国由于消费

---

① 《碳税 VS 碳交易哪个更符合中国国情》，《中国能源报》2010 年 2 月 3 日。
② 李毅：《我国发展低碳经济的税收政策选择》，《财会研究》2010 年第 24 期。

税的征收在生产环节，从减少征管成本的角度出发，在生产环节征收碳税更贴近我国的实际情况。[①] 而且在生产过程中征收的碳税可以通过生产者适当提高价格转嫁给最终使用者负担，也可以达到在最终消费环节遏制碳排放的目的。

（五）建立绿色关税体系助力节能减排

建立绿色关税可以有效保护可能枯竭的国内资源，鼓励高附加值技术密集型产品的出口，减少污染产品的进口，增加环境保护资金。绿色关税一般都包括出口税和进口税。出口税主要的对象是国内资源、初级产品及半成品。进口税是对一些污染环境、影响生态环境的进口产品课以进口附加税或者限制、禁止其进口甚至对其进行贸易制裁以强制出口国履行国际环境公约规定的义务。

首先，调整进口关税政策。鼓励节能减排和碳排放量小的资源性产品进口，对环保节能设备、环境监测仪器以及环境无害化技术，使用可再生新能源以及获得低碳标志的产品，减征或免征进口关税和进口环节的增值税；对清洁汽车、清洁能源以及获得环境标志的产品减征关税。对高能耗、高污染、高排放或有可能对我国环境造成污染的产品和技术征收高关税或者征收环境附加税。为鼓励国内资金投向可再生能源行业，对利用国内资金进口国外可再生能源生产的设备免征关税和进口环节增值税，以确保内外资企业的同等待遇和平等的竞争环境。

其次，从出口税收方面来看，应当考虑根据国家能源政策导向，针对原材料、初级产品、半成品调整出口货物退税率，通过降低乃至取消部分资源性产品的退税率来控制资源性产品的出口。另外，取消高能耗、高排放、高污染产品的出口退税优惠政策。同时要限制本国大量资源性产品的出口，对于利用本国大量资源而生产的产品并对此产品出口的国家的污染很轻或者无污染应该征收其出口税或者附加环境税。

---

① 刘小川：《碳税的国际比较及其对我国的启示》，《中国税务报》2009 年 6 月 1 日。

主要参考文献

一、著作部分

1. 历年《中国统计年鉴》。

2. 国家税务总局：《中国税务年鉴》，中国税务出版社 2011 年版。

3. 曾康华：《西方财税理论研究》，中国财政经济出版社 2007 年版。

4. 黄佩华：《国家发展与地方财政》，中信出版社 2003 年版。

5. 李延均、杨光焰：《公共财政学》，立信会计出版社 2011 年版。

6. 梁朋：《公共财政学》，中共中央党校出版社 2006 年版。

7. 高鸿业：《西方经济学》，中国人民大学出版社 2011 年版。

8. 叶静怡：《发展经济学》，北京大学出版社 2007 年版。

9. 林乐芬：《发展经济学》，南京大学出版社 2007 年版。

10. 迟福林、傅治平：《转型中国》，人民出版社 2010 年版。

11. 迟福林：《消费主导——中国转型大战略》，中国经济出版社 2012 年版。

12. 刘佐：《中国税制概览》，经济科学出版社 2012 年版。

13. 刘佐：《中国税制改革三十年》，中国财政经济出版社 2008 年版。

14. 全国注册税务师执业资格考试指定教材《税法（1）》，中国税务出版社 2012 年版。

15. 全国注册税务师执业资格考试指定教材《税法（2）》，中国税务出版社 2012 年版。

16. 曾康华：《当代西方税收理论与税制改革研究》，中国税务出版社 2011 年版。

17. 孙玉栋：《收入分配差距与税收政策研究》，经济科学出版社 2008 年版。

18. 王国华：《外国税制》，中国人民大学出版社 2008 年版。

19. 付伯颖、苑新丽：《外国税制》，东北财经大学出版社 2007 年版。

20. 谢伏瞻：《中国不动产税制设计》，中国发展出版社 2006 年版。

21. 石坚：《房地产税制国际比较》，中国财政经济出版社 2001 年版。

22. 张伦俊：《税收与经济增长关系的数量分析》，中国经济出版社 2006 年版。

23. 岳树民、李建清：《优化税制结构研究》，中国人民大学出版社 2007 年版。

24. 庄贵阳：《低碳经济：气候变化背景下中国的发展之路》，北京气象出版社 2007 年版。

25. 中国社会科学院：《2010 年中国发展和改革蓝皮书》，社会科学文献出版社 2011 年版。

26. 《中华人民共和国国民经济和社会发展第十二个五年规划纲要》，人民出版社 2011 年版。

27. ［美］萨缪尔森、诺德豪斯著，萧琛主译：《经济学》，人民邮电出版社 2008 年版。

28. ［英］阿瑟·刘易斯著，周师铭等译：《经济增长理论》，商务印书馆 2002 年版。

29. ［美］熊彼得著，孔伟艳等译：《经济发展理论》，北京出版社 2008 年版。

30. ［美］凯恩斯著，高鸿业译：《就业、利息和货币通论》，商务印书馆 1999 年版。

31. ［美］斯蒂格利茨著，郭庆旺等译：《公共部门经济学》，中国人民大学出版社 2005 年版。

二、论文部分

1. 魏杰：《对当前我国经济结构调整的一些思考》，《郑州大学学报（哲学社会科学版）》2011 年第 1 期。

2. 吴志军、黄晓全：《江西资源、环境问题及实施可持续发展的对策》，《江西财经大学学报》2004 年第 1 期。

3. 王迴斓：《从"转变经济增长方式"到"转变经济发展方式"——理念的又一次提升》，《特区经济》2008 年第 5 期。

4. 张玉玲：《转变经济发展方式意义重大，访卢中原》，《光明日报》2007 年 10 月 24 日。

5. 唐龙：《从"转变经济增长方式"到"转变经济发展方式"的理论思考》，《当代财经》2007 年第 12 期。

6. 张卓元：《以改革促进经济转型和发展方式转变》，《政策》2010 年第 3 期。

7. 孙早、张敏等：《后危机时代的大国产业战略与新兴战略产业的发展》，《经济学家》2010 年第 9 期。

8. 李省龙：《转变经济发展方式的内涵和意义》，《中国经济时报》2007 年 11 月 15 日。

9. 张卓元：《加快调整经济结构推进经济转型和发展方式转变》，《中国流通经济》2010 年第 11 期。

10. 蒋志华、李庆子：《转变经济发展方式的内涵及相关范畴研究》，《经济研究导刊》2010 年第 6 期。

11. 申广斯：《我国转变经济发展方式的制约因素与对策》，《统计与决策》2009 年第 22 期。

12. 范昌年、黄建国：《加快我国经济发展方式转变的依据》，《理论建设》2011 年第 5 期。

13. 王宁西、张文婷：《加快转变经济发展方式的时代内涵》，《北京交通大学学报（社会科学版）》2012 年第 1 期。

14. 刘尚希：《转变发展方式从消费入手》，《上海金融学院学报》2010 年第 3 期。

15. 胡锦涛：《紧紧抓住历史机遇承担起历史使命，毫不动摇地加快经济发展方式的转变》，《人民日报》2010 年 2 月 4 日。

16. 高尚全：《我国经济发展方式转变为何长期滞后》，《北京日报》2010年3月8日。

17. 高培勇：《经济发展方式转变进程中的财税政策：趋势与目标》，《上海金融学院学报》2010年第3期。

18. 马海涛：《当前我国经济发展方式转变进程中的财税政策选择》，《上海金融学院学报》2010年第6期。

19. 贾康：《"十二五"期间财政政策取向与税制改革》，《铜陵学院学报》2011年第3期。

20. 范昌年、黄建国：《加快我国经济发展方式转变的依据》，《理论建设》2011年第5期。

21. 林根、兰军、吴越：《后危机时代转变经济发展方式为何已刻不容缓》，《南京政治学院学报》2010年第6期。

22. 《世界水日敲响警钟　中国水污染问题依然严峻》，《新闻晚报》2012年4月1日。

23. 陈中、陈初越：《中国正在变成世界垃圾场　1.5亿人沦为生态难民》，《南风窗》2005年2月23日。

24. 李薇等：《三驾马车将如何拉动虎年经济》，《北京商报》2010年2月3日。

25. 《央财报告称我国税负水平高于中上等收入国家》，《经济参考报》2011年5月9日。

26. 杨斌：《全要素生产率与经济发展方式转变》，《上海金融学院学报》2010年第3期。

27. 王俊秀：《制造业长期处于全球价值链的中低端》，《中国青年报》2011年12月8日。

28. 张国盛、郝向宏、于国君：《刍议财政支持经济发展方式转变的基本思路》，《地方财政研究》2009年第4期。

29. 翁小筑：《群体性事件上升到每年9万起》，《羊城晚报》2010年2月27日。

30. 寇铁军、安忠志：《促进经济发展方式转变财税政策作用探析》，《地方财政研究》2010 年第 1 期。

31. 丛明:《建立和完善促进经济发展方式转变的税制与税收政策》,《涉外税务》2010 年第 9 期。

32. 倪红日:《推进经济发展方式转变的税收政策研究》,《税务研究》2008 年第 3 期。

33. 王长勇、邢昀:《税收为什么这样痛》,《新世纪》2012 年第 15 期。

34. 王振宇:《结构性减税:期待着由表及里"深化"》,《地方财政研究》2012 年第 5 期。

35. 张念明:《基于税制优化的结构性减税政策研究》,《中南财经政法大学学报》2012 年第 3 期。

36. 杨卫华:《确立我国合理宏观税负水平的关键点》,《税务研究》2012 年第 7 期。

37. 李心源:《重构间接税直接税比例,促进经济发展方式转变》,《税务研究》2011 年第 8 期。

38. 郭平、洪源:《税收政策刺激我国消费需求有效增长的作用机理及对策研究》,《湖湘论坛》2009 年第 6 期。

39. 杨天宇:《国民收入分配格局对居民消费需求的扩张效应》,《学习与探索》2012 年第 2 期。

40. 储德银、闫伟:《税收政策与居民消费需求》,《经济理论与经济管理》2012 年第 3 期。

41.《发达国家的"再工业化"考验中国》,《解放军报》2012 年 2 月 26 日。

42. 郭丽琴:《2011 年中国贸易顺差创六年来新低》,《第一财经日报》2012 年 1 月 11 日。

43. 余斌、陈昌盛:《我国劳动者报酬在初次分配中占比偏低》,《瞭望新闻周刊》2009 年 12 月 7 日。

44. 樊彩耀:《完善社会保障体系促进消费稳定增长》,《经济参考报》2000 年 7 月 6 日。

45. 宫晓霞:《财政支出结构的优化路径:以改善民生为基调》,《改革》

2011 年第 6 期。

46. 丛亚平、李长久:《中国基尼系数已超 0.5 或致动乱》,《经济参考报》2010 年 5 月 21 日。

47. 蒋波:《人保部:正视贫富差距问题 实施国民收入倍增计划》,《人民日报》2010 年 6 月 3 日。

48. 高培勇:《税制结构差异惹的祸》,《中国财经报》2011 年 2 月 21 日。

49. 周小林、胡斌:《货物劳务税税负对城镇居民收入分配的影响》,《税务研究》2011 年第 9 期。

50. 许生:《扩大内需的财税政策研究》,《税务研究》2009 年第 1 期。

51. 姚凤民、赵丽萍:《扩大内需中的税制"困局"及破解》,《税务研究》2011 年第 8 期。

52. 贾康:《合理促进消费的财税政策与机制创新》,《税务研究》2010 年第 1 期。

53. 郧彦辉:《扩大我国居民消费需求的对策思考》,《科学社会主义》2012 年第 1 期。

54. 杨天宇:《国民收入分配格局对居民消费需求的扩张效应》,《学习与探索》2012 年第 2 期。

55. 邹蓉:《税收政策促进居民消费需求的路径选择》,《财经问题研究》2012 年第 2 期。

56. 匡小平、席卫群:《运用税收政策提升消费需求》,《涉外税收》2010 年第 1 期。

57. 岳树民:《运用财政税收政策扩大居民消费需求》,《税务研究》2009 年第 1 期。

58. 席卫群:《论扩大居民消费的税收效应》,《消费经济》2011 年 12 月。

59. 郭平、洪源:《税收政策刺激我国消费需求有效增长的作用机理及对策研究》,《湖湘论坛》2009 年第 6 期。

60.《收入分配到改革路口:解决分配不公正当其时》,《人民日报》2010 年 5 月 26 日。

61. 刘荣:《试论我国个人所得税改革路径》,《经济论坛》2009 年第

9 期。

62. 刘华应等：《澳大利亚个人所得税代扣代缴制度简介》，《税务研究》2010 年第 1 期。

63. 《消费税改革应扩大课税范围》，《国际商报》2012 年 1 月 16 日。

64. 孙开、金哲：《环境保护视角下的消费税改革路径》，《税务研究》2012 年第 6 期。

65. 钟国柱：《我国开征社会保障税应注意的几个基本问题》，《税务研究》2010 年第 10 期。

66. 张继霞：《关于中国开征遗产税的思考》，《经济师》2010 年第 1 期。

67. 盛海记、蔡报纯：《对我国开征遗产税与赠与税的思考》，《财会月刊》2009 年第 12 期。

68. 郭振宗：《扩大农民消费必须在增加农民收入上下功夫》，《消费导刊》2009 年第 6 期。

69. 夏杰长：《如何推动我国服务业大发展》，《中国人大》2012 年第 8 期。

70. 杜红平、司亚静：《我国服务业国际竞争力分析及启示》，《宏观经济管理》2010 年第 5 期。

71. 肖全章、王珺、雷鹏飞：《促进我国服务业发展的税收政策研究》，《经济问题》2011 年第 6 期。

72. 姚凤民：《促进高端服务业发展的税收政策建议》，《税务研究》2010 年第 9 期。

73. 张小锋：《国外现代服务业税收政策的主要做法及经验借鉴》，《商业经济》2010 年第 12 期。

74. 张景华：《促进服务业发展税收政策的国际经验与借鉴》，《涉外税务》2011 年第 4 期。

75. 夏杰长：《我国服务业发展的实证分析与财税政策选择》，《经济与管理研究》2007 年第 2 期。

76. 李平：《美国服务业财税政策及借鉴》，《涉外税务》2007 年第 10 期。

77. 陈少英：《论现代服务业营业税法的改革取向》，《政法论丛》2012 年第 2 期。

78. 欧阳坤、许文：《促进我国服务业发展的税收政策研究》，《税务研究》2009 年第 4 期。

79. 夏杰长、李小热：《我国服务业与税收的互动关系》，《税务研究》2007 年第 3 期。

80. 安体富、刘翔：《促进现代服务业发展的税收政策研究：国际比较与借鉴》，《学习与实践》2011 年第 2 期。

81.《我国高新技术产品进出口额十年增八倍占外贸比重升至三成》，《人民日报》2011 年 5 月 4 日。

82. 周嘉诚：《高新技术企业认定政策呈现新特点》，《中国高新技术企业》2012 年第 1 期。

83. 张巧华、许敏：《促进我国高新技术产业发展的税收优惠政策剖析》，《财会月刊》2008 年第 1 期。

84. 上海市国家税务局课题组：《促进高新技术产业发展税收政策的国际比较》，《涉外税务》2010 年第 7 期。

85. 福建省国家税务局课题组：《促进我国高新技术产业发展的税收政策研究》，《发展研究》2008 年第 11 期。

86. 孙园：《我国高新技术产业税收激励政策探讨》，《税务研究》2009 年第 12 期。

87. 徐鹿、王艳玲：《高技术产业自主创新税收优惠政策国际比较》，《会计之友》2012 年第 2 期上。

88. 孟庆启：《美国高新技术产业税收优惠政策及对我国的启示》，《税务研究》2003 年第 7 期。

89. 林颖：《高技术产业自主创新税收优惠政策国际比较》，《科技创业月刊》2007 年第 8 期。

90. 陈柳钦：《国外促进高新技术产业税收政策对我国的启示》，《重庆邮电学院学报》2005 年第 5 期。

91. 吴晓辉、程华：《国外 R&D 税收激励研究现状及思考》，《科技进步与对策》2005 年第 11 期。

92. 梁燕君：《国外加快高新技术产业发展的优惠政策及其借鉴》，《国际经贸论坛》2007 年第 2 期。

93. 刘佐：《谈中国房地产税的改革方向》，《地产财政研究》2010 年第 7 期。

94. 贾康：《开征物业税，促进房地产市场健康发展》，《科学发展》2010 年第 7 期。

95.《房产税何时面向存量房》，《城市住宅》2012 年第 2 期。

96. 邓力平、王智烜：《房地产税改革：公共财政与发展财政统一的思考》，《财政研究》2011 年第 12 期。

97. 贾康：《房地产调控与房地产税》，《理论导报》2011 年第 2 期。

98. 安体富、王海勇：《长期战略选择：重构房地产健康发展的租税制度》，《经济研究参考》2006 年第 59 期。

99. 黎鑫：《论我国房地产登记制度的完善》，《成都行政学院学报》2009 年第 5 期。

100. 郑智化：《房地产产权登记制度改革的探索》，《房地产行政管理》2005 年第 8 期。

101. 胡曼军：《我国房产税改革面临的主要问题及解决方案》，《财税纵横》2012 年第 1 期。

102. 安体富、王海勇：《短期政策调整：着力发挥税收对房地产需求调控作用》，《经济研究参考》2006 年第 58 期。

103. 财政部财政科学研究所课题组：《我国房地产税制改革研究》，《财贸经济》2002 年第 6 期。

104. 刘佐：《改革开放以来的房产税改革回顾与展望》，《东方早报》2011 年 1 月 1 日。

105. 崔志坤：《中国开征物业税（房地产税）的路径选择》，《财政研究》2010 年第 12 期。

106. 刘佐：《中国房地产税改革的方向》，《经济研究参考》2010 年第 48 期。

107. 安体富、王海勇：《重构我国房地产税制的基本思路》，《税务研究》

2004 年第 9 期。

108. 夏宝辉：《税收政策对我国房地产市场的影响研究》，《辽宁行政学院学报》2008 年第 2 期。

109.《中小微企业扛大梁　提供八成以上城镇就业岗位》，《人民日报》2012 年 5 月 31 日。

110. 莫荣：《发展中小企业，促进中国就业》，《管理世界》2001 年第 5 期。

111. 俞继东：《中小企业高税负的原因及影响分析》，《中国农业银行武汉培训学院学报》2008 年第 4 期。

112. 马恩涛：《中小企业发展约束及财税政策探讨》，《税务研究》2011 年第 6 期。

113. 郑孝华：《论中小企业正外部效应》，《福建商业高等专科学校学报》2006 年 6 月。

114. 刘普照：《完善促进我国中小企业发展的税收优惠政策》，《税务研究》2009 年第 6 期。

115. 孙锋：《改革税收政策，推动中小企业发展》，《经营与管理》2011 年第 11 期。

116. 刘成龙：《完善税收政策　支持中小企业发展》，《税务研究》2011 年第 6 期。

117. 黄旭明、姚稼强：《促进我国中小企业发展的税收政策研究》，《税务研究》2006 年第 6 期。

118. 苏月中、向景、王征：《国际金融危机下我国中小企业的发展与税收支持》，《税务研究》2009 年第 8 期。

119.《221 个国家和地区的公司所得税和增值税税率表（2009/2010 年度)》，《中国税务年鉴 2011》，中国税务出版社 2011 年 11 月版。

120. 杨杨、杜剑：《发达国家中小企业税收政策对我国的启示》，《商业研究》2005 年第 14 期。

121. 李艳：《构建支持中小企业健康发展的税收政策体系》，《哈尔滨学院学报》2008 年第 5 期。

122. 李庆云、杨志银：《发达国家中小企业税收政策对我国的启示》，《生产力研究》2009 年第 17 期。

123. 浙江省税务学会课题组：《进一步完善税收制度　促进中小企业发展》，《税务研究》2010 年第 12 期。

124. 任强：《促进我国中小企业发展的税收政策建议》，《税务研究》2009 年第 8 期。

125. 安体富、杨金亮：《支持中小企业发展的税收政策选择》，《学习与实践》2009 年第 11 期。

126. 马刚：《西方中小企业生存与发展理论述评》，《经济评论》2002 年第 3 期。

127. 童锌治、乔彬彬：《借鉴外国经验构筑我国中小企业成展的税收政策支持体系》，《财政研究》2000 年第 8 期。

128. 贾康、刘微：《提高国民收入分配"两个比重"　遏制收入差距扩大的财税思考与建议》，《财政研究》2010 年第 12 期。

129. 张牡霞：《专家建议"十二五"：应将基尼系数列为约束性指标》，《上海证券报》2010 年 12 月 9 日。

130. 李实等：《中国居民财产分布不均等及其原因的经验分析》，《经济研究》2005 年第 6 期。

131. 华社调研小分队：《我国贫富差距正在逼近社会容忍"红线"》，《经济参考报》2010 年 5 月 10 日。

132. 宋晓梧：《展望"十二五"：政府应怎样干预初次分配》，《第一财经日报》2010 年 10 月 18 日。

133. 宋晓梧：《政府要找准在初次分配中的位置》，《中国经济导报》2010 年 12 月 11 日。

134. 任玉岭：《缩小"四大差距"比涨工资重要》，《人民文摘》2012 年第 4 期。

135. 王仁贵：《我国行业间收入差距达 10 倍　垄断行业收入畸高》，《瞭望》2009 年 5 月 18 日。

136. 《社科院专家：国企收入分配差距过大　超出社会容忍度》，《中国经营报》2010 年 4 月 3 日。

137. 岳希明、李实、史泰丽：《垄断行业高收入问题探讨》，《中国社会科学》2010 年第 3 期。

138. 中国税务学会课题组：《税收如何调节个人收入分配》，《税务研究》2003 年第 10 期。

139. 刘怡、聂海峰：《间接税负担对收入分配的影响分析》，《经济研究》2004 年第 5 期。

140. 周小林、胡斌：《货物劳务税税负对城镇居民收入分配的影响》，《税务研究》2011 年第 9 期。

141. 高凤勤：《论基于分配正义视角的个人所得税制改革》，《地方财政研究》2010 年第 6 期。

142. 袁竹、齐超：《我国再分配逆向调节的成因及对策探析》，《税务与经济》2012 年第 1 期。

143. 李晓宁、刘静：《初次分配效率与公平失衡的"连锁效应"分析》，《经济学家》2011 年第 6 期。

144. 丁长发：《"双失灵"下我国收入分配问题研究》，《经济学家》2010 年第 12 期。

145. 《收入分配五花八门　白黑灰血金"五色炫目"》，《经济参考报》2010 年 5 月 20 日。

146. 降蕴彰、李晓丹：《王小鲁：解决灰色收入问题出路在政改》，《经济观察报》2010 年 10 月 8 日。

147. 罗光、萧艳汾、刘晓强：《浅析我国税制的收入分配职能》，《税务研究》2009 年第 9 期。

148. 李爱鸽、崔智敏：《个人所得税调节高收入的制约因素及对策》，《税务研究》2010 年第 9 期。

149. 高霖宇：《发达国家社会保障水平与收入分配差距关系及对中国的启示》，《地方财政研究》2011 年第 7 期。

150. 陈春：《个税自行申报结束　怎样才能让个税申报"主动"起来》，《中国证券报》2007 年 4 月 16 日。

151. 赵宇：《我国社会保障税制基本框架设计》，《当代财经》2005 年第 3 期。

152. 谢琳：《对完善我国个人所得税费用扣除的建议》，《商业会计》2012 年第 7 期。

153. 李实、罗楚亮：《中国收入差距究竟有多大》，《经济研究》2011 年 4 月。

154. 任毅、易淼：《贫富差距的学理演进与引申》，《改革》2011 年第 2 期。

155. 杨宜勇、池振合：《我国收入分配面临的主要问题及对策》，《税务研究》2010 年第 9 期。

156. 李实：《正确看待我国收入分配问题》，《中国发展观察》2010 年第 12 期。

157. 王小鲁：《灰色收入与国民收入分配》，《比较》2010 年第 3 期。

158. 高云：《我国地区收入差距的现状与对策》，《对外经贸》2012 年第 2 期。

159. 徐现祥、王海港：《我国初次分配中的两极分化及成因》，《经济研究》2008 年第 2 期。

160. 胡鞍钢：《加强对高收入者个人所得税征收，调节居民贫富收入差距》，《财政研究》2002 年第 10 期。

161. 李实、赵人伟：《中国居民收入分配再研究》，《经济研究》1999 年第 4 期。

162. 孙玉栋：《论我国税收政策对居民收入分配的调节——基于主体税制的税收政策视角》，《财贸经济》2009 年第 5 期。

163. 高培勇：《个人所得税改革的内容、进程与前瞻》，《理论前沿》2009 年第 6 期。

164. 阮宜胜：《从税收视角看我国收入分配差距》，《税务研究》2008 年第 7 期。

165. 李林木、汤群群：《1994 年税制改革以来我国直接税的收入分配效应》，《税务研究》2010 年第 2 期。

166. 刘丽坚、姚元:《论税收对个人收入分配的调节》,《税务研究》2008 年第 9 期。

167. 蒋晓蕙、张京萍:《论税收制度对收入分配调节的效应》,《税务研究》2006 年第 9 期。

168. 王乔、汪柱旺:《我国现行税制结构影响居民收入分配差距的实证分析》,《当代财经》2008 年第 2 期。

169. 韩霖:《经济全球化条件下开征遗产税的必要性》,《税务研究》2002 年第 8 期。

170. 李晓宁、刘静:《初次分配效率与公平失衡的"连锁效应"分析》,《经济学家》2011 年第 6 期。

171. 陈晓春、谭娟、陈文婕:《论低碳消费方式》,《光明日报》2009 年 4 月 21 日。

172. 国务院发展研究中心应对气候变化课题组:《当前发展低碳经济的重点与政策建议》,《中国发展观察》2009 年第 8 期。

173. 米艾尼、张小军、李雁:《中国须"蛙跳式"进入低碳经济》,《瞭望东方周刊》2008 年 6 月 2 日。

174. 冯之浚:《中国要迎接低碳经济革命》,《中国经济周刊》2009 年 12 月 21 日。

175. 石红莲:《降低我国碳排放量的策略探析》,《理论月刊》2010 年第 7 期。

176. 周健等:《低碳发展是我国应对经济危机与气候危机的必然选择》,《中国经贸导刊》2009 年第 15 期。

177. 高静:《美国新能源政策分析及我国的应对策略》,《世界经济与政治论坛》2009 年第 6 期。

178. 魏陆:《我国应对全球气候变暖的税制绿化分析》,《税务研究》2008 年第 3 期。

179. 何平均:《国外促进低碳经济发展的税收政策及启示》,《经济与管理》2010 年第 11 期。

180. 魏陆:《我国应对全球气候变暖的税制绿化分析》,《税务研究》

2008 年第 3 期。

181. 刘清文：《西方国家有关节能和环保的财政政策分析》，《广东财经职业学院学报》2009 年 10 月 12 日。

182. 潘圣辉、吴信如：《推动我国低碳经济发展的绿色税制体系探析》，《税务研究》2012 年第 9 期。

183. 童芬芬：《资源税箭在弦上　节能环保"左右手"并用》，《中华工商时报》2010 年 4 月 16 日。

184. 胡仁芳：《资源税改革大幕正式拉开　会动谁的奶酪》，《证券日报》2011 年 11 月 1 日。

185. 刘海云、刘勇：《促进我国低碳经济发展的税收政策》，《税务研究》2012 年第 9 期。

186. 孙静、袁玉洁：《低碳税收政策：基本框架、问题与路径选择》，《税务研究》2012 年第 9 期。

187. 吴翀：《构建绿色税收体系的设想》，《经济研究导刊》2008 年第 2 期。

188. 《现有资源税从量定额计征基础上增加从价定率的计征办法》，《中国工业报》2011 年 9 月 23 日。

189. 魏光明：《我国环境税收制度体系研究》，《财政研究》2010 年第 4 期。

190. 李萌：《我国在实施和制定环境税时应注意的几个问题》，《经济师》2010 年第 7 期。

191. 谢永清：《构建我国节约型社会的税收政策》，《环渤海经济瞭望》2005 年第 4 期。

192. 张新民、张水成：《有机农业与应对气候变化》，《经济研究导刊》2010 年第 28 期。

193. 孙利、张志忠：《促进低碳经济发展的所得税政策研究》，《苏州大学学报（哲学社会科学版）》2010 年第 6 期。

194. 李兴国：《低碳经济背景下我国税法的改良》，《中北大学学报（社会科学版）》2012 年第 1 期。

195. 邓子基：《低碳经济与公共财政》，《当代财经》2010 年第 4 期。

196.《发展低碳经济需要财税政策支持》，《中国证券报》2010 年 3 月 19 日。

197. 王世玲：《三部委环境税研究进入中期　建议设污染排放税》，《21 世纪经济报道》2008 年 8 月 9 日。

198.《碳税 VS 碳交易　哪个更符合中国国情》，《中国能源报》2010 年 2 月 3 日。

199. 李毅：《我国发展低碳经济的税收政策选择》，《财会研究》2010 年第 24 期。

200. 刘小川：《碳税的国际比较及其对我国的启示》，《中国税务报》2009 年 6 月 1 日。

201. 郭代模等：《我国发展低碳经济的基本思路和财税政策研究》，《经济研究参考》2009 年第 58 期。

202. 葛察忠、任雅娟：《促进我国低碳经济发展的财税政策选择》，《地方财政研究》2010 年第 9 期。

203. 郑良海、侯英：《促进我国低碳经济发展的财税政策研究》，《华东经济管理》2012 年第 3 期。

204. 王辉：《促进我国低碳经济发展的财税政策研究》，《西部财会》2011 年第 3 期。

205. 任静：《如何通过完善财税政策促进我国低碳经济发展》，《经济导刊》2012 年第 1 期。

206. 杜飞轮：《对我国发展低碳经济的思考》，《中国经贸导刊》2009 年第 10 期。

207. 任力：《国外发展低碳经济的政策和启示》，《发展研究》2009 年第 2 期。

208. 朱四海：《低碳经济发展模式与中国的选择》，《发展研究》2009 年第 5 期。

209. 李敏：《促进中国低碳经济发展的财税政策思考》，《吉林工商学院学报》2011 年第 3 期。

210. 何平均：《促进低碳经济发展财税政策的国际实践及启示》，《改革与战略》2010 年第 10 期。

211. 杜洪林：《促进经济增长低碳化的碳税改革建议》，《中国财政》2010 年第 20 期。

212. 唐明：《促进低碳经济发展的税收政策创新》，《学术论坛》2010 年第 10 期。

213. 马辉：低碳经济的理论基础与税收政策研究，《经济研究导刊》2010 年第 35 期。

214. 胡玉婷：《对低碳经济下我国碳税改革的思考》，《法制与社会》2011 年第 11 期。

215. 韦宁卫：《发展低碳经济的税收路径选择》，《中国财政》2011 年第 20 期。

216. 张景华：《发展低碳经济的税收政策研究》，《哈尔滨商业大学学报（社会科学版）》2011 年第 6 期。

217. 曾常胜：《支持低碳经济发展的税收政策选择》，《经济研究导刊》2010 年第 28 期。

218. 周剑、刘滨、何建坤：《低碳发展是我国应对经济危机与气候危机的必然选择》，《中国经贸导刊》2009 年第 15 期。

219. 胡亮：《转变发展方式或从低碳经济破题》，《中国经济时报》2010 年 3 月 4 日。

220. 万莎：《发达国家发展低碳经济的财政政策及其经验借鉴》，《绿色金融》2010 年第 5 期。

三、网络类

1. 解振华：《2011 年节能减排目标未实现　后 4 年压力大》，新华网 2012 年 5 月 27 日。

2. 环境保护部：《2011 年中国环境状况公报》，国家环保部网站 2012 年 6 月 19 日。

3. 张大方：《我国高新技术对经济增长贡献率仅 20%》，中国政协新闻网

2012 年 6 月 21 日。

4.《我国服务业增加值占 GDP 比重比其他国家明显低》，新华网 2007 年 2 月 22 日。

5.《美国个人储蓄率不会持续升高》，人民网 2010 年 3 月 11 日。

6.《中华人民共和国 2011 年国民经济和社会发展统计公报》，国家统计局网站 2012 年 2 月。

7. 李丽辉：《我国商品中含了多少税》，人民网 2012 年 2 月 27 日。

8.《缩小城乡居民收入差距的根本途径和制度保障》，新华网 2010 年 6 月 22 日。

9. 财政部税政司：《2011 年税收收入增长的结构性分析》，财政部网站 2012 年 2 月。

10.《2011 年度人力资源和社会保障事业发展统计公报》，人力资源社会保障部网站 2012 年 6 月 5 日。

11.《中国的对外贸易》，新华网 2011 年 12 月 7 日。

12. 常红：《经济蓝皮书：我国服务贸易保持逆差　而且逐年递增》，人民网 2011 年 4 月 25 日。

13. 上海市统计局：《2011 年上海市国民经济和社会发展统计公报》，国家统计局网站。

14. 甘肃省统计局：《2011 年甘肃省国民经济和社会发展统计公报》，国家统计局网站。

15.《2011 年我国高新技术产业产值突破 10 万亿元》，《科技日报》2012 年 4 月 1 日。

16. 高敬、黄艳：《科技部：计划升级 16 家高新区　国家级总数有望破百》，新华网 2012 年 4 月 2 日。

17. 舒晶晶：《我国 88 个国家高新区去年生产总值占全国 GDP 8.8%》，人民网 2012 年 7 月 4 日。

18. 陈磊、陈瑜：《科技日报：盘点 2011 年中国科技新进展新成就》，中国科技网 2012 年 3 月 3 日。

19. 白天亮：《党报：如何看待中小企业困难》，新华网 2011 年 12 月

14 日。

　　20. 《人民日报调查中小企业税费负担》，人民网 2011 年 11 月 15 日。

　　21. 《165 个国家和地区的公司所得税税率和亏损处理情况表（2005/2006 年度）》，国家税务局网站 2007 年 1 月 19 日。

　　22. 赵晓辉、魏武：《中国社会科学院调查：中国城乡收入差距世界最高》，新华网 2004 年 4 月 25 日。

　　23. 程云杰等：《中国农村面临贫富差距扩大隐忧》，新华网 2012 年 8 月 21 日。

　　24. 财政部税政司：《2010 年税收收入增长的结构性分析》，财政部网站 2011 年 2 月。

　　25. 《福布斯报告称：中国税负"痛苦指数"全球第二》，人民网 2005 年 6 月 5 日。

　　26. 《各国低碳财政政策比较》，学术杂志网 2012 年 8 月 5 日。

　　27. 曾长胜：《建设环境友好型社会的税收政策构想》，国家税务总局网站 2009 年 4 月 7 日。

后 记

怀着戒慎忐忑的心情，夙兴夜寐，认真撰写，反复修改，《经济转型期的税收政策研究》一书终于 2012 年 10 月 18 日成稿。抚摸着厚厚的书稿，欣喜与不安同在：欣喜的是它就像我用自己的心血孕育的孩子一样，在我三年多的呕心沥血、精心呵护中，终于呱呱坠地，深感所有付出的艰辛和努力都是值得的；不安的是，在众多的名家和社会各界专业人士面前，拙作能否经得起检验，尚在惶恐之中。

长期以来，我从事财政税收和会计的教学与研究工作，对于我国确立市场经济体制改革目标以来的财税政策和会计制度的改革进程十分关注，对税收理论、税收政策的研究更是情有独钟，独自撰写一部税收方面的学术专著一直是我多年的夙愿。党的十七大以来，转变经济发展方式成为我国发展的主旋律，三年前我就萌生了写一部经济发展方式转变与税收政策专著的想法，旨在用我微弱的学者语言呼吁国家通过税收政策的改革和完善加快经济发展方式转变。现在总算如愿，也算是对我的一个安慰。

回顾写作的过程颇感艰辛，可以说痛并快乐着。本书从税收视角研究经济发展方式转变问题，既具有很强的理论性、政策性，又具有很强的实证性和应用性；既要研究税收学科，又涉及西方经济学、发展经济学、产业经济学和公共财政学等众多学科。转变经济发展方式涉及我国政治、经济、民生和社会生活的各个方面，研究范围很广，涉及的内容很多，再加上目前理论界几乎没有这方面的专著可以借鉴，研究的难度可想而知。为此，我做了充分的准备和艰苦的努力。为了获得翔实的数据和其他论据以支撑本书的基本观点和研究结论，三年多来，我收集整理的资料不胜枚举，从《中国统计年鉴》、《中国税务年鉴》、国家统计局网站等处采集、整理大量的数据资料；从财政部网站、国家税务总局网站查阅、梳理历年的税收政策法规；参阅与本书相关的专著、论文和调研报告；在人民网、新华网等知名网站上搜集相关资料；就税收政策的实施情况和效果向长期实战在税收征管一线的专家进行调研；等等。当然，写作的过程又是快乐的。每当感觉在某一点上有新的体会、见解，或者提出一些思考有所证实也会得到极大的心理满足。

本书尽管是自己的劳动成果，是自己多年来教学体会和研究心得的归纳，但在本书成稿过程中，也参阅了大量的著作和论文，吸收和参考了许多学者的观点和论述，除了在脚注和参考文献中予以反映外，在此我对他们深表谢意！同时，这部书稿的写作完成和得以出版，离不开我的领导、同事和朋友近年来不断的鼓励和帮助。甘肃省委党校是我职业生涯的起点也将是终点，对优美的校园环境和这里的领导、同事们我怀有深深的感情。甘肃省委党校常务副校长王渊教授及其他校领导的关心和支持，使本书得以出版；甘肃省委党校工商管理教研部主任鲜静林教授在我多年的工作中给予了大量的指点、关爱和帮助并在本书的研究思路方面给予启示和写作期间的工作安排上提供了许多便利；我所在的工商管理教研部团结协作的良好氛围让我在繁忙的写作过程中仍能安享家庭般的温暖；甘肃省委党校科研处的魏立平处长及科研处的其他同志在研究工作中给予了大力的协助；我的同事兼朋友张秀英教授、何志春教授在书稿框架设计以及资料收集、书稿校对等方面给予了极大的帮助；我的妹妹刘玲作为专业的税收一线工作者也在税收政策整理和把关方面提供了很多帮助。在此，一并表示感谢。人民出版社吴焌东同志几阅其稿，在观点的斟酌、字句的推敲等方面都体现出高度的责任心和严谨、专业的工作作风，在对他深感钦佩的同时，也表示由衷的感谢。

尽管书稿已经完成，但还有很多遗憾和不足。一是由于自己的理论水平有限，在论述时可能对某些问题的分析不够深入、透彻或有遗漏之处。二是对西方经济学的功底不深，再加上大学毕业二十多年，数学已经基本淡忘，对于一些数学化、模型化的学术观点难以理解，也影响了一些定量分析方法的应用。因此，对于书稿中存在的缺失和不尽如人意的地方，敬请同行不吝赐教，批评指正。

刘金玲

2012 年 11 月 12 日

责任编辑:吴焰东

封面设计:肖 辉

图书在版编目(CIP)数据

经济转型期的税收政策研究/刘金玲 著. -北京:人民出版社,2013.2

ISBN 978－7－01－011703－4

Ⅰ.①经… Ⅱ.①刘… Ⅲ.①税收政策-研究-中国 Ⅳ.①F812.422

中国版本图书馆 CIP 数据核字(2013)第 022299 号

经济转型期的税收政策研究

JINGJI ZHUANXINGQI DE SHUISHOU ZHENGCE YANJIU

刘金玲 著

人 民 出 版 社 出版发行

(100706 北京市东城区隆福寺街 99 号)

环球印刷(北京)有限公司印刷 新华书店经销

2013 年 2 月第 1 版 2013 年 2 月北京第 1 次印刷

开本:710 毫米×1000 毫米 1/16 印张:18.25

字数:280 千字 印数:0,001-2,000 册

ISBN 978－7－01－011703－4 定价:45.00 元

邮购地址 100706 北京市东城区隆福寺街 99 号

人民东方图书销售中心 电话 (010)65250042 65289539